追悼私記　完全版

yoshimoto takaaki
吉本隆明

講談社文芸文庫

目次

追悼私記　完全版

梶木剛

梶木剛　追悼

夫人から梶木が亡くなりましたと告げられたとき「どうしてですか。なぜですか」という返事にもならぬ返事をしていた。突然以前の突然の思いだった。私の空想のなかでは教職からも子育てからも開放されて好きな旅情をたのしみながら内外を旅行し、気が向くと、私などにも旅情を知らせる姿しかなかった。夫人はすぐにわたしの指目の外れた錯覚をうち消すように、「子供に口述筆記をしているうちに不意に倒れました」と語られました。

夫人から梶木剛の死去の様子を知らされてもなお空を飛んだり、汽船にゆさぶられたりしている彼の姿がなお想像の世界からはなれなかった。これは私の記憶とかかわりのない願望のせいかもしれない。

彼が文章家として固執し目をそそいでやまなかったのは、正岡子規をはじめ近代日本の正統派リアリズムの詩人と散文作家だった。地味で正確なその解明と掘り下げ方は稀有なものだった。

心ある読者は〈形のない難所〉を悠然と歩いていく彼の姿勢をかなたにしながらどれだけふで運びのモデルとしたかはかりしれない。

梶木剛は平仮名「あいうえお」五十音の一文字、一文字が日本列島の散文文学のふるさとであることをよく知っている文学者であった。

梶木剛の魂よ　安らかなれ。

小川国夫

小川国夫さんを悼む

小川国夫が亡くなった。あの淡彩な強い作品のひかりがなつかしい。最初に感銘をうけたのは「海からの光」だった。海辺から地味なひかりを放っている名もない男は、まぎれもなく作者にとりあつめられた信仰と渇望につつまれた新約聖書の主人公と思われた。どう描いても一歩まちがえれば通俗的な聖人になってしまう。そこをこらえきっていた。この人は稀にみる信仰者にちがいない。新約聖書は戦後の初期に熱中して読みふけりこの主人公をどうつかまえればいいのか、と思いあぐねた時期があった。そして不信仰者としてだが、一歩でも間違えたらおしまいだぞと緊張を強いられたのを今でもおぼえている。要するに人類の書の一つなのだ。わたしは遠くの方から信仰者小川国夫に敬意を表しながら作品を読みつづけるようになった。彼の方はわたしの不信仰に批判的であったことは彼の文学仲間の文章をまつまでもなくよく承知していた。別に宗教とか思想とかの党派性からではなく、これが両者の相互理解の在り方であっても致し方ないものだと、わたし自身は考えていた。

ある時（たしか新共同訳の聖書が出版されたあとと記憶している）珍らしいことに小川国夫の方からわたしを名指して対談したいと望んでいるという編集担当者の伝言があった。小川さんは、たぶん新共同訳の聖書を話題にしたくて不信仰の聖書読みであるわたしと論議したいと考えたにちがいない。対談にのぞんで、不思議におもわれるかもしれないが両者の意見は大切な点で幾つか一致した。想い出せるまま挙げてみる。第一は「文体」の問題だった。易しい新共同訳には〈文体〉が無かった。信仰者ならそれでもなお信仰にみちびかれる人々が増し、教徒が格差をもたなくなって教義がひろまることをよろこぶのかも知れない。だが言葉の〈芸術性〉とは、帰するところ文体の問題であるという文芸を職業にしてきた経験からは許しがたい。小川さんに第一にそれをぶつけてみたいと思ったのだ。ヘブライ語もギリシャ語も不案内だが、新共同訳が文体のない〈解説訳〉とでもいうべき訳である感じはすぐにわかる。これで信仰者が納得するとはかんがえられない。小川国夫さんにはわたしなどよりもっと新共同訳に否定的できびしい信仰者のいきどおりがこもっていた。わたしは文学的に聖書を読んだだけだと反論されたら肯定するほかないと思っていたので、小川国夫さんの見解を聴いて、やはり文芸の徒で当方の言い分をわかってくれた上で呑み込んでくれていると感じた。もう少し立ち入って言えば文体が無いことは教徒としての信仰が無いということだ。この言い方が極端であることはよく承知しているから言い直すと、キリスト教に対する個人としての思想がないことだ。勿論《もちろん》思想が無くても信仰は成立する。ある意味ではより深く成立するといってよいとおもう。この点は西欧近代でも重要で微妙なことだったらしく、マルクスなどもラジカルな唯物論者を相手に「ユダヤ人問題によせて」のなかで奮戦している。ラジカリストたちは宗教そのものを廃棄してしまえばユダヤ人問題も何もないではないかと主張する。だがそれは違う。宗教的な解放は人間的な解放とは違う。（わたしの解説をつけ加えると、人間的な解放はもっと遠いところにあると言っている。）

宗教は人間の精神活動の始源にあるものだ。始源がなければ人間の精神活動は無い。現在でも何れかの歴史的な段階の宗教に依存する人たちが存在するのも、唯物論や唯脳論に執着する人々が存在するのも当然で、倫理的にそれを片づけるわけにはいかない。

小川国夫さんの描いた新約聖書の主人公はこの種の宗教の教義の争いや党派性のせめぎ合いと全くかかわりがなかった。焼津の磯辺の小屋で無口のまま漁網の破れをつくろっている漁師さんが何故か寂かな光を発している。その光は感じるものには感じられるが、誰にも見えるわけではない。これはわたしなどにはどんなにしてもわかり得ない世界だ。わたしにも沈黙の世界はある。だがその世界は自己問答と近縁者のあいだの問答と社会や共同体や国家のあいだの問答にしかすぎない。小川国夫さんが本気になるとこういう世界があるのだ。わたしの読んだ新約聖書の主人公の世界は旧約の歴史を超えようとして荒々しくもがき、苦しみ、怒りを言いつのる主人公の世界だった。小川国夫が初期の「海からの光」や新共同訳の聖書に示したいらだちのような寂かさや沈潜を感じたのは、マイスター・エックハルトの「ドイツ語説教集」に接したときだったと覚えている。エックハルトの文体ののび方も沁みとおるようでうらやましいなと感じた。小川国夫さんにも同じ寂かな沈潜を感じる。わたしにたいしていつも批判をうしなわなかったのは当然だと思える。わたしも本気ではないがときどき小川国夫さんの作品にあらわれる焼津の漁師さんの居酒屋でのたたずまいは、皆ひとかどの知識人の風情じゃないかなどとからかったりした。今はそれが懐かしい気がする。

さもあらばあれ文学者としての小川国夫さんは高い格調で焼津の磯辺あたりの小屋で黙々と漁網をつくろっている男の放つ光を新約聖書の主人公になぞらえる自身の深い信仰を語ることができ、同時に、居酒屋で出あった現実の焼津の漁師さんを描くとみんなひとかどの知的人種になってしまう、その稀有の存在に心から敬意と哀悼の意を表したい。

清岡卓行

清岡卓行を悼む

清岡卓行の死を編集のひとから知らされた。急ぎこの追悼の辞をしたためている。彼と最初に出あったのは、たしか雑誌『現代批評』の同人の集りが、奥野健男邸でやられたときだった。清岡卓行の名は夙《つと》に原口統三の「二十歳のエチュード」の中で畏敬をこめて語られていたので知っていた。そして植民地大連に流配された日本のランボオというイメージがわたしの清岡卓行像だった。だが眼のまえにいる清岡さんは音楽的でやわらかい声で語る温厚な人だった。たしかその頃清岡さんは短い文芸時評や映画批評をやっていて、プロ野球の事務所に勤めて、球団の試合のスケジュールを作る仕事をしていると聞いていた。

日本のランボオ神話をわたしのような文学愛好の読者に植えつけたのは小林秀雄の二度にわたるアルチュール・ランボオ論であるといえる。年少のうちに『地獄の季節』に集められた第一級の詩作品を書きなぐり、惜し気もなく詩を捨ててアフリカの砂漠で貿易商人に変身した。そのにべもないようないさぎよさが、小林秀雄のランボオ神話の中核にあり、わたしたちをゆさぶった。温和な日本列島のなかに住み、酒に酔っぱらうほかには荒れた所作事もない日本の文芸の風土では、読者たるわたしなどには小林秀雄のランボオ論は魅力的なもので、文字通り神話のひとこまだった。日本でランボオのような神話を作るとしたら長谷川二葉亭の『平凡』と、そのあとの大陸行か、夏目漱石の中村是公の招待による『満韓ところどころ』の大陸行くらいしかない。第二次大戦でとび抜けた荒事《あらごと》を体験したのはロシア文学者内村剛介や詩人石原吉郎《いしはらよしろう》などだ。スターリンの強制収容所で、温和な日本列島で決して体験できない極限の荒事を体験した。もちろんスターリンには言い分があった。労働者の「大祖国」ロシア連邦を守るために働くこと。日本国には珍らしい純粋なリベラリストの少年詩人だった清岡さんはわたしの戦争責任論に批判的だった。左翼詩人にも戦争責任があるではないか、どうして戦争期に最も信頼できる文学者であった横光利一や小林秀雄などが戦犯文学者に指定されるのかに不服だったわたしのような軍国少年の文学愛好者は、たまりかねて戦争責任論を展開した。これが清岡さんの眼にとまって不満だったらしく、リベラルな少年だった詩人にふさわしい批判の文章が出された。他の詩人を戦争便乗詩人呼ばわりする資格はきみたちにないだろうという主旨だった。わたしもすぐに清岡さんに反論した。自我に主体的に眼ざめたときすでに軍国主義のほか、どんな論もなかった世代に資格を問われる理由はないし、戦中に愛読した文学者を戦犯呼ばわりする不当さを見過ごせないというのがわたしの主旨だった。この論争を繰返せば泥沼になることは、清岡さんもわたしもよく自覚していたのでそこでは深入《ふかいり》しなかった。また清岡さんの本気で爽やかな論調に私怨など残らなかった。

その後、清岡さんはシュルレアリズムの詩人として作品の数々を発表しはじめた。わたしはその論争で清岡さんにたいする認識を修正した。大連はこの詩人にとって流浪の地ではなく「ふるさと」であり、逆に東京でプロ野球の事務所に勤めたり、大学の教師をしたり、時に映画批評や詩作品を発表している清岡さんの姿を流浪の日々と考えるべきではないかと思い到ったのだ。わたしの清岡像の核心が妥当であるのかどうか、清岡さんにも知人たちにも訊ねたことはない。だがその後清岡さんが書かれた大連訪問記『芸術的な握手』や小説『朝の鏡』などを読むとますますそんな思いがつのった。もう二十年くらい作品にお眼にかかるだけで満たされる状態だった清岡さんに、こんな回想が「君あしたに去りぬ　夕べのこころちぢに何ぞはるかなる」という悼辞になり得ていたら幸いである。この純粋で高雅だった詩人の魂よ、安らかに。

20

清岡卓行

詩人清岡卓行について

はじめて清岡卓行にお目にかかったのは原口統三の『二十歳のエチュード』のなかだった。この鋭い青春の書のなかで清岡卓行は畏敬すべき日本のアルチュール・ランボオのイメジとして描かれていた。もしかするとわたしが小林秀雄のランボオ論に惹かれていたための類想が這入っていたかもしれない。その頃清岡さんは連絡船を断たれて大連に残留し、原口統三は孤独のまま自死をえらぶことになっていて、『エチュード』は書かれていたのではなく、この著者固有のさまざまな事情もあったと思える。『二十歳のエチュード』には当初副題のエピグラムが小さい活字で付けられていた。同年代の若者はどう読んだか気にもとめなかったかもしれないが、わたしには大切に思われた。そのエピグラムはわたしの記憶が正確には重要に感じられた。文句は「ご覧、あれが忠義な四十七人のお墓だよ」というものだったと記憶している。記憶は怪しいが、わたしには戦争で死んだ同年代の若者たちへの挽歌の原口統三らしい表現と感じられた。この四十七人とは高輪泉岳寺にある赤穂浪士の墓をさしている。わたしは湘南の海辺から自然死のように深い方に向って歩いていって自死したこの若者の死が、わたしなど同年代の文学青年の、文学的死の象徴以上の意味を持つようにうけとられた。

清岡さんとほんとうに現実に出会ったのはずっと後になってからで「現代批評」という同人雑誌の集まりのときだったとおもう。温厚でふところがひろいシュルレアリズムの詩人としてわたしたち同人の前に姿をあらわした、というのがわたしの初印象だったとおもう。原口統三の『二十歳のエチュード』から受ける印象とははるかに違っていて親密ですぐに頼れる詩人という柔らか味と温度を感じた。そして原口統三が清岡さんに感じていた畏敬の念がわかるように思った。わたしは『二十歳のエチュード』の著者を鋭敏な感性と文体をもった、そしてひとりでに現世的な不幸を招きよせてしまう青年というイメージで理解した。これはわたしなどにも共通したところのある宿命的といいたい資質だ。多少の実感を込めて言えば原口統三の清岡さんに対する畏敬には、温和で静謐な宿命と詩作品とが、たくさんの流亡の生涯の思いをおし隠しているのを、自分の資質と対応させていたからではないかと思えてならない。

大塚睦

清冽な色彩と繊細な線に守られた前衛画家

大塚睦の画業は混沌と汚濁の真っただなかにあって、まるで山深くの湖水のようにシュル・レアリズムの豊かなじぶんの根拠を失わなかった稀な前衛画家だった。わたしたちはその象徴を色彩の濁りのなさと線の繊細さに囲まれた抽象空間に見出せばよかったが、どこにも逃げる場所のない荒波のなか、その画業の守りつづけたものは、おそらく日本の抽象派の遭遇したはじめての体験だったと言えよう。現在ことさら荒波を造り出そうとする世界風潮のなかで、大塚睦の画業は何を語りかけてくれるのか。

大塚睦・その画業

大塚睦とはじめて会ったのはメキシコ革命の象徴であるシケイロスの画業の圧倒的な迫

力と素朴画のような形象に、わたしたち画展をときどきのぞくだけの絵好きが打ちのめされそうな感じにおそわれていた頃だったとおもう。大塚睦はその頃出会うとわたし相手に自作品を見せたり、制作の苦心を語るよりも、じぶんの画業の根源である福沢一郎ゆずりのシュル・レアリズムの画の理念の深みを、素人のわたしに熱心に語った。まるで絵画の制作など忘れてしまったかのようだった。あとからかんがえると自分の制作のみなもとについて深い疑いを抱いていたのかも知れない。

また日本の前衛絵画が荒波にもまれていて、大塚さんもその波濤のなかで身を晒していたのかもしれない。一塊りの記憶としてしか覚えていないが、わたしもまた自分たちの同人文芸誌で「社会主義リアリズム論批判」を書いて花田清輝の攻撃にあって応戦していた。

その頃、花田清輝はシュル・レアリズムとアブストラクトを止揚して社会主義レアリズムという理論を作り、絵画と文芸の両世界におおきな影響を与えていた。本多秋五の「物語戦後文学史」の言い方では大将（花田）と一兵卒（吉本）の論争のようなもので、わたし自身もそれをよくわきまえていた。この畏敬すべき芸術批評家に立ち向かったのはただひとつ納得できなかったからだ。あとは政治的な悪罵しかなかった。多分花田清輝はこの悪罵だけは気になったにちがいない。

詩を作る体験からシュル・レアリズムであり、アブストラクトはアブストラクトであり、画家が心から自分の方法を変えるのでないかぎり「社会主義リアリズム」に移行する筈がない。またアブストラクトもまた。これは文学・芸術の実作者には自明のことでわたしは、理論家はそれを本当の意味では判らないのだと。じぶんの詩の実作の転換しようとしたときの苦悩の実感から疑いようがなかった。また、レアリズムはレアリズムで「社会主義」と「資本主義」もない。これも疑いようがない。

大塚睦の実作品をはじめてみたとき、何んだこんな近いところに見本があるではないかと思った。

淡い蒼を基調に線のなかにこめられた繊細な感覚がまるごと生きている。清澄な鮮やかな線の交錯している繊細で静かな感性にうら打ちされていた。太宰治が好きなわたしはすぐに大塚睦の画業に太宰が引用しているエピグラムの生田長江の詩を思い浮かべた。

ひややかにみづをたたへて
かくあればひとはしらじな
ひをふきしやまのあととも

まるで大塚睦の絵のためにあるようなものだな、などと思った。この人にシケイロス風魂をもって画にしたリアリズムの絵をかけといっても無理な話だ。またときどきヤジ・キ夕道中のように一緒にやってきた仲のよい山下菊二の「あけぼの村」のような作品を造れといっても無茶だ。山下菊二と比べるならまわりの環境に溶けてしまうような親しさと鳥たちとおなじレベルでつきあえた山下さんの絵だ。そこで二人のお人よしの純粋なこころは共感しあったに違いないと思った。清澄で繊細な大塚睦の絵は弱々しい外観とは反対に、抽象的な斜線にアクセントをこめた清澄でデリケートな色彩を頑強に変えなかった。大塚睦の珠玉のような絵をもっと観たいものだと思った。

板橋区立美術館で第一次戦後派世代の代表的な画家の画業を象徴する展覧会が開催されたことがあった。わたしたちは家族で出かけていった。基調はそれまでみてきた大塚睦の画業と変わらない淡蒼い繊細で清澄な斜線にかこまれた透明な空間を構成したシュル・レアリズムの系統に属するものだったが、流石に年令の若さからくる活力が斜線に囲まれた空間からは情操が溢れかえっている。わたしはああこれが大塚睦の精神的な肉体から放射されるものだなと感銘をうけて帰ったのをおぼえている。そして大塚睦がそれまで考えていたよりも大物なのだなと思うようになった。線と面と鮮やかな色彩とで山ふかい清澄な湖水をのぞかせるような大塚睦の画業は、それでも戦後の雨風の殺到をしっかりしたゆるぎない姿勢で受けとめたあとになお、わたしたちに深くかんがえるべきものを語りつづけているとおもう。

岡山のおいしい混ぜご飯すしを作ってはわたしたちの家族に振舞ってくれた母親のよう

に大塚睦を扶けつづけた夫人が亡くなられたあと、再起できないのかなとおもえるほどにおもっていた姿をわたしたちの前に晒していた。けれど体形は亡き夫人と異なるが、魂の出来ぐあいは亡き夫人そっくりな無欲で善良な心で、わたしの家人の変わらぬ親友であった人と好意をもちあうようになって再婚された。わたしの勝手な想像だが、親身な妹を得たように元気になった大塚睦だったように思われた。

川上春雄

川上春雄さんを悼む

川上春雄さんとはじめて通信を交わすようになったのは、わたしが飯塚書店版の『高村光太郎』を出版した折だったと思う。それまでまったく未知だった川上さんが、詳細な誤植の訂正個所を挙げて送ってくれたことから、手紙や葉書の往復がはじまった。物ぐさなわたしでも、黙っていては相済まぬと思うほど詳細を極めたもので、御礼状を出さずにおられなかった。川上さんはその頃、詩誌「詩学」の研究会に属して詩を書いておられたと記憶する。力量のあるいい詩作品だった。じぶんよりずっと若い詩人だと考えていた。交渉が生じてからは、ますますわたしの著作にたいする読みは深くなり、訂正や感想の類いもまた以前より細部にわたり、たんに誤植の訂正にとどまらず、わたしの認識の誤解にまで及び恐縮するばかりだった。そしてだんだんと〈ああ、おれはいい読み手をもったな〉とわれから思えるようになった。そして、ひそかにこの人の詩や詩人たちにたいする関心が、わたしと類似しているように思えてきた。若しかするとこの人はわたしと同年代ではないかと推測するようになってきた。

川上さんが一番苦労したのは、わたしのガリ版の詩集の詩作品や、わたしにはどうすることもできなかった工業学校（旧制）時代からの手習いを苦心して尋ね合わせ、ほとんど抜け落ちがないほど完全に集めてくれた『初期ノート』の一冊だったとおもう。そんな言い方がゆるされるならば、殆んど川上さん自身の作品といってもいいものだった。

わたし自身の手元にないばかりか、自身にはどんな手段でも集めようがなかった手習いを、丹念に探し求めて集めたもので、創作よりもきついことだったに相違ない。そしてわたしは集められた『初期ノート』の原型をみて、手習いの幼稚さはそれとして、失われた珠玉をみるように懐しく貴重に思われた。わたしの原型はすべてそこに再現されていると感じた。人はなぜ書くのか？　たぶんそれは結果としては「己れに倍したるゲヘナの子」が集められてしまうものに違いない。けれどわたしにとって『初期ノート』は結果を問わずにモチーフの原型だけを考えればいい唯一の著作であるかも知れない。それは全てを川上春雄さんの根気づよい発掘に負うもので感謝のほか言うべき言葉がない。

いつの頃だったか、川上春雄夫人が見えられたとき、余りにわたしの作品に労力を注がれる川上さんを体験して〈甘んじて川上さんの努力を受けていていいものだろうか〉と訊ねたことがある。夫人は〈勤めの役所を退いてからの張りになって、却っていいんです〉

と笑って言われた。〈この頃は酒で深夜にわたることも少くなりました〉と冗談をいわれてわたしの肩を軽くしてくれるような配慮を示された。わたしはほっとして、どれほど気分が軽くなったか量りしれない。

文筆をもてあそぶことは、おそろしいことだ。これはさまざまな出来ごとに書く人間として出遇ってきたわたしの実感のひとつだ。著作家は著作によって死ぬこともあるし、殺傷することもあるにちがいない。

山形県米沢市の学生時代、会津出身の同級生が二人いたが、二人の共通点はテンポがあまりはやくないが、考え方にも行動にも筋金が入っているという印象だった。おなじ性格は当初から川上春雄さんにも共通していた。筋が通っていて頑固ともいえるし強情ともいえる。一旦、思い込んだところから思考は単一で根気に充ちていて、わたしなどの言い分で抑止されるものではなかった。この資質は得難いもので、わたしなどが尊重してやまないところだった。川上さんへのわたしの親愛感と信頼感はそこを源泉に形成されたような気がする。わたしのようなちゃらんぽらんな性格は、そこから沢山のことを学んだような思いがする。わたし自身よりもわたしのことを知り、わたし自身よりもわたしの著書や家系のことを知っていた。郷里のことなども、わたし自身よりも詳しかった。迷惑がられても、拒否的な態度をとられても、めげずに調べられたのだとおもう。

少くともわたしに関するかぎり川上さんは、激励、訂正、保存、反響など、いつも蔭にまわって精神的に言いようもないほど援助してくれた。その姿勢は、いつもどこかで肩ひじを張っているようなわたしにとって人間はかくあるべきだとたしなめているように感じていた。はた迷惑もかまわず、やりっぱなしで猪突しているような居心地の悪さをいつも気に掛けずにはおられぬような文章を書いてきた。そしていつか川上さんの厚情にこたえられる日を夢みてきた。

だが思い通りにはいかないように運命はできている。去年には足腰もままならないわたしのところへ、友人たちと近くの温泉場へ行ったついでだということで見舞に立寄ってくれた。だが今年になって、胃腸を患った続きのように肺炎で入院し、退院したと聞いた。さすがに鈍いわたしでも、これは気を配らないと、別の病気を引込んでしまうぞと危なさを感じた。若いとき、壮年のときとちがって、一週間もかからずに治ってしまう病気も、たった二、三日遅れたばかりに、その二、三日遅れた病臥が、ほかの病気を呼び込む老齢の状態を実感しているから、うまく肺炎の予後を切り抜けることを願って、少しひんぱんにたよりをすることを心掛けた。欠礼でいいから自分の身体のことだけを考えて呉れるようにと願う便りをしたが、わたしが想像していたよりも、川上さんの身体の衰えはずっとすすんでいた。自分の実感からして、老齢のひんぱんな入退院の繰り返し、いいかえれば異った病気の重なりが老齢の危険信号だと充分に認識していたつもりなのに高をくくっていた。この不意打ちの知らせが、不意打ちということが、悔まれてならない。わたしはいまかけがえのない知友を失ったのだ。

川上春雄

川上春雄さんのこと

川上春雄さんが亡くなった。これはわたしにとってどんな訃報よりも重たい知らせであった。けれどそれを、その重さを言いあらわそうとしても適切な言葉が見つからない。親類や縁者でもない、同業者のあいだの親しい附き合いといっても少しだけ違う。閲歴が重なる部分をもっているのともちがう。それなのに長い年月にわたって、わたしを励ましてくれる存在だった。わたしは川上さんを詩誌「詩学」の研究会で詩を書いている詩人としてしか知らなかった。いい詩を書く人だなと思っていた。それだけしか知らないと言えば済んでしまうと言うのが、その時期の印象だった。

記憶が当てにならないわたしが、正確だと確信をもてないのだが、たしか飯塚書店版の『高村光太郎』を出版したとき、思いもかけず川上さんから精密きわまりない正誤表が送られてきた。何と言うべきか、わたしがわたしに注意を払っているよりも何倍も川上さんがわたしにはらっている注意の方が精密だというよりほかないものだった。これは好意とか眼くばりの確かさとか言うべき域をこえていたと感じた。そして年月とともに川上さんの読みは稠密さを増し、適確な支援を加えていった。何と呼んでいいのかわからないが、おしまいには、わたしのことはわたし自身よりも川上さんに尋ねたほうがいいよと他人に言うほどになってきた。困惑や冗談の調子を超えて、一種諦らめた犯罪者に似た表情の言葉でしか対応できないことになってきたのだった。叩けばほこりが出るという言葉をテレビの推理ドラマの登場人物がよく口にする。わたしなどは叩かなくてもほこりが出るに違いないが、川上さんは気くばりが大変だったに相違ない。わたしは川上さんのお蔭で耻をさらすほど、人間は人間らしくなってくるものだという思いを全うしたいものだと思うようになった。

十代の後半ころまで、時間はどこでも同じテンポで流れるもので、そのテンポを決めるのは自分の生理的な主観とも言うべきものだと考えていた。山形県米沢市の学校へきて、一番教えられたのはそれが間違いだと言うことだった。各地方から集まってきたクラスメートたちは個性というのは地域差ということではないかという認識だった。少し言い方をかえると個性というのはテンポの違いではないかと言ってもよい。わたしのいう個性は東京者と地域性にくくられてしまう。それは東京者というテンポでくくられると言い直してもよい。これは岩手県からきたものは岩手県というテンポが個性だし、福島県から学校へきたものの個性は福島県というテンポでくくられる。福島県からは旧制の会津中学からきた学生がクラスに二人いたが、さらに際立っていて会津というテンポでくくられる。見事なものだった。

わたしが川上さんと知り合ったのは、はるか後になるが、クラスにいた二人の会津中学出身のものと実によく似ていた。地域が個性だと言う意味ではこれほど際立ったところはないと思うようになったのは川上さんと親しくなってからであった。巌丈さ、テンポの独特さ粘りつかない強い持続力持味さなど、どんなに形容を重ねても何か言い足りなさがのこる傾向性。幕末の戊辰の役で最後まで幕府側で戦った頑強さは、忠義とか幕府親藩だったとかいう理由をあげても、それだけでは該当しない気がする。それは土着の個性とも言うべきものだと言った方が、まだ当っているような気がする。人間の気質は親や兄弟の関係から産み出されると言えば一番無難なのだが、ここでは何か土地との関係から生まれると言った方がいい気がする。戦時中は銃剣術というのがあって、一本とられて審判の判定が下っても、「未だだ!」呼ばわってなおつづけると、組み合って、対手の防具の面を奪ってしまわないと終りにならない。そこまでやらないと会津出身のクラスメートは終りにしない。

川上さんにもそんなところがあって、徹底的でしかも気持がいい思いがあった。川上さんはどんな感謝の言葉を口にしても何となく軽薄な気がする類いの誠意を示されたが、わたしには理念的な同意や批判とは関わりが薄いとおもわれた。土着が個性だというところから、わたしの方が感謝とか恩恵とかいう言葉を使うことができない規模の巨きい誠意ともいうべきものと思われた。これにたいして近代の言葉で謝意を表現しようとしても、「よせ、よせ」と言われそうな気がした。黙って受け容れるよりほかに術がなかった。

京都の天台宗祖最澄と会津の徳一との教義論争をみれば徳一の方が真っ当にきまっている。それは内容ではない、土着の個性だ。これがたぶん川上春雄さんの理念に当るものであった。

本多秋五

本多秋五さんの死

陶山幾朗による内村剛介の自伝的回想のインタービュを読んだばかりだったので、本多秋五さんの死去の知らせで、すぐに『戦争と平和』論を書評したことがあったのを想い出した。本多さんは第一次戦後派のうち、埴谷さんと対照的にドストエフスキイ系ではなくトルストイ系の批評家だったといえよう。

近代の日本文学の歴史でいえば、「白樺派」とくに志賀直哉、有島武郎、その後の年代で言えば宮本百合子の次に坐るのがふさわしかった。ロシアでいえばレーニン系とでも言うべきか。わたしは本多さんの『戦争と平和』論を読んだとき、すぐにトルストイの『アンナ・カレーニナ』が好きだったという伝説のあるレーニンのことを思い浮べていた。おなじトルストイでも本多秋五さんは『戦争と平和』が好きだったのだとおもう。わたしは「白樺派」が苦手の方で、埴谷雄高さんの政治的屈折や、平野謙さんのような人性的な屈折のある文学者の方に親近感をもっていて、あまりに向日的で悠容迫らない人道主義文学者だった本多さんの方が苦手だった。もしかすると屈折のない育ち方が苦手だと思ったのかも知れない。

本多秋五さんの評論でびっくりさせられたことが二つあった。ひとつが文学青年だった頃、小林秀雄が書く批評がひとつも理解できなかったと書いていたことだ。わたしの青年期は小林秀雄と保田与重郎の存在なしには、文学の理解はゼロに近いものだった。一世代違うとこれほど文学についての概念が違うものか、この断絶を埋めるのは大変なことだな、と思ったのだ。その後、本多さんは小林秀雄を論じるようになり、わたしはプロレタリア文学を論じるようになり、この断絶の距離は縮まっていくように思えた。もう一つ本多さんでびっくりしたことは、『物語戦後文学史』のなかで、どうか戦後派の文学を最低の鞍部で超えないで欲しい旨の名句を残したことだ。わたしは「最低の鞍部」という着想に感服し自戒した。まさにわたし自身が最低の鞍部で第一次戦後派の文学的業績を超えて済まそうとしている気がしたからだ。どうしてどうして第一次戦後派も、その批判の対象だったスターリン文化の造り出した党派区分のマニュアルも根づよく超えるに困難なものだ。政治と文学とがいたちごっこをしている党派的文芸批評を本質的に超えるのはとても大変なことを身をもって味わったからだ。

その上内村剛介は陶山幾朗のインタービュでトルストイの『戦争と平和』から、負傷したアンドレイが敵味方の死傷者のあいだに横たわっているそばをナポレオンが幕僚と一緒に通り過ぎる場面をあげてドストエフスキイの『悪霊』と対比させようとしている。アンドレイは仰向いて青く澄んだ空を、少し薄れた意識で見上げながら戦争も平和も人間の生死も自然に比べれば空しいと感じる。自然の変らなさを、この場面で兵士たちの生死や将軍の野心や名誉欲とかかわりない救済として描いているトルストイと悪霊たちの政治的野心や葛藤の内面性を描いているドストエフスキイとでは、はじめから比較の対象にはなりえないと内村剛介は言いたいわけだ。本多秋五の『戦争と平和』論もこの場面を取上げていた。わたしもこの場面だけは『戦争と平和』のなかで鮮やかに覚えている唯一の個所だ。わたしは敗戦の日、動員先で、生きているのはおかしい、明日からどうしようと思い悩みはじめて、魚津港の海へ出て浮びながら、青い空を眺め、じぶんが生きた心地もなく悩み苦しんでいるのに今日も昨日とおなじように空が晴れているのが、不思議でならなかったのを記憶している。わたしにとってはその場面の自然の変らなさは、救済ではなく不都合に思えた。あれから半世紀ほどの年月を、このとき感じた自然への思いを解こうとして遠く戦後を旅してきたように思える。これが恰好のいい書き方をしたときの、わたしの「なぜ書くか」のモチーフだった。その大部分はわたし自身の力で、じぶんなりに、解いてきた。

本多秋五さんの『戦争と平和』論は優れたものだったし、それと出会ったこともいい事だった。『アンナ・カレーニナ』を読む気になったのはその後だったから。この作品は『戦争と平和』より柄が小さくて、わたしには適していた。漱石の『門』のように読んだ。

　わたしは本多秋五さんよりも、暗い漱石や陰鬱な『新生』を書いた藤村を解剖した平野謙さんに親和感をもった。だが本多秋五さんの暢びやかでゆったりした歩み方を、少し羨しい思いで眺めていた。完全に本多秋五さんが判ったと納得するまで、その作品を読み切れなかったが、最後に著書を贈呈された返事にそのときのわたしの父とおなじく心臓を悪くせられたことを読み知って、どうか御体を大事にされ、長寿であることを祈る旨を書いた記憶があり、それがわたしだけの独り合点な慰めになっている。

　わたしが完全に本多秋五さんの論議に賛成だったのは「無条件降伏」の解釈をめぐる本多さんの理解だった。わたしも当時完全に手を上げました、という意味に受取っていた。これは素朴なわたしの実感で、江藤淳さんがわざわざアメリカに渡って日本占領下の、アメリカ軍政局の文書を掘り返した努力とは別の次元の問題だった。

島成郎

「将たる器」の人

初めて島成郎さんに会ったのは全学連主流派が主導した六〇年安保闘争の初期だった。島さんたち「ブント」の幹部数人がいたと思うが、竹内好さん、鶴見俊輔さんはじめ、わたしたち文化人（!?）を招いて、島さんから自分たちの闘争に理解を持って見守って頂きたい旨の要請が語られた。竹内さんなどから二、三の質問があって、島さんが答えていたと記憶する。

確か本郷東大の向かいの喫茶店だった。わたしが鮮やかに覚えているのは、そんなことではない。その時、島さんは戦いは自分たちが主体で、あくまでもやるから、文化人の方々は好意的に見守っていてくだされぱいい旨の発言をしたと記憶する。わたしは、この人は「将（指導者）たる器」があるなと感じた。

戦いはいつもうまく運べば何も寄与しないが同伴していた文化人の手柄のように宣伝さ

れ、敗れれば学生さんの乱暴な振る舞いのせいにされる。この社会の常識はそんな風にできている。わたしは島さんがそんな常識に釘を刺しておきたかったのだと思い、同感を禁じ得なかった。

わたしは学生さんの闘争のそばにくっついているだけだったが、心のなかでは「学生さんの戦いの前には出まい、でも学生さんのやることは何でもやろう」という原則を抱いて六〇年安保闘争に臨んだ。それでもこのわたしの原則は効力がなかったかも知れないが、わたしの方から破ったことはなかった。島さんをはじめ「ブント」の人たちの心意気にわたしも心のなかで呼応しようと思ったのだ。文字通り現場にくっついていただけで、闘争に何の寄与もしなかった。

島さんの主導する全学連主流派の人たちは、孤立と孤独のうちに、世界に先駆けて独立左翼（ソ連派でも中共派でもない）の闘争を推し進めた。それが六〇年安保闘争の全学連主流派の戦いの世界史的な意味だと、わたしは思っている。闘争は敗北と言ってよく、ブントをはじめ主流となった諸派は解体の危機を体験した。しかし、独立左翼の戦いが成り立ちうることを世界に先駆けて明示した。この意義の深さは、無化されることはない。

安保闘争の敗北の後、わたしは島さんを深く知るようになった。彼の「将たるの器」を深く感ずるようになったからだ。わたしが旧「ブント」のメンバーの誰彼を非難したり、悪たれを言ったりすると、島さんはいつも、それは誤解ですと言って、その特質と人柄を説いて聞かせた。わたしは「将たるの器」とはこういうものかと感嘆した。わたしなど、言わんでもいい悪口を商売にしているようなもので、島さんの一貫した仲間擁護の言説を知るほどに、たくさんのことを学んだような気がする。

わたしの子供達は、豪放磊落《らいらく》な島成郎さんを「悪い島さん」と愛称して、よく遊んでもらったり、お風呂に入れてもらったりしていた。わたしとは別の意味で、幼い日を思い出すごとに、島さんの人なつこい人柄を思い出すに違いない。

知っている範囲で谷川雁さんと武井昭夫さんとともに島成郎さんは「将たるの器」を持った優れたオルガナイザーだと思ってきた。臨床精神科医としての島さんの活動については、わたしは語る資格がない。だが、この人を失ってしまった悲しみは骨身にこたえる。きっとたくさんの人がそう思っているに違いない。

大原富枝

いちばん鮮やかにのこる姿を偲ぶ

大原富枝さんが亡くなられてもう一月余になろうとしている。大原さんは、作品と人柄の存在感の両面から、わたしの最も好きな女性の作家だった。そして、そのことだけをたよりに中上健次と三上治とわたしの三人が主宰者だった集りに、いきなり面識もないのに講演を依頼した。「わたしはなぜキリスト教に入信したのか」というのが、わたしの頼んだ講演の主題だった。電話越しに少し間をおいて「わかりました」と透明に応じて下さった。嬉しかった。理由も問わず、なぜその主題なのかも訊ねず、ストレートに承諾していただくのが、かくも嬉しいものかと、編集者がいつも味わっている気持がはじめてわかったような気がした。大原さんは生涯のある時期に遭遇した苦悩を中心に、涙を交えながら醇々という言葉がふさわしいように語りおえた。ついでにわたしが担当し、依頼し快諾をえたのは前登志夫さんに「吉野の桜について」、先輩筋にあたる像工学研究所長の井上英一氏に「印刷をはじめとする像」の問題についての講演だった。

大原さんの話は『婉という女』の「婉」と大原さん自身の生涯を二重に思い出させるような話だった。父野中兼山の藩政からの失脚、それにともなう娘婉の青春を塗りつぶしてしまうような幽閉生活、好きだった兼山の弟子との忍びに忍んだ恋情、この作品には大原さん自身の閲歴がひそかに籠められていることを、大原さんのこの時の講演から、はじめて推察できた。

わたしのあやふやで、かすかな記憶の印象では、大原富枝さんは戦前の左翼的な文学運動の外廓のところで、地味で丹念な作品をのこしている目立たない作家だった。そして戦後『婉という女』で一度に下咲きであった道のりを開花させたと思った。この作品は歴史小説としても新鮮で優れた作品で、わたしのような怠け者でも時評で取上げざるを得ない蓄積の奥行きが深いものだった。大原さんの戦後はここから冴えわたり、わたしたち敗戦後の若者を曳きずっていった。わたし自身の思いをいえばこんな形で牽引されたのは、岡本かの子以来のことだった。

果して普遍性があるかどうかわからないが、「イエスの方舟」事件をモデルにしたに違いない「アブラハムの幕舎」という新興のキリスト教集会に顔を出し、次第にその自由な信仰の快さと真剣さに惹かれてゆく少女を描いた『アブラハムの幕舎』という大原さんの作品につきあたったとき、わたしはこの作家の力量と信仰とに決定的な敬意を覚えざるをえなかった。

　その当時の世論では千石剛賢氏は良家の若い子女を無理にも信仰に引き入れて誘惑する山師的な人物だとされていた。しかしわたしは新聞やテレビ報道にあらわれたこの人の挙措や言動から、世論とはまるで違った人物像と稀にみる宗教的な人格をすぐに感じとっていた。わたしは鮎川信夫と会ったときそういう感想を申述べると、彼は君もそう思うかおれもそう思っていたと、すぐに彼の意見を述べた。わたしの記憶ではそのとき鮎川信夫やわたしとおなじように千石氏の受け身だが自由で独特な宗教的人格の本質を見抜いていたのはビートたけしだけで、彼は、千石氏をモデルにしたドラマでそれを描いてみせた。わたしは流石だねと感服した。

　そして最後に大原富枝さんの『アブラハムの幕舎』があらわれて、ひとりの生きることへのたくさんの悩みを抱いた若い女性が、偶然のように「アブラハムの幕舎」という会派の信仰の自由さと快さに出会い、その若い女性の眼を通じて千石氏や「イエスの方舟」をモデルにした人々の集会の雰囲気を鮮やかに描き出すのを読んで、わたしの大原富枝さんにたいする敬愛の念は、かけがえのない文学者に出遇ったな、という決定的な評価につながっていくのを感じた。

　わたしには大原さんの亡き魂を追ってゆく器量がないので、いちばん鮮やかにのこる大原富枝さんの姿を偲ぶことにとどめた。

大原富枝

碑文

戦後最大の女流作家・大原富枝の魂がここに眠っている。戦後の歴史文学に一時期を画する傑作『婉という女』が現れたときだ。わたしたち若者は、意識して彼女の作品を追いかけはじめた。儒者野中兼山が藩政に失敗して幽閉生活に入ったとき、父に侍した娘婉が父の弟子への恋情をあきらめ、青春を埋もれさせてしまう過程を、細やかに描いていった。わたしたちは戦前すでに名をなしながら、十五年戦争をくぐり抜け、戦後の開花に至るまでの大原富枝の苦労を婉の生涯に重ね合わせざるを得なかった。作者の地味で謙虚な魂と涙の輝きが婉の描かれた姿に映し出されていると思われたからだ。

さらにもう一度、この女流作家の作品からわたしたちは、心の奥底をゆさぶられる思いを体験した。

その頃、世論からほとんど總否定を浴びせられていた、或るキリスト教の小さな集団をモデルに、その集団の自由で真剣な信仰に惹かれてゆく少女を描いてみせた。わたしはこの作者こそ「一人居て喜ばば二人と思うべし。二人居て喜ばば三人と思うべし。その一人は」わたしです、と言える人ではないかと思った。

二〇〇〇年七月一日

吉本隆明　識

江藤淳

江藤淳氏を悼む

江藤淳さんは現在の日本で最大の文芸批評家だったと思う。

彼が学生時代に書いた「夏目漱石」は、それ以前の漱石論が「暗い内面の心理を掘り下げて分析する」というスタイルだったのに対し、漱石の全体像をはっきりとつかみ取って見せた。弟子の森田草平や小宮豊隆らの漱石理解の水準も突破する画期的な評論だった。

そして書き継がれてきた「漱石とその時代」では、妻鏡子への評価などで極めてラジカルな視点を打ち出した。文芸批評家としての江藤さんの仕事は、まさに「漱石に始まり漱石に終わる」と言っていい。

実年齢は私が少し上だが、批評家としてはほぼ同時期にスタートしたので、お互いに同世代という意識でやってきた。彼は自由主義的環境で育ち、私はまるで庶民。彼は保守で、私は左翼的と言われたりもしたが、実のところは、お互いに全く違った場所から、同じ問題に向き合って来たと感じる。

大先達としての小林秀雄をどう超えられるかと、考えに考えて、言語論からの文芸批評にたどり着いた。それが彼にとっての「作家は行動する」（一九五九年）だったろうし、私には「言語にとって美とはなにか」（六五年）だった。また、文芸だけでなく、政治や時事的評論も同時に行うという姿勢も、私たちの世代の特徴かもしれない。

この面での江藤さんは明らかに保守の論客ということだが、しかし、その保守性は、論のラジカルさとちっとも矛盾しなかった。そこは特異なところで、外国人だがアンドレ・マルローのような人と共通するかもしれない。

それは、彼がイデオロギー的に保守や進歩を裁断したりせず、公式的な教条とも無縁だったことと関係している。つまり、彼の本質は、あくまで文学にあったということだ。意見が異なろうが、大変信頼できる人だったのも、そういうところがあるからだった。

何度か対談したが、大いに対立したことがあった。

戦後の農地改革をめぐって、私が米占領軍の主導性に力点を置いたのに対し、彼は、戦前から続いてきた青年軍人らの民族主義、農本主義の重要性を主張した。これは、ロシア的マルクス主義で言えば「反動」ということになるのだろうが、実は、マルクス自身は認識していた問題だ。こういう主張も、教条にとらわれない江藤さんらしさとして印象深い。そのような姿勢で一連の評論を書き継いで来たのだろう。

自殺と聞いて大変なショックだ。「妻と私」は、とても感動的な作品だが、同時に、まったく、すきのない切実な描写に終始していた。隅々まで張りつめきっていて、なまじな批評を拒むような印象を受けた。それでも「幼年時代」の連載（「文学界」）もスタートし、身体の痛苦から回復しつつあると思っていたのに、自殺とは、と驚いている。奥さんを亡くした孤独と、ご自身の病の苦しみが重なってのことだったのだろうか。（談）

江藤淳

最後の立ち姿のイメージ

江藤淳が自殺した、そう知らせてくれたのは、はじめに夜具にもぐりこんでいたわたしのところに、文字放送でいま報道していたよ、と言いにきた家人だった。たいへんな衝撃だった。思わず起きだしてキッチンのテレビを廻した。深夜放送が、江藤淳が風呂場で手首を切って自殺したと真っ先に報じて、次の主題に移っていった。まだ何も新しいことがわからない。直ぐに前後して共同通信文化部長から電話があり、これから直ぐでも明日午前でもいいから、江藤淳について日頃から考えている批評家としての像を語って欲しい、聞き手とまとめには貴方に馴れた部員を寄来してやってもらうという。明日午前に起きる自信がなかったので、これから直ぐ来てくれてよいと答えた。文化部長は挨拶もそこそこに、あわただしく社に向い、わたしはF記者に、その場で思い起せるかぎりのことを、ときどき質問をうけながら、とりとめもなく喋言った。自由に要約してくれればいいから、ということにした。胸騒ぎがおさまりそうもないので、他人から頂いて飲み残されてあった琉球焼酎をがぶりと飲んで眠ってしまった。

わたしは「文藝春秋」五月号に書かれた江藤淳の「妻と私」という夫人の死を看取った手記を読んで生々しい衝撃が、まだ読後感としてのこっていた。実は読もうと思って雑誌をとっておいたが眼の不自由さと疲れ易さとで、そのうち体調のいい時に読もう、一百枚近くあるかなと呑気にかまえていた。そのうち「文學界」の顔見知りの編集者の人から、江藤淳さんの文章は読んだか、読んだら感想を聞かしてくれないか、と一、二度催促された。その調子が単にいい文章だから是非読めというだけでない響きを感じたので二日がかりで丁寧に読んだ。編集の人から感想を求められてわたしが話したことを申述べてみれば責任を果したような気持になれるかとおもう。

第一に、大へん感動した。しかしこの感動はたくさんの人にすすめて読者として分け合いたいというものではなく、じぶんの胸中だけで納得して、秘めておくような性質のものだ。この感動の質は、他人に読むことをすすめたり、死に至る病気で亡くなってゆく夫人への情愛と共生感を全身にあらわして見舞い、看病し、夫人の死を迎える江藤淳の振舞いを他人に語りはじめたら、直ぐに他人の生死を一場の話題としてもてあそぶ弥次馬になってしまう性質のものと思えた。そう思えた理由を編集者に話したのを覚えている。

ひとつは江藤淳の手記は隙《すき》がひとつもなかった。誤解のないようこの隙ということを説明すれば、がんの宣告を夫人に告げないで、最後まで夫人を励まし、慰め、献身的に看取る江藤淳の姿は、緊密に夫人と結ばれていて感動的であり、あまりの看護の疲労で前立腺炎に陥り、すぐさま排尿困難で入院し、手術をうけて退院するまでを記した手記の後半部は、わたしの経験から類推して、これは大変なことになったな、という重たい感じを与えられた。この手記に描かれている夫人の死と、死まで夫人を寂しがらせないように同伴し、看取り、手をさしのべ、夫人を励ます江藤淳のじぶんの病苦、入院の描写にははたから言葉をさし挿むような余地はない。だが医師や見舞に来た夫人の親友や近親の娘さんは、いわばわたしのような読み手や、雑誌を購入した読者とおなじ立場であり、わたしたち読む者、読んで江藤夫妻の闘病に声援を送るものの象徴であるはずだ。それらの人々は、江藤淳と夫人がいまぶつかっている困難な状態にたいしては、どんなに心情を寄せても第三者であることを免れない。だが江藤淳の手記は、これらの人たちもまた、自身や夫人とおなじように第三者というより当事者のように隙のない言葉だけを口に出し、隙のない振舞いだけが描写されている。わたしは直ぐにこの手記について感想をのべたら、ひとの生死の境に嘴を入れる無神経な第三者的な弥次馬の位相に陥るほかない。わたしは編集者のひとにその旨を説明して、感動しましたが、わたしなどの口を挿む余地はないので、感想を述べるのは勘弁して欲しいと辞退した。

もうひとつ、普段の江藤淳らしくないなと心にかかったことがあった。これも編集者に話したことだが、夫人の入院の準備をしている時期に、愛犬《わんちゃん》を知合いにあずけている。この愛犬は、江藤淳の手記のなかでは行方不明になっていて、かれが入院、手術、退院を述べたあとでも、また連れ戻したことも、散歩の日課をはじめたことも書かれていない。これも江藤淳らしくないな、と少し心にかかった。

江藤淳の手記は、わたしには重たいものだった。夫人を看取るの記に加えて、おなじくらい息をつくのもはばかるような自身の排尿不能、入院、手術それから退院までの記録が後半に加わっていたからだ。かれほど重くはなかったが、わたし自身も前立腺炎のため入院したことがあって、この経験したこともないような痛み(?)、重苦しい不安定感、不快感は、たとえようもない重苦しさで、根こそぎ生きる意欲を奪うように感じられた。大げさだが世の中にはこんな言葉で表現できないような鈍な重い痛さ(といっておく)があるのかとはじめて実感する老苦だった。夫人のがん死を献身的に看取った疲労感と心身の不調のあげくにまるで二重苦のように前立腺炎で入院、手術された。わたしにはこれだけで、なかなか立直るのは難かしいことに思われた。ひそかに江藤さん、大変だなと何度もつぶやいて、かれの「病苦」のほどを思いやった。わたしの近来の身体への内向の体験は、改めて老いを生きるのは大変だな、老齢必然ともいえる前立腺の肥大は、老いという自己認識を全体化せずにはおかないこの必然的な病いで、はじめて認識した老いの実体は、他人に説明しようがない。言葉がないのだ。他人に告げられるのは、排尿困難だとか頻尿だとか、冬の夜は身体中が冷えきって辛いもんだぜとか、ようするに薬局の広告みたいなことだけだ。ほんとうの前立腺炎のきつさは、老いということの心身のきつさとおなじで、他人には告げようがないし、実感しないかぎり判ってはもらえないところにある。わたしは夫人の死を看取って、まるで続きのように前立腺炎にかかって入院し手術された江藤淳の手記を裏読みしながら、天は異様に強大な意志の人に、異様な試練を課すものだという言葉を思い出し、反芻《はんすう》していた。

翌朝、明けてから共同通信のF記者から、「毎日新聞」に遺書が掲載されています。読みましょうかといって電話の向うで読んでくれた。

心身の不自由は進み、病苦は堪え難し。去る六月十日、脳梗塞の発作に遭いし以来の江藤淳は形骸に過ぎず。自ら処決して形骸を断ずる所以なり。乞う、諸君よ、これを諒とせられよ。

平成十一年七月二十一日

江藤　淳

待って下さい、とF記者の読みかけをとめた。脳梗塞の発作とは全く聞いていないが、それは何日ですか。六月十日と遺書には書いてあります。そうか、前立腺炎の後のことだ。するとかれは二重苦のあとにもうひとつ心身を立て直して生きることに向う姿勢を確立するまえに、病苦を背負ったことになる。わたしは脳梗塞の発作とその予後の後遺症とそれを回復するためのリハビリテーションについて何も知らない。だがここでも江藤淳は他人に話して通じる病状やリハビリテーションの効果については話したろうが、言葉であらわせない症状については暗黙のうちに耐えるほかなかったに違いないと思えた。わたしは老化や老人の心身について勘違いしてきたと実感して以来、老齢の病気について本で記してあることに疑い深くなっている。医者の言うことも患者の言うことも、言葉にあらわされることを記したり、喋言ったりしているだけで、本当のことは言われていないと頑強に信じるようになっている。江藤淳は脳梗塞の発作のあとの自分は、その前にくらべて形骸にすぎない、だからこの形骸を自分で断つのだと自殺の理由を自己限定している。本当にそうか江藤淳の断定の当否を論ずる知識をもっていない。だがこう断定されてもそうかなあ、という疑問が、どこかに澱んでくることを禁じえない。つまりわたしは江藤淳のいう「病苦」を夫人の死による孤独感、前立腺炎の不快な苦しさ、そして急迫するように加わった脳梗塞、この三重の運命的な強迫に生への姿勢を断念せざるを得なかったのだと解釈したがっているのだ。それならおれにもわかるという思いからだ。

けれど江藤淳の遺書のニュアンスは少しちがう。夫人の病気、死までの看護による極度の疲労、その結果の前立腺炎の発病で心身の不自由はすすんだが、決定的に自害を決意させたのは脳梗塞の発作のあとで自分が形骸にすぎなくなったからだと記しているように受けとれる。

わたしは現在の自分の心身の状態から類推して、おれなら自殺などしないなと確言することができない。これが本音だ。だが必ず江藤淳とおなじように自殺して消えてなくなるだろうとも言えない気がする。このあいだに介在する一種の偶然の契機のようなものは何なのだろうか。わたしは独りで考え込んできた。

そして江藤淳の遺書のなかにある強い自己限定の仕方は、かれがこの偶然とみられやすい契機を打ち消そうとした強い意志なのではないかと考えた。わたしは少し自分を納得させて、衝撃をなだめることができるような気がした。

わたしはここに至って、少し平静に江藤淳の自殺を考えられるように思えた。すると江藤淳の自殺（「処決」）は森鷗外の遺書の自己限定と、とても似ているように思えてきた。

よく知られているように森鷗外は友人の賀古鶴所に托して、遺言をしたためた。それは、自分は石見《いわみ》の国の人、森林太郎として死にたいから墓にはその外のことは一切記してくれるな、ということだった。職業人としては軍医としての最高の位置である軍医総監を極め、その他文化人としては博物館長をはじめ、要職、名誉職を歴任した。また作家、評論家、文学研究者、歌人として森鷗外の名をほしいままにした。しかし遺言書の言い方では、じぶんは軍医としての官制の位階勲等もいらない、また文学者としての森鷗外の名もいらない、ただ石見の国、津和野出身の森林太郎でいい、一切の粉飾はいらない、ただの森林太郎でたくさんだというように、自己限定を加えていると受け取れる。忠義の士であった鷗外、「半日」を書いて母親と夫人との険悪な家庭の雰囲気にかまけて宮中への出仕をやめてしまった事情を暴露した鷗外、乃木希典の明治帝への後追い自刃に異常なほどの関心を寄せた鷗外など、さまざまなことを考えると、鷗外の遺言書は、生涯のうち何らかの装飾があると考えたことを、すべて抹殺したいという自己限定による意志的な死後の自殺（?）と受け取ることもできる。わたしは江藤淳の公開された遺書を読むことができて、異様なほど脳梗塞の発作の前と後の自分を区別し、そこに「処決」の最大の理由をおいているようにみえる自己限定の仕方に、江藤淳の「病苦」に自死の理由を集約しようとする強い意志力を感じた。死後に自殺するか自殺によって死をもたらすかを別にすれば、江藤淳は森鷗外だなと結論せざるを得なかった。夫人の死も江藤淳にとって「病苦」のひとつであり、これでもか、これでもかと追い討ちをかけてくる三重の「病苦」に刀折れ矢尽きて、なお自己限定の意志を捨てなかった姿勢が、わたしには最後の江藤淳の立ち姿のイメージだった。

江藤淳とわたしとは文芸批評のうえでも、時事的な評論のうえでも、よく似た問題意識をもってきたが、大抵はその論理の果ては対極的なところに行きついて、対立することが多かった。たぶん読者もまたそういう印象だったろう。なぜかわたしには対極にあるもの特有の信頼感と、優れた才能に対する驚嘆と、時々思いもかけぬラヂカルな批評をやってのける江藤淳にたいする親和感があった。江藤淳との最後の対談の日、今日もまた対立かなとおもって出掛けたが、対談がはじまるとすぐに、江藤淳がもうかんかんがくがくはいでしょうと陰の声で言っているのがわかった。わたしの方もすぐに感応して軌道を変えたとおもう。かれはその折、雑談のなかでふと、僕が死んだら線香の一本もあげてくださいと口に出した。同時代の空気を吸っていたとはいえ、わたしの方が年齢をくっているのに、変なことを言うものだなとおもって生返事をしたように記憶している。眼と足腰がままならず、線香をあげにゆくこともできなかった。この文章が一本の線香ほどに、江藤淳の自死を悼むことになっていたら幸いこれに過ぎることはない。

奥野健男

あの頃二人は

1

あの頃わたしは特別研究生になって大学に戻ってきていた。学問がしたくなったというより、たった数ヵ月の息もつけないような町工場勤めで疲れきったあげく、学校を公共の休息所みたいにおもったのだ。無機化学教室の薬品倉庫になっていた部屋に、了解をえて机と椅子を持ちこみ、一人で居ついた。そんなところへ奥野健男は訪れてきた。『大岡山文学』という文芸部の雑誌に散文詩みたいなものを書いたのを読んだのだといった。

わたしは戦争中の『富嶽百景』という短篇集いらい太宰治の熱心な読者で、雑誌に新作がでるとかならず追いすがって読むといった案配だったが、奥野健男は、わたしなどに輪をかけた太宰治の熱烈な読み手だった。忽ちのうちに話のうまが合って、それからは薬品部屋を溜り場にひんぱんに奥野健男と会い、実験などそっちのけで文学談議を交すようになった。二人にとってこの部屋は魔窟みたいなもので、文学の毒性を阿片のように吸飲する場所だった。奥野健男は東京工業大学二年級の学生でわたしは特研生の前期のころだったとおもう。

これは優れた作家の作品の普遍的な特徴だが、太宰治の作品には、真底からこの作品を理解できるのはじぶんだけだとおもわせるものがある。それをこちらが持ち出すと奥野はまたじぶんの思い入れを持ち出すといった案配で、話はつきなかった。何回目かおぼえていないが、かれは大学ノートの何冊かにびっしり書き込まれた太宰治論をもってきて見せてくれた。

わたしは読まされて舌を巻くおもいがした。わたしなどの詩や雑文は工科の学生の手すさびの域を出ないものだったが、彼の太宰論は舌舐めずりするように作品を読んだ者にしか書けない繊細なニュアンスと、ひとかどの批評家がもっている大人びた判断力があった。わたしはいいじゃないかと彼を元気づけた。記憶が少しあいまいだが、この太宰治論が『大岡山文学』に掲載され、すぐにそのころ工業大学に一般教養の講師でやってきていた伊藤整の眼にとまり、高い評価をうけたとおもう。たしかこれを改稿した太宰治論が文芸批評家奥野健男の発生になった。ふしぎなことだが、かれは作家論をやっても作品論をやっても、その時々の文学の界隈の雰囲気のなかで、ある作家や作品を論ずることができた。いいかえれば発生の当初から作家も批評家も編集者もただの読者も、出入自由の雰囲気を造って、特定の作家や作品を論ずることができていた。かれの文体がひとりでにそうさせるのだ。これは眼高手低の文学仲間から侮られる要素にもなりかねない特徴だが、けっして妥協やお上手でやっているのではない。わたしは附き合えばあうほどに、かれのこの特質がわかるようになった。そしてこの資質は発生のはじめから晩期まで変らなかったとおもう。

2

奥野健男との出会いと文学談議のことをかんがえると、中二階に薬品をぎっしり置いた無機化学教室の倉庫部屋とそこに蟠踞してあまり実験もせずに籠っていたじぶんの姿が思い浮かぶ。かれにとっては積りに積った文学と時代と性格の鬱屈をぶちまけてもわかってくれる数少い場所だったろうし、わたしにとっても文学談議をやってもすらりと通ずる唯一の工科仲間だった。交友はだんだんエスカレートして、大学と目蒲線の線路を距てて反対側の商店街の飲み屋さんに出張したり、目黒駅周辺の屋台などに進出して飲みながら、太宰治を中心に入れた文学談議をやるようになった。こんな天地がひっくり返った敗戦の混乱期に正気でいられる文学者のほうがおかしいと称して、特攻くずれとおなじように、ひとかどの動員学生くずれをお互いに自認し合っていた。わたしには太宰治や織田作だけが正気におもえたし、奥野はまた太宰や坂口安吾など無頼派だけが正気にみえたのだ。奥野やわたしはまだ若くて体力の側からデカダンスの魂を引き留められている感じで、酒を飲んだり魂にかかわりのない化学の実験などしていれば、気がまぎれ、生きた心地になることができた。話し合ってみるとほとんど共通だったが保田与重郎や小林秀雄や、横光利一など戦争中に入れあげてはまった文学者たちは沈黙して、いずれも再起は不能だとおもえた。太宰治だけが建設的なこと一切を作品にせず、自身の言い方では「負の十字架」を背負って書きまくり、わたしたち戦中の年代の共感を得ていた。希望など語る文学者はぜんぶ駄目という奥野とわたしとの交友はつづいた。わたしは単独でも上野界隈や新宿の焼け跡に林立した屋台で焼酎を飲み歩いて、形はそれほど崩れられないのに、精神の嵐は荒れまくっていた。奥野健男はどんなに荒れても底のほうに鍛え込まれた行儀の良さと善意とが、正気のまま坐っていた。わたしのように失うものはなにもないという荒れ具合ではなく、無意識のなかに失うもの、失うべきでないものをもっているとおもえた。わたしの方もそのあたりは遠慮ぶかく慎んで、かれの魂のなかに土足で踏み込むようなことはしなかったとおもう。

先年、わたしの子どもが泉鏡花賞をもらったとき、金沢で選者の一人であった奥野健男のお供をして料理屋さんに連れていってもらったよ、と話していた。「おまえのおやじは、貧乏なくせに助平でなぁ」と言っていたよと娘は落ちをつけた。わたしはかれが多摩美大の芸術材料学の方に力を注ぐようになってから会う機会が少くなっていたので、その評言はなつかしかった。貧乏で金がないのに飲みたいときは、かれにたかって、しばしば恩恵をうけた。助平でありたいとつとめたが、この方はあまり願いどおりには至らなかったが、あの頃の荒れ模様を語りえて妙な表現だとおもった。

3

奥野健男のことで、わたししか語れないことが、もう一つある。文壇批評家としてのかれがどうだったかあまり詳らかにしないが、かれはわたしたちの年代の文学者のほとんど全ての動きの背後にあって、大人の風貌と善意とを最大限に発揮した、まとめ役であった。かれの資質と行動力と寛容さがなければ「現代評論」の機運も「現代批評」の運行も成り立たなかったろう。そういう意味では天性の寛容な組織者だった。口ばかり達者で、じぶんでは何もしようとせず、商業出版社のお座敷ばかり務めている同世代の文学者に、ときとして充分に侮らせながらそれをとりまとめの武器にできる資質の持主だった。わたしはかれの善意を侮るような文学者や編集者の言に出会うごとに、それはちがう、奥野健男はきみたちに侮られるような、ちゃちな批評家じゃないよと心のなかで反論するのが常だった。文筆家としてのかれは、現代文学のいい読み手で、手をはぶいたり、手をこまねいたり出来ずに、作品を舐めるように読み、作者とおなじ眼の高さにあわせて批評できる珍しくも稀な批評家だった。そうして文壇畑の文学者や編集者にはあまり理解されなかったが、史前からこの日本列島人の美意識と空間形態のなかにある原型的な感覚を掘り返す仕事をすすめていた。多摩美大で芸術材料学を講ずることに力を入れていた晩期の奥野健男にとってむしろこの方が本筋の仕事だったかもしれない。かれは半年ばかりまえにわたしと試みた対談のなかで、その構想をすこしだけ語ったまま、逝ってしまった。〝間〟の構造についての考察の延長線で、びっしり詰まった大学ノートを携えて、もう一度かれはわたしの頭のなかのガラクタのつまった眼に視えない倉庫へやってきそうな気がする。かれの死には少し参った。

埴谷雄高

悲哀を悲劇にまで高めた一徹さ

二月十九日（一九九七年）の昼近く、埴谷雄高さんの死去を告げられた。風の冷たい日だった。子どものときから祖父母、父母、兄弟、近親などの死に際会して、葬いの日ごとに蓮如のいわゆる白骨の御文章というのを坊主から聞かされて育ってきた。耳について離れないと言いたいほどだが、小学校にゆくまえ祖父の死のときからほんとに耳について離れなかったのは「されば、朝には紅顔ありて、夕には白骨となれる身なり。すでに無常の風きたりぬれば、すなはちふたつのまなこたちまちにとぢ、ひとつのいきながくたえぬればと」という個所だった。こんな易しいことをはっきり言うのかねと子どものときからいつもおもった。しかし存外そう易しくないぞとかんがえ込むことが出てきたのは、ここ四、五年のところだ。「すでに無常の風きたりぬれば」の「無常の風」というのはメタファーであり、蓮如という僧侶は情念過多で恰好のいいことを言うじゃないかとおもっていた。

親鸞だったらこんな言い方はするはずない。だがここ四、五年「無常の風」というのはメタファーではないのではないかと気づいてきた。ある種の「風」は、気温か気圧か方向か、湿気かわからないが、人が呼吸を閉じ易い要因がほんとにあるのではないかとおもうようになった。「無常の風」というのはメタファーではない、〈死を誘う風〉のことだという理解をするようになった。わたしのいくらかでも面識があり、教えられたことのある人でも、埴谷雄高さんの死と接して樋口清之氏が亡くなった。もっと挙げればある。埴谷さんの訃報を聞いた日の冷たい風をおもい、こんなことを連想し、書きとめたくなった。

わたしが埴谷さんから多大の感銘をうけた最初は、いわゆるモラリスト論争のときの「永久革命者の悲哀」という文章だった。永久革命という概念はトロツキイのように政治革命のようにもこしらえられるし、形而上学的な領域までおよぶ概念にも拡張できる。わたしたちはすでにこのどんな場合についても、はっきりした概念を与えることができる。永久革命の概念を包括していた。わたしなどがびっくりしたのはその点ではなかった。かれはクモの巣のかかった部屋のなかでのんべんだらり寝そべっていても未来の社会や政治にたいする透徹したヴィジョンを持っているかぎり永久革命者だということを公言した、世界で最初の思想家だった。わたしなどはこの埴谷雄高の設けた軌道をじぶんなりに拡大してゆくことができるとかんがえた。「永久革命者の悲哀」の衝撃は、後にフーコーの

『言葉と物』のなかに、マルクスの思想は十九世紀の思想的な構図のなかにそっくり入ってしまうものだという概念を見つけたのとおなじくらい重要だった。

だが人は思想と想像力だけで生きるものではない。わたしには埴谷雄高さんがしだいにそれを拒絶しなければ未来の構図を政治的にも社会的にも形而上学的にも語ることは無意味だとおもえる勢力や知識と妥協してゆくようにおもわれた。思想がいちばん警戒しなければならないことは、簡単に言えば〈いい子〉になってはいけないということだ。いいことばかりを言っていい子になるこの国の知識人たちは、じぶんは民衆の迷妄に与《くみ》しないのだからいい子たちに抵抗していると勘違いしている。しかし上半身は進歩的知識人の世界で、下半身は保守的民衆の世界だという構図は、後進の地域社会が〈いい子〉である典型的な構図だと言える。埴谷雄高さんはしだいにこの構図のなかに、すっぽりとはまってゆくようにおもわれた。「永久革命者」はしだいに悲哀から遠ざかってゆくようにおもわれた。モラリスト論争がたけなわのころ、花田清輝と路を歩きながら、きみはどうおもうかねと訊かれたことがある。わたしは埴谷雄高の「永久革命者の悲哀」がいいとおもいますとすぐに答えたことがある。花田清輝は憮然とした顔でそうかねえと言ったまま黙ってた。それをいまでもおぼえている。

未完の長篇『死霊』の第五章が刊行された機会に北海道と仙台と京都で催されたカンパニアにわたしも参加した。第五章は『死霊』のクライマックスのひとつだとおもうが、わたしは何よりも京都大学の講堂でやった講演会で、埴谷雄高さんの一点一画もゆるがせにしない講演内容を聴いてびっくりした。この人は衰えを知らないなとおもった。たぶんそれが埴谷さんとの蜜月の最後だったので、ある懐しさをいまも感じている。

　そのあとわたしは情勢論と原理論を組み替えなければ、世界の左翼思想は生きられないだろうとおもい、その道を単独でつき進んだ。埴谷さんは一徹に悲哀を悲劇にまで高める道を行かれた。このよき先達は、いま宇宙の微塵のなかまで進んで行かれた、とおもう。

宮田勘吉

別れのことば

1

宮田勘吉君

突然きみの訃報《ふほう》を入院中のベッドの上で知らされた。なんという哀しみだろう。また辛い因縁だろう。わたしが溺れて死に瀕《ひん》した体験からやっと生きるほうに歩きはじめた丁度その時に、きみは死のほうに歩みつつあった。その晩眠れないままに、きみと一緒に学んだり遊んだりした米沢高等工業の一年半と東京工業大学の三年間のことを思い出しながら、明け方を迎えてしまった。思い出のなかできみはいつも朗々とした声で率直に意見を語り、困ったときは口の端にはにかんだような笑みを浮かべながら、他人《ひと》の意見を受け入れる寛容な人だった。そのためか、デカダンスを知らない秀才でありながら、わたしたちの誰からも敬愛された。別の世でも、大風《おおかぜ》のように爽やかなきみの後から、よろよろとついてゆくことにしよう。

しばらくの別れだ。さようなら。

2

宮田勘吉君

わたしたちが志をひとつにして東京工業大学に集まってきたのは、あの太平洋戦争の真っ只中だった。学問のとば口に立ったままで、化学工場に、また農村に動員され、もう二度と会えないかも知れないとおもいながら、各地に散っていった。そして戦争が終わったとき、日本の工業は破壊され、農村は疲れて回復も覚束《おぼつか》なかった。わたしたちは途方にくれた。

あの時代に大学を同じくし、クラスを共にしたのには、どんな意味があったのだろうか。

きみの学友たちはみな、学問はともかくとして、多彩な個性と寛容な人格と豊かな戦争の体験を身につけた素晴らしい仲間だった。きみはそのなかでもうひとつ、大風のように爽やかな雰囲気をもったひと際目立つ秀才だった。学友たちはきみを「勘ちゃん」と呼んで親愛した。きみがどれだけ大きく戦後の工業に貢献したかは、別の人が語ってくれるだろう。わたしたちはただ、別の世でもきみとクラスを同じくしたいと切に願うだけだ。しばらくの別れだ。さようなら。

山口瞳

『現代評論』の頃

奥野健男の文芸批評と、人柄のひろがりと、戦争体験の同時代感覚とが契機になって『現代評論』という雑誌ができあがった。わたしも奥野さんに誘われて同人になった。奥野さんはわたしが『近代文学』に投稿して局留めみたいになっていた「マチウ書試論」という原稿を回収してきて、「反逆の倫理」という表題で掲載してくれた。この頃、同人や執筆者の集まりは、もっぱら奥野さんの家で行われていたとおもう。

山口瞳は、麻布中学（旧制）の奥野さんの同期だと聞いたが、この種の集まりに出てきていて、紹介されたのをおぼえている。山口さんは高原西蔵というペンネームで、職場と文学の創作について時評を書いていた。まだ揺籃時代の山口瞳さんが、職場を持ちながら文学をやってゆくことを、どうかんがえたらいちばんぴったりするか、自問自答しているような文章だった。職場文学とか現場の詩の運動といったものは、戦前のプロレタリア文学の系統をひいて、すでにあったし、むしろ新鮮さがなくなりかけた時期だったとおもう。山口さんは職場を持っていながら文学をやろうとしていたに相違ないのだが、職場文学というものをやってゆこうとするには異和感が多かったにちがいない。また初々しい文学観をもって待機状態にあった山口瞳さんには、いわゆる文壇の職業作家の作品や処世の集まりが、汚れてみえたに相違ないとおもう。それならじぶんはどういう方向をむいてこれから文学をやっていったらいいのかというのが山口さんの悩みであり、またこのときの『現代評論』の時評のモチーフだと見受けられた。左翼めかした言動も自由に勝手にやれた学生時代をすぎて、会社に就職して、何となく平凡な勤人をはじめた。でも見掛けの平凡な日常人の奥のほうで「誰にもふれられたくない心の深部をいだき、また誰かにまさにそのところにふれてもらいたいと切にねがっている」（高原西蔵「文芸時評」より）。その平凡な勤人の平凡な生活の切実さは、たぶん山口瞳自身のものでもあったろう。

やがて数年後（一九六一）に高原西蔵さんは山口瞳のペンネームで『江分利満氏の優雅な生活』という作品をひっ提げてみんなの前に姿をみせることになった。題名の「江分利満」が示しているように平凡な勤人の平凡な心のひだを描きたいという初志を遂げたものとおもわれた。

わたしは『現代評論』の集まりのほかに、一度だけ山口瞳さんと会ったことがある。まだ田端のアパートにいたころで、山口さんはひょっこり訪ねてこられたことがあった。珍しいのでどうしたことかとおもったが、動坂のあたりに住んでいて、近くだから寄ってみたということだった。なぜか山口さんはとても沈んでいるように見受けられた。四方山のむだ話のあいだに、奥様がお加減が悪いという話をぽっと口にされた。とても心配でやる瀬ない気持だったにちがいない。わたしたちの話が、気持を和らげる役にたったかどうかわからないが、その後作品や人柄が山口瞳さんを明るい広場に押し上げてゆくようにおもわれた。よかった、よかったとおもうこと、しきりであった。

小林平和

「地を継ぐ」柔和な人

とおく離れていても、その人からただよう人倫の香りの全体のことをおもいうかべると、ああ、その人のまわりにはひとりでに信頼の場の雰囲気ができあがって、ちょうど天と地のあいだにいる人間ということに、ちょっぴりした不安や感動を持っている人たちが集まってきているに相違ない。小林平和さんをおもうと、いつもそんな気がした。温和でひかえめで、憤りを持っているときも、その眼をよくみていないと気がつかないほどだった。柔和な人が地を継ぐだろうという聖書の言葉はこの人にこそふさわしいといつもおもっていた。

一九七〇年代のおわりに近いころ、新約書（新約聖書）は不信の言葉において優れているというお喋言りをしたことがあった。そして三つの不信の場面をあげた。第一は、主人公が故郷の会堂で説教しているとき、母親や兄弟姉妹が聴くために来ていることを知らされて、血の繋りがあるから兄弟姉妹だということもないし、じぶんを産んだから母親ということでもない。ここにいる聴衆がわたしの父母、兄弟だという箇所だ。第二は弟子たちとゲッセマネで祈っているとき、鶏が三度鳴くまえに貴方たちはじぶんを拒むだろうとイエスが言う場面だ。最後の三番目は、十字架にかけられたイエスが「わが神、わが神、どうしてわたしを見捨てるのか」と大声で叫ぶ場面だ。これは、人間がいかに母親や近親と背反するか、また信の共同体と背反するか、そして最後にいかに人間はじぶん自身と背反することがあるかという新約書の人間性にたいする洞察を語るもので、新約書はこういう箇所の描き方で優れているし、新約書の主人公は偉大だと言える。こんな趣旨のことを不信者であるじぶんをむきだしにして、喋言った。会が果てて、三三五五に散っていったとき、小林平和さんは、「信」のあるなしについての微妙な差異をのぞけば、僕のかんがえも吉本さんと変わらないんですよと話しかけて来られた。ふだん少しでも「信」を他人にむかって振りかざすことのない平和さんが、「信」と「不信」の問題にふれて、わたしに語りかけた唯一の機会であった。もちろんそんな機会がなくても、日常のとりとめもない会話や人格の表情から、この稀有の信仰者のかんがえ方の全体は、いつもわたしのなかにスムーズに流れ込んでくると感じていた。この感じを、わたしは小林平和さんがのこした遺言だとおもっている。かがやかしい偉大さを超えた彼方に無名の領域があり、そこにほんとの偉大が潜んでいるとすれば、平和さんはそこへゆく途次にたおれたのだとおもう。

谷川雁

詩人的だった方法

谷川雁が亡くなった。往来がと絶えてすでに久しい。その意味ではわたしの喪失感はそばの人々にくらべて、ずっと少ないにちがいない。その小さな喪失感の持つ切実さを、急ぎ書き記す。

谷川雁と最後に電話ごしにお喋言りをかわしたのは幾年まえだったか、正確にはおぼえていない。だが、何を話したかはおぼえている。かれが主宰していた「十代の会」で素材に使いたいと思っているが、あなたは宮沢賢治の「水仙月の四日」をどうおもうか、わたしはいちばんいい作品だとおもうが。そんな話題が彼のほうから持ち出された。

わたしはあれはたしかにいい作品だとすぐに話題に応じたが、いちばんいいとは言わなかった。ただかれはおれとは違うことをかんがえているなという印象はのこった。これを持ち出すのはほかでもない。そのあと、『文藝』に書いた文章でわたしの『宮沢賢治』という著書に触れていたが、わたしが宮沢賢治について商売、プロの評論を書いているのが、いかにも不服そうだった。

わたしはまたかれの書く散文に昔から不服を感じていた。いつも背後で政治運動だとか労働者運動だとか、表現運動だとかを想定しなければならないかれの散文は、独立していない文章だというのが、わたしの言い分だった。文章には文章として実存を完結していなければ、というわたしの考え方は、かれからみると商売、プロにしかすぎないということだった。

かれにはひと筋固執するものがあり、死ぬまで貫かれた。ありふれた言葉で言えば「実践」ということになるだろうが、その意味は世の政治運動家や政治的知識人とまるで違っていた。かれらは有効だとおもって、有効な結果を得ようとして「実践」と称するたいていは不始末にすぎないことを仕出かすだけだった。

谷川雁が保った実践家の姿勢は、有効かどうかを第一義としなかったとおもう。現実を文字どおり腕力で切り取って完結したひとつの世界にしてしまう実験が「実践」ということの意味だった。有効性など何ら誇るに足りない。それは時に応じ無効になったり、有害になったりするにきまっている。

だが、切り取った現実をひとつの完結した世界にまで仕上げてしまえば、その有効性は崩壊するはずがない。これが谷川雁が生涯をかけて「実践」してやまなかったことだ。

こういうかれの考え方は通俗的な政治運動家や政治的知識人からは危なっかしくみえたにちがいない。その危なっかしさこそ、組織者（オルガナイザー）としてのかれの生命だった。わたしが実感的に知っているかぎり、日本には三人の優れた組織者（オルガナイザー）がいる。

そしてその一人は谷川雁だとおもっていた。かれの人を組織する（キリスト教的に言えば人をすなどる）方法は、やさしい言葉で言えば〈はらはらする。危なっかしくてみていられない。そばについていてやらねば〉と、人々におもわせるところに本質があった。

それがかれの魅力的な人格と結びついてわが国で屈指の組織者にしていたとおもう。人に危なっかしいとおもわせるのは、組織者として失格だなどとかんがえるのは、安全パイしか振ったことのない俗流政治家や知識人にしかすぎない。

こういう資質を詩人的と言うのなら、かれの方法は詩人的だと言っていい。だが動くものとしての現実はあくまでも詩的なものだ。また逆に詩的なものこそが現実的なものだ。この確信がかれにしか歩めない微妙な軌跡をこしらえていった。それはかれの詩作品といっしょに不朽のものだとおもう。

吉行淳之介

追悼にならない追悼

もう四十年ちかくまえのことだ。つい先頃亡くなった吉行淳之介とたった一度だけ出会った。島尾敏雄が夫人の病をいやすため、東京で張っていた家をたたんで、夫人の郷里奄美大島に帰ることになった。そのとき横浜の波止場まで見送りにいった。店をたたむという言葉はあるが、家をたたむという言葉があるのかどうかしらない。だが家をたたむというのがふさわしいように、ほんとにいさぎよくばたばたとすべてたたんだ訣れのようで、奥野健男といっしょに、これはぜひ見送ろうとおもった。ふたたび出会えないと予感された。家というのはたたむのもたいへんだが、復元するのはもっとたいへんだとおもえてならなかった。そのとき見送りにきていた四、五人のうちに吉行淳之介がいた。挨拶はしたとおもうが、何かお喋りした記憶はない。船が出発するまでのあいだ、島尾夫妻の船室のたたみの上で、あぐらをかいて円座になり、誰かのもってきた一升壜の酒を茶碗についで、あまり弾まない話をしながら飲んだ。島尾夫人はすこしうしろに座ってそれをながめている感じだった。わたしは「現代評論」とそのあとの「現代批評」という同人雑誌の流れで、島尾敏雄とつながっていた。島尾敏雄や奥野健男は、その流れと、その頃文壇の新人たちがあつまっていた「一二会」の流れとにまたがっていて、吉行淳之介はいわゆる第三の新人の作家としてこの流れのなかにあった。いろいろこのたった一度の出会いの細部の記憶をしぼりこんでみるのだが、物静かな温和な人柄にみえた吉行淳之介と、口数のないわたしのあいだに、一升壜の酒をついだとかつがないとかのほか、なんの交渉もなく解散ということになった。そんな記憶しかでてこない。

同人雑誌の物書きというのは、詩でも散文でもじぶんの固有のモチーフをできるかぎり持続することのほかに、書く意味を集中できない。商業雑誌に物を書くというのは時代の風潮と、じぶんの表現の資質がどこで出遇えるかというモチーフに力をあつめるほかにやりようがない。そのあと、わたしの側からかんがえると、吉行淳之介の作品に注意をあつめる機縁も余裕も、こちらの方にはなかった。わたしもわたしなりに、イメージと理路の味気ない組みたてと解体に多忙だった。だが物書きとしてのわたしのモチーフが、ひとりでに戦後の文学の表現史に眼を注ぐときがやってきた。『言語にとって美とはなにか』という長尺の文学の理論をつくろうとおもったときだ。そのとき吉行淳之介の作品をいわば意識的に読んだ。私縁でもなければ、同時代の文学者は近いようでほんとはいちばん遠いところにいるものだ。わたしはわだかまりなく読んで「薔薇販売人」と「原色の街」がいい作品だとおもった。これは表現史としての評価だ。同人雑誌時代の作品だから、文学史としては登板以前ということになる。この種のずれは平安朝の物語のたぐいにもある。文学史のうえの作品と表現史のうえのおなじ作品の時代特性が前後に転倒しているのだ。吉行淳之介の二つの作品は硬質な文体と資質の欲望とが合致して、あたらしい表現史のひとコマをつくっていた。つまり文学の表現としてこのふたつの初期作品は、ひとりでに新しい時代をすすめていた。ただ好ききらいでいうと、わたしには苦手の方の作品だということになる。

ふたたびある契機で吉行淳之介の作品に関心をもって読んだのは「暗室」や「砂の上の植物群」だった。この頃には吉行淳之介は文壇のなかで畏敬されていて、「こわい作家」という風評が、わたしのような耳の遠いものにも伝わってきていたとおもう。この二つの作品のうちとくに後者は繊細な性の触覚と語り師の資質の冴えが全面に開花したものだとおもった。だがそれと同時にこの作家にたいするわたしの理（わり）なさの感じと、苦手意識もあらわになるようにおもえた。理（わり）なさは、たとえば性の描写が緊迫してくると主人公伊木一郎がしだいに第一人称になってゆく行動的な文体をとるのだが、ところどころに「しかし、性の荒廃とは、いったい何であろうか。……とは、私（作者）の発した疑問であって、伊木は、感じても考えることのない日々を送っていた。」というような

「私（作者）」の息をひそめた註を割りこませるところだ。当然この作品では伊木（作者）であるか、伊木（作品の主人公）であるかにするほかないのだが、とてもスムーズに伊木（主人公）と「私（作者）」とが混淆される。そしてこの混淆が講談師のように威張ってなされるのではなく内密なスムーズな呼吸でなされるのが、この作者から露出してきた特徴だといえた。作者は性の最中に微妙に皮膚を反応させる女性をつくり上げていった。たとえば主人公の伊木が寝衣《ねまき》の紐で交渉相手の京子の両手を縛りあげてする性行為の荒々しい力が「そのまま彼女のなかに吸い込まれ、やがてその軀は皮膚の内側から輝きはじめる」といった女性の性反応が、繊細な感覚で創り出されている。これは逆立ちしてもわたしなどの認知の及ばない彼方にあるように感じて、諦めて舌を巻いているほか術がない世界のようにおもわれるのだった。

中上健次

比類のない文学思想

八月十二日の午前八時前、中上健次が郷里に近い紀伊勝浦の病院で亡くなったと知らされた。まえから癌をとりのぞくため腎臓を手術したことも、抗癌剤で転移をおさえていることも、編集者や記者のひとたちから耳にしていた。かれの大事な作品にでてくる主人公秋幸が、死と切実に対面したときのことを、作品にしてみたいというかれ自身の談話のおもむきも新聞で読んでいた。これらすべてのことはかれの死のショックをゆるくするための天の配剤のようにもおもえた。いやそんな考え方を肯定してはいけないとおもいかえしもした。だがほんとうの死の知らせはこんな思惑のぜんぶをこえてしまう気がする。

わたしはこの世の礼にかかわって、かれがのこした人柄と作品の印象をいそいで書きとめなくてはならない。中上健次の文学に思想としての特長をみつけようとすれば、第一にあげなくてはならないのは、島崎藤村が『破戒』で猪子蓮太郎や瀬川丑松をかりて、口ごもり、ためらい、おおげさに決心して告白する場面としてしか描けなかった被差別部落出身の問題を、ごく自然な、差別も被差別もコンプレックスにはなりえない課題として解体してしまったことだとおもう。

これは中上健次の文学が独力でためらいも力みもなくやりとげてしまったことで、その思想的な力量はくらべるものがない。なぜかといえば、いまでもわたしたちの思想的な常識では被差別部落の問題は、外部からするひいきのひきたおしの同情か、内部からする力みかえった逆差別の脅迫によって、差別の壁を高くすることにしかなっていないからだ。

中上健次の文学ははじめて、ベルリンの壁のようなこの差別・被差別の壁を解体して、地域の自然の景観の問題にかえした。すると差別と被差別は山の景観に住みつく霊と、平地や海の景観のかなたに住みつく霊との区分にほかならないものとなってしまう。さり気ないふうを装いながらじつは時代をはるかに抜いたこの達成は、おなじようにさり気ないふうを装ったかれの作品の登場人物たちに魂を吹き入れることになった。

試みにかれの作品のおもな系列に登場する人物たちを眺めてみる。かれらは自画像を投影された秋幸をはじめ、道路工事にやとわれた日雇いの人夫であったり、職をもたないで女のひもになって暮らしている遊び人であったり、こそ泥やかっぱらいをやって遊び金を手に入れ、それを使いはたして生きている若い衆であったりする。そしてこんなよれよれの男たちが、みんな高貴な魂や聖なる山霊や地霊をこころにも体にも吹き入れられた神聖な存在なのだ。女たちは酒場のあばずれのような存在で、けもののような性交にふけるのに優しい献身的な愛をもっている。

　こういう地の底にいながら、高貴な山霊や地霊を背おい、山や平地や海の景観に溶けこむ男女たちが、かぎりなく優しい理想的な愛を与えあう。これが中上健次の文学の立ち姿だといえば、すくなくともかれの作品の主要な特長をつくしているような気がする。

　かれが苦心し、才能をかたむけて達成した作品の場所は、生前にも高く評価したり、欠点をあげて批判したりすることができた。わたし自身もそうしてきたようにおもう。だがかれが平気な顔をして、あたりまえのようにしずかに達成した文学思想は、どんなに評価しても、しすぎることはない比類のないものだった。被差別と差別の問題は中上健次の文学によって理念としては終ってしまった。あとは現実がかれの文学のあとを追うだけだ。かれの生前には照れくさくて言えなかったことをここに書きとめて、いま追悼にかえるのである。

井上光晴

井上光晴の声

井上光晴が亡くなった。そのまえから幾度か新聞の記事でかれが癌の手術をうけ、そのあと転移をそらしたり、なだめたりしながら粘りつよく闘病しているという消息を読んでいた。それは癌という距離のところへかれが連れていかれ、まわりをとり囲まれたうえ、攻めたてられているという孤独のイメージをあたえられたり、また時として逆に癌というのがかれの外部にたいする防壁になって、かれを何かから守護しているイメージをあたえられたりした。いずれにせよ、あの破れ鐘のような大声で瞬間を爽やかに活性化する井上光晴は、援軍の到達できないところに隔てられて生きているんだなとおもって厳粛になった。わたしにはもう信号がかれのところに届くための形而上的な手段が何ものこっていないとおもえた。

わたしの知っている井上光晴は、雑誌『現代批評』の同人仲間としてだ。五、六人しかいない同人の集まりが、おもに奥野健男の家でやられるときが、井上光晴と出会うときだった。「書かれざる一章」や「風がしきりに吹く」や「ガダルカナル戦詩集」にこめられたものが、わたしの知っているこの作家の像だった。そのときもいまも「風がしきりに吹く」という短篇作品がいちばん好きな作品のような気がする。ひと口にいえば、戦中派の献身的な無垢な心情と戦争体験をそっくりもったまま、戦後革命組織にくわわり、挫折と屈折を体験していた。わたしたちの世代のあいだでは手易く通用する認知だったが、戦中の兵士になった民衆の声を聴きとれない度合が、戦後左翼組織のあらゆる部門での非人間性、錯誤、駄目さなどの度合とちょうど見合っているとおもっていた。どこからどう手をまわしてもここにゆきつく。なぜかといえば戦中の兵士になった民衆の声を聴きとれないことは、じぶんの内にある民衆を抹殺したり秘匿したりすることと等価だったからだ。井上光晴はこの声をじぶんの声として聴きとることができ、それを公然と作品にした、わたしたちの世代の欲望を象徴する旗手だった。

もちろん井上光晴の作品活動にたいする異和ももっていた。これもまた戦争世代が戦後に体験したたくさんの別れ路のなかのほんのひとつにすぎないが、わたしなどは戦争中の献身や自己犠牲や公共ということへの懐疑や抑制感や否認の意識をどこかに加味しないで理念をつくりあげることができなかった。これはわたしの左翼性を減速し、異端にし、ぐずにし、多層化したとおもう。井上光晴は戦中の無垢で献身的な社会倫理をそのまま左翼性にもちこんでいた。これはかれに左翼組織のなかで異端の体験をあたえたにちがいない。だが左翼性の一般のなかでは向日的で多数者を象徴するものだった。ここのちがいが戦後最初にあった別れ路だったとおもう。この別れ路はある側面ではふたたび近づいていったし、また別の側面ではだんだんと拡がるばかりだった。左翼組織を離脱することになったかれの思いのなかで、文学はだんだんと大きな比重を占めるようになり、また左翼組織にたいする批判は深くなっていった。その場所は場所だけでいえばわたしなどとほとんど変らないところにあった。ハンガリーの民衆が共産党政府とソ連軍に抵抗した昭和三十一年（一九五六）のハンガリー事件のとき、いつもこんなときにまきおこる同人たちのあいだの内輪の論争で、おれならほんのすこしの思想的ためらいもなくソ連軍やハンガリー政府軍と撃ち合うなということで、かれはわたしとは一致していたのをおぼえている。このばあいほんのすこしの思想的なためらいもなくということが大切だった。これが左翼性とはなにかということで、わたしたちの世代（戦中派）がはじめてたどりついた先駆的な場所にちがいなかった。良心はたくさんのあらわれ方をするという場所は、通り抜けていて、そんなに大切とはおもわなくなっていた。民衆の良心はたったひとつのあらわれ方をするはずだ、そしてそれは民衆の前衛と称するものの思惑のまったく外にあるという認知が大切だった。かんがえてみればこのときが井上光晴とわたしなどがいちばん近くにあった時期だとおもう。

かれとわたしなどはすこしずつ離れていった。かれはだんだんはじめの別れ路と体験のほうへ帰っていったようにおもえる。炭坑の労働者やそこで見聞した被差別の群れを「辺境」という概念の空間と理念を根拠に描くことが、かれの作品の主題になりはじめていった。そしてふたたび無垢で屈折のない架空の視えない党を、イメージでこしらえていったのではないかとおもう。どうしてまたふたたび無垢で屈折のない民衆の党の概念を成り立たせてしまうのか、それはすでに歴史から退場してゆくほかにどんな道ものこされていないことは、わたしたちが戦中と戦後の経験にてらして疑問の余地がないほどはっきりさせたことだ。否定や拒絶をふくまない体制も反体制も、世界史の現在には存在しえない。地の底に働く炭坑労働者や被差別の民衆を「辺境」の空間に肯定的に描くだけのところに、なにものこされていない。井上光晴は戦中の無垢の純粋な献身の体験を、そのまま不変の小さな絶対者にみてしまうことを繰返そうとしている。それは弱点として肯定的なだけで現在や未来に耐えるものとはおもえない。これがかれにたいする批評だった。

六〇年の安保闘争はかれとのあいだはもちろん『現代批評』の同人たちのあいだの微差を渦のなかに巻きこみ、拡大させていった。そしていわばもみくちゃになって空中分解してしまったといっていい。わたしたち同人はそれぞれの道を歩きはじめた。それ以後一、二度公けの席で出会ったことがあったと記憶しているが、ついにあの破れ鐘のような声で爽やかに語るかれの心おどりに耳を傾ける機会はなかった。

今西錦司

ただ一度の出会い

今西錦司にたった一度会ったのは、たぶんかれが七十六歳のときだとおもう。千の山登りを達成したところだとそのとき語っていたから。二の腕のところが日焼けで焦茶色にひかり、ところどころ皮がむけている。これはいままで会ったどのタイプの物書きにもあてはまらないたくましさだとおもった。わたしは『ダーウィンを超えて』(朝日出版社、一九七八年)というレクチャー・ブックをつくるために、聞き手として今西錦司の考えをひき出す役をひき受けて夏の暑い盛り、京都へ出かけた。「棲み分け理論」のもとになったかれの論文を読み、そのころ二冊ばかり出版されていた啓蒙書を読んで、もうすこし突っこんで「棲み分け理論」の細部の成立根拠を聞きたいとおもっていた。場所はたしか祇園の茶屋のひとつだったとおもう。

インタービューをはじめてみて、すぐにこれはいかんとおもった。わたしが関心をもったのは、水棲や陸棲の微小生物をもとにした「棲み分け」の実態だったのだが、かれは学術的な細部についてこまかいことを語るつもりがなく、わたしの質問をうるさがって苛立つばかりだった。応答をつづけているうちにだんだんとわかってきたのは、今西錦司がそのとき関心をもってわたし相手に語りたかったのは「棲み分け理論」から拡張した一種の調和的な人間社会の理論だということだった。わたしの理解したかぎりでは、今西錦司の「棲み分け理論」のもとになった論文は、微小生物の群れの生態を観察しそれを積み重ねることで、群れの生物的な本性によって、それぞれ種に固有のテリトリーの形態と範囲をもつもので、テリトリーを侵犯しあうことがないことを結論づけた純粋に学術的な小文字の論文だった。優れた発見といえる論文だが、無雑作に大文字の人間社会の調和的な棲み分けに拡張できることでもなければ、自然淘汰や適者生存とか、生物から人間までの連続的な進化の過程をはじめて発見しあとづけたダーウィンの進化論を超えるとかいうものでもない。しかし今西錦司は、人間社会も「棲み分け」のテリトリーの形態を自然にとることで、マルクスのいうような階級間のたたかいなどがない調和的な社会はできるはずだと主張したいようにおもえた。いいかえれば社会理論として「棲み分け理論」をマルクスの社会理論に対置させ、生物理論としてはダーウィンの自然淘汰や適者生存の考えに対置させたいとかんがえているらしかった。

微小生物の「棲み分け」の観察と発見については、今西錦司の論文を相応に立派なものだと見なすことができる。だがとても人間社会の理論としてマルクスに対置できるものとはおもえなかった。またダーウィンの進化論のかなめは、アメーバのような単細胞の微生物から人間のような高度の動物まで、連続的な進化の過程で架橋できることを発見したところにある。これを否定できなければ進化論を超えたことにはならない。わたしは今西錦司の意図がだんだんわかってくるにつれて、用意してきた質問をすべて放棄して、持ちあわせのマルクスやダーウィンについてのじぶんの知識と考えで今西錦司の考えに異論のあるところを述べて、どうやらインタービューをおわらせた。結局のところこのレクチャー・ブックは叢書の一冊として本になることはなったが、わたしには役目をはたせない失敗の本だった。

今西錦司の「棲み分け理論」のもとになった学術論文は、ひとつの鮮やかなイメージがつきまとうものだ。それをいってみれば深山幽谷のだれも人かげのない渓川の流れや、流れの澱む淵のなかを、たったひとりでズボンやシャツをたくし上げた壮年の孤独な学徒が静かにはいっていって、微小な水棲生物の群れの泳動の仕方や形態のつくり方を黙って観察したり、メモしたり、スケッチしたりしては、また水から上がって、つぎの渓川や淵をもとめて渓谷をのぼってゆくといったイメージだ。今西錦司の生物学の論理の創世記はこんな孤独な自然の河谷とのつき合いのなかではじめられたにちがいないとおもった。人間が嫌いだったのか、生物学にのめり込む時期が深かったのか、この人の性格を知るほど近づいたことがないからわからない。ただ「棲み分け」の観察を定着できるまでゆくためには、こんな孤独な河谷とのつき合いの深さがどうしても必要だったにちがいないとおもえた。

じつはこの孤独の面影をどこかに宿した今西錦司に出会えるかもしれない期待をそれとなくもちながら、京都に出かけた。いまかんがえても暑い夏の日のぎらぎらした京都だった。わたしは嵯峨の渡月橋のしたの淵で、四、五人の子どもたちにまじって泳いで暑さをふき払い、その足で祇園の茶屋のインタービューの場所へ出かけた。今西錦司はたぶん七十六歳になった老齢だったが、日焼けした痩身のたくましい筋肉をもった元気いっぱいの人だった。千の山に登りおえたこと、そして「わたしはナチュラリストです」ということを繰り返し語っていた。ナチュラリストという意味は、興隆しつつある遺伝子生物学にたいして、じぶんはそれに与《くみ》しないといっているように受けとれた。でもほんとはそんなことはわたしにはどうでもよかった。眼のまえにいる今西錦司の姿はあまりにたくましく日焼けしていた。わたしが思いこみでイメージしていた深山幽谷を渓川の流れに沿って一日中誰にも会わないで歩きまわり、流れのなかで微小生物や山魚の群れの生態を観察している壮年の学徒の面影はどこにも見つけられなかった。たぶんかれはそのときすでに自他ともにゆるすほど偉大だったからだとおもう。

小山俊一

純乎とした覚者の死

主　小山俊一が昨年九月十八日に死んだと、郵便で知らせてくれた人が二人いた。ほかに公的には、松岡祥男が『同行衆通信』50号で「小山俊一さんの死」を書いているのを読んだ。これらを読んでひたすら独りになろうと、他人を峻拒する習練をやってきた小山俊一にも、隠れて見守っている人たちがいるとわかって、ほっとしたな。

客　きみ（吉本）もおれも晩年の小山から堕落した物書きとおもわれたわけだから、かれの志を尊重して小山俊一は亡くなったとだけ記述すればいいのではないかな。

主　ほんとにそうだな。この雑誌『試行』にも中期には寄稿したり、自家発電の「通信」の広告を依頼してきたりした。また晩年には雑誌を直接購読しなおしてくれた。いずれにしろ、小山俊一の観点からすると『試行』はもう少しましだとおもっていたけど、だんだん飽きたらなくなって、終りにはがまんできずにおれを批判したくなったってことだとおもう。最後のころは、きらりとひかる〈法語のような非法語〉を書く覚者のおもむきがあったな。異数のマイナーな自己無化の道をきりひらいた。そういう言葉を造れば、「偉小」な純乎とした覚者と呼びたいところだ。

客　きみ（吉本）のいう「偉小」というのをエピグラム的な記述の意味に解すれば、かれはエピグラムによってじぶんの宗教的な、といっていい〈信〉と〈不信〉の内実を結晶させていった。どんな面からも偉大ということはできなかったが、俊一房断語録ともいうべき、固いきらきらした結晶を造りだして、どんどんじぶんを死の断崖に追いつめていった。その凝縮度は現在では稀な高度なものだった。

主　きみのいう通りだとおもうよ。でもせっかく堕落した物書き、あるいは書いたものの堕落としておれたちを切り捨ててくれた小山俊一の志を尊重しようよ。またおれたちの小山にたいする批判を貫いて、死者に讃め言葉を贈るのが礼とはおもうまいよ。失礼にならぬところまでで讃めるのをやめておこうや。

じぶんたちは国際的レベルの（ほんとは国際的情報神経症の）マルクス主義者だと自称しながら、他者や外部として「大衆」をもたぬ知の密教主義者にすぎない柄谷行人や浅田彰や同伴知識人蓮實重彥などが解体されるべき理念にすぎないように、小山俊一の宗教的な凝縮の仕方も「純粋」化の概念も解体さるべき、深いふかいたたかいの敵の象徴だということを忘れまいよ。おれはスターリン主義をでんぐり返したり、のり超えたりということを、認識論理から共通倫理にわたる方法的なたたかい、また文学や芸術の理念のたたかいとしてかんがえれば、あと半世紀くらいはかかるとおもっているよ。それくらい根ぶかいものだ。根柢からスターリン主義とファシズムに吸引されてしまう発想法の型、倫理の表出法というものは、どうしても不可避にあるんだ。これを根こそぎ痛切に解体できなければ、世界史の課題としてはだめなんだとおもう。

客 それはよくわかっているんだ。小山俊一に何の責任もないよ。おれたちがここでいいたいスターリニズムは、スターリン自身にさえ責任がないのかもしれない。二十世紀的な共同の人倫のタイプと共同の理想のプランと、それを実行できる権力とが結合したときそう実現されてしまうし、そこに吸引されてしまうものの呼称がスターリニズムなんだ。もちろんファシズムはその変態の双生児だ。エコロジーとフェミニズムはその転居先だ。どうかんがえてゆけばこれをのり超えられるか、その発想、その方法はどう組みあげるか、スターリニズムの裾野をファシズムやモラリズムにまで拡大したときには、まだほんとにはわからないな。たたかうこと、否定すること以外にないことはわかっているし、現にやっているけどね。

主 戦争中ファシズムの影響をかぶった真摯な人士にも、戦後スターリニズムの影響をかぶった真摯な人士にも共通した発想、純粋意識、宗教に似た収斂の仕方を、小山俊一の晩年のエピグラムは表象しているんだ。それはスターリニズム的な発想が歴史から退場してゆく、いちばん真摯ですぐれた典型例だ。でもこれを超える倫理が見つけだされるほかないことも、好悪や個人的な愛惜を超えた問題だよ。

わたしは頭脳がよくて国際的レベルのマルクス主義者だと自称する柄谷行人や浅田彰や蓮實重彥のようなスターリニズムとたたかうのは、気分が楽だが、小山俊一のような真摯な立派なスターリニズムの結晶した姿とたたかうのは苦手だな。かつて真摯な立派なファシズムにたいしてもそうだった。でものり超えてゆかなくちゃ仕方がないよ。ながいながいたたかいだ。

客　きみ（吉本）みたいにみだりにたたかいといいたくないな。そういうと知的世界はすべてが敵だということになるよ。孤立や孤独はわびしいだけで、べつにどうということもないけど、にこにこ挨拶しながら敵とやってゆく日常社会のメカニズムは苦手だからね。

主　スターリンというのは、事象には建て前だけしかないふりをして、用心深く修身の教師みたいなことばかりいいながら、平気でロシアの民衆に農民戦争を仕掛けて、同胞を何百万も殺してしまった善人ぶった悪党で嫌な奴だが、スターリニズムの影響をかぶった真摯な共通倫理にはそれなりの根拠があるとおもうよ。ファシズムの真摯な共通倫理にもそれなりの根拠があるというよりも、なぜそんな倫理に収斂したり、凝縮したりするかという共通の根拠があるんじゃないかということだ。ひとくちにスターリニズムの倫理は、農業（付・漁業）と製造・組立工業（付・建設業）・重工業の相対立する場面のほかに、生産とか労働とかいう概念が成立する場所を想定できないところからくる倫理だ。べつの言い方をすれば、農民と製造工業労働者の境界面で生みだされた倫理を、農業か工業のどちらかの方向にひっぱってゆくことが重要とかんがえている倫理だ。だからたぶん現在の段階では終焉して残渣だけがこびりついているんだ。

客　ようするにバブル生産の頼りなさ、把みどころのなさに耐えるのが難しいということでは、たぶん万人おなじなんだが、それが人類の必然なんだと認知できるかどうかで、倫理の基盤の手ごたえがまるでちがっちゃうんだ。スターリニズムはその認知ができない倫理の別名だとおもうよ。

主　いまどき起こっているバブル経済のハジケ現象があるだろ。それにはふたつ意味があるとおもうよ。ひとつは株式証券会社が大口の法人得意先の損失を補償していたという不公正な系列癒着の前近代性を、構造協議アメリカ案を介して競争原理に反すると指摘されたということだ。公取委のサボタージュをつつかれたということだ。つまり日本資本主義の前近代的なななあを指摘されえぐりだされたということになるな。もうひとつは、新聞雑誌所属のエコノ－スターリニストたちが、バブルがハジケて土地価格の狂騰競争が沈静させられたということが、大口土地投機価格、つまり土地の三重価格のうち、大口土地投機にだけ関係がある闇価格が沈下したというにすぎないのに、農業や製造工業より高次の第三次産業が頼りないバブル産業なんだという印象を、人々に与えるように論調をかまえた。とんでもない見当ちがいだよ。どんなにかれらが希望的な観測を流布しても、アメリカ、日本、西欧がバブル産業たる第三次産業への移行を停止することなどありえない。ただ新聞、雑誌、テレビを駆使したエコノ－スターリニズムのバブル経済破綻論が、法人や個人の選択的な消費、投資を抑制させたことは否めない。日本の法人や個人は度かさなる戦争と戦後の試練を経ているから、敏感でしたたかだからね。だが形なきバブル、軽かで浅薄にみえる第三次産業に、先進的な資本主義が、主体の重点を移してしまったことは、エコノ－スターリニズムの願望などでどうなるものでもないさ。バブルは虹色に輝いたり、軽い明るい透明球に膨らんだり、パッとハジケて消えたりするだろうが、そうなってしまった高度資本主義経済の必然はどうすることもできないさ。凝集する倫理だけでなく、拡散に耐える倫理の方法を造りださないかぎり、いつまでたってもだめだとおもうよ。ここまでくれば世界的にいってもおれたちに当分同調者なしと覚悟したうえでたたかわなくてはなるまいて。きみはいやがるかもしれないがね。

客　おれは覚悟などないけど、そんなことになることはよくわかるさ。

小川徹

天と地がすこし寂しく

ひとの死の印象は不思議なものだ。妙に淡白でさっぱりしたのもあれば、なにかしこり、しこりのような重いかたまりをのこすのもある。小川徹の死は、ほかの人にはどうであれ、わたしにはじつにさっぱりした暗がりのない印象をあたえた。おなじ世代はそれぞれに老いが迫り、持病をかかえて生きながらえているのだが、小川徹ほど見事ないい老いの生き方をしているものはいないと、いつも内心で舌をまいていた。糖尿病を持病にもち、おまけに腸部の腫瘍手術をして、たいていならぼろぼろの体力のまま諦めて休息するところなのに、病院をぬけだして何回目かの雑誌『映画芸術』の復刊の準備をはじめた。わたしなどにも久方ぶりに声をかけてきた。あの平気な顔をした意志のない意志の冴えをみていると、よしそれならこっちもできるだけ平気を装って付き合うぞという気にさせられて、われながら心おきなく映画の世界に誘導された。あるときは待合せの場所で、インシュリンを入れたまま食べ物や甘味のストックを忘れて、ふたりして食べ物屋に直行したこともあった。試写室の椅子にじぶんで腰を下ろしたつもりなのに、すとんとそのまま床に腰を落してしまうこともあった。そんなことがあるたびに小川徹はやるなという内心の思いがつきあげてきた。おれもせめてかれくらいいい生き方をしなくてはと思わないわけにはいかなかった。ひとそれぞれに生理的な体質も内臓の耐久度のようなものもあって、老いの迎え方は、さまざまの姿を晒すことになる。若いときからの身体的な摂生とか健康維持のための努力や用心深さみたいなものがあって、多少の変動はあるだろうが、もってうまれた肉体の寿命はそのひとの遺伝的な固有値のようなもので、基本では変わらないものだ。老いの実感ではそんな考え方に傾く。付き合っていて小川徹には、その寿命が自分でも傍からみていても、すでにやってきていることがわかっているような気がした。かれの最後の『映画芸術』の刊行は、それが充分わかっていながらやっている仕事のようにおもえて、いつでも励まされる気がした。何のために乏しい資金と病んだ体力で、誰もかつてほど評価してくれるかどうかわからないところで、なおひとは休息せずに仕事をしなければならないのか。そんなことは誰にもわからないし、誰もその意義や無意義を判定する基準をもっていない。たぶん社会的な価値基準も個人的な価値基準も通用しない。小川徹が最後の『映画芸術』でやっていたような仕事を評価できる基準としては、ただ〈死〉がやる評価だけが、通用するように、わたしにはおもえた。かれは何ももう気になることも、気にすることもないようなあっけらかんとした例の笑みをうかべ、淡々と待合せ場所を約束し、また切符を送りつけてきて、よかったらこれこれの映画を観てくれと指定してきた。ときには案内の人だけを約束の場所へよこしたりした。わたしはできるだけかれのいうとおりに指定の映画をみるように心がけた。かれはわたしの書く文章や座談などをその時々で断片的に読んだりうわさを聞いたりして、関心をもちそうにおもえる映画を指定することもあれば、こんな映画をどうおもうのか知りたそうにして指定することもあるようにおもえた。どんな時もじぶんの好みよりもかれの好みに従うほうを余計に心がけたとおもう。かれがもうすでに、たくさんの評価、たくさんのお金、たくさんの栄誉、たくさんの女性の優しさ、それらを求めて映画雑誌を刊行しているのでないことは、はっきりしていた。そんな場合どうすればいいのかよくわからなかったが、かれに〈死〉と対等の権威があるとして、ひそかに無意識のうちに振舞うのがいちばんいいようにおもわれた。わたしをふくめて小川徹の同世代は眺望できる視野のうちだけでいえば、戦争世代のくせに存外だらしない。ちょっとの病気があるともう駄目かとおもったり、老いに気分をのめりこませたりしてしまっている。そうかとおもうと鮎川信夫や島尾敏雄のように、何の断りもなく死んでしまう。小川徹をのぞいては何のために生きてその仕事を続けているのかという問いに、〈死〉とシーソーを演ずるためだ、諸君はまだ必ず敗けるその戦いをやってみせたことはあるまいな、といっているような人物は見当らなかった。わたしは最後の『映画芸術』で途切れとぎれの付き合いだったが、たくさんのことを小川徹の所作から学んだ。〈映画〉批評家としての小川徹の特徴はふたつあった。ひとつは映像を徹底して〈意味〉として読むということだった。むしろ〈過意味〉として読む読み方を確立してみせたといったほうがいいかもしれない。もうひとつかれの批評の原理があるとすれば、それは人間をあまり上等なものとしてみないという原理だ。むしろ人間を卑俗なものとしてみる批評の方法を確立してみせた。かれの小林秀雄論も花田清輝論もその異色の成果であった。人間を卑俗なものとしてみるというこの方法は戦争をくぐり戦後に抜けでるために通った風俗と風景の体験から得たものだったとおもえる。わたしたちは人それぞれの戦争のくぐり方を強いられたわけだが、かれのくぐった風俗と風景の体験のなかで女性だけはとりわけ陸離としたかがやきとリアリズムをかれに与えつづけたような気がする。それはわたしなどの到底およばない世界のようにおもえて、いつも感服していた。かれのあの独特の〈放棄〉に裏づけられた映画批評をもう聞けないかとおもうと天と地がすこし寂しく、一瞬のきびしさが通り抜ける気がする。

菅谷規矩雄

弔辞

菅谷規矩雄さん。

昨年末に、あなたの死の知らせは、唐突にわたしにやってきました。それからひと月、ときに応じてあなたを考えてきましたが、まだあなたの生涯と詩の仕事に納得のゆく脈絡をつくれないままにこの場に臨んでいます。

あなたは他者を「拒絶」することが「連帯」であり、他者をうけ容れることが孤独であった あの六〇年六月の体験に、じぶんの後半生の宿命を近づけようとする詩人として、わたしたちの前に登場しました。

それからあとあなたの詩の営みは視えない世界に、視ることの意味をあたえ、存在しない世界の夜を感じては、それに輪郭の論理をつけるといった二律背反にみちた作業の連続でした。それはいかにも解放感のいとまもない、苦しい仕事のようにおもわれました。

ただ、ときにわたしたちを愉しくさせたのは、あなたには天性の音楽があって、あなたの詩の意味論の難渋を和らげていたことでした。

はじめあなたの詩は漢語の語音がもつ秩序の音階をたよりに、軌道のないところに言葉だけの軌道をつくろうとする茫洋として終わりのない営みのようにおもえました。けれどあなたのながいながい理論と実作の歳月は、とうとう天に到達する日がきました。あなたは言葉の表記が、音韻と意味とにわかれる直前のところで、聴覚と視覚を根源的に調和させる領域があることを、詩の実作によって発見したのだとおもいます。わたしはひとごとながら、あなたの達成に昂奮した日のことをよく覚えています。

菅谷規矩雄さん。

悲しいことに、あなたの詩があたらしい跳躍を成し遂げた時期は、あなたが思想によって生活のなかに固執された自己否定と埋没の意志が「死へさかのぼる」ための道のりを歩みつくした時期にひとりでに一致していったのだとおもいます。

詩の言葉だけでなく、あなたの思想と生理の足音を、こまかく聴きわける耳をわたしがもっていたら、もっとあなたの宿命を抱擁することができたでしょう。そんな後悔をこころの底に鎮めて、別れの言葉をいたします。

（一九九〇年一二月二一日）

三浦つとむ

別れの言葉

三浦つとむさん。

いま、この場面で、お別れの挨拶をいたすことになりましたことは、ほんらい役割など何もいらない付き合いを心がけてきたわたしたちのあいだでは、とても侘びしいことです。でも、思いの一端を述べさせていただきます。

あなたはある文章で〈学歴〉と〈学問歴〉とは、まるで違うと、言っておられますが、あなたの生涯は、その言葉通り、〈学歴〉がなくても輝かしい〈学問歴〉がありうることを、身をもって示されたものでした。とくに言語学、政治哲学、芸術理論の分野で、あなたの確かな認識力とゆたかな感性と真理を択りわける理論の滲透力は卓越しておりました。

あなたのたくましい両方の肩に重く担われた探求心と、おうせいな知的な好奇心を前方に見ながら、独力で学問を志したたくさんの青年たちが、どんなに勇気を与えられたか、はかりしれないとおもいます。それはあなたがポオやルブランやルルウやチェスタートンの主人公からさえ、学問の方法を見つけることができる自在な真理の徒であることを、誰もが感じることができたからです。

あなたにはひとつの持論がありました。それは学問をする人間は「科学者」としての訓練が必要だということでした。その根拠としてあなたが信じてやまなかったのは、哲学一般はヘーゲルで終わってしまったというエンゲルスの言葉でした。わたしたちが哲学のなかにとどまっているかぎり、哲学を救いだすことはできない、哲学の遺産をうけ継ぐのは科学であり、それを成しとげるのは創造的な科学者だというのが、生涯ゆるがなかった、あなたの確信であり、またあなたがじぶんの精神のはたらきで描いた自叙伝でありました。

最後に三浦さん。あなたと反対に（学歴）はあっても（学問歴）などまったくない怠惰なわたしにもひと言言わせて下さい。あなたの死と自叙伝は、まだまだ早過ぎて、とても残念であります。あなたが亡くなられたあとも、この世界一般について、わたしたちは泣きたいほどの難問をかかえながら、まだしばらくは独力で歩みつづけなければならないからです。

では、ひと見知りがつよく、孤独で、庶民のように口が悪く、そのくせ開けっぴろげで、懐しかった三浦つとむさん、さようなら。

一九八九年十月三十日

告別の日に

三浦つとむ他

かがやかしい独学像

1

主　十月二十七日未明に三浦つとむが亡くなった。回想して哀悼の意を表しておきたいね。急性の心不全ということだ。『試行』の執筆者であり、協力して校正などに身を入れてくれた時期もあり、重要な存在だった。バカな左翼や進歩派のあいだで苦労してきただけあって、つまらぬ組織的野心など発揮しようとせず、いかにも愉しそうに原稿を書き、鼻歌をうたいながら愉しそうに校正などやっていた姿が、眼にうかんでくるよ。村上一郎や谷川雁には、油断もスキもありあしないという面があったが、三浦つとむにはそれはまったくなくて、気が楽だった。脳こうそくで倒れてからもう十年以上たっていた。ベッドから車椅子に移るのに手助けが要ったが、車椅子で移動するくらいまでは回復した。しかしそれ以上身体の運動性機能は回復しなかった。言葉は不明瞭だったが、大体ききとれるほどにはなっていた。頭脳は明晰だが、仕事を積極的にしようとするまでに意欲は回復しなかった。手も片方は不自由なところがあった。はたからは面倒な話を仕掛けにくい感じをいだかせた。床ずれ（褥瘡）がひどく手術をするのだと聞いていたが、まだ亡くなるほど悪いとはすこしもおもっていなかった。つい死ぬ一カ月ほどまえ、会ったときの印象ではね。

客　精神の働きのほうはどうだったんだろう？　何か継続された仕事でもあったのかなあ。スターリン言語学の批判、毛沢東の矛盾論の批判、レーニン国家論の批判、どれも歯切れがよくて、また妥当で得るところがあった。この人には〈何故？〉という問いを論理的に解いてゆくための青年時代からの自前の修練からうまれた自信があった。マルクス主義の哲学にぶつかったのは、ただの時代的な契機で、真理でないものは、たれがどう論理づけても、どんな立場にあっても真理でないと言いきれるだけのものをいつでももっていた。おれはこの人の漱石を論じた文章がいちばん好きだったなあ。漱石は文学とはなにかを科学的につきつめていって、じぶんのつきつめた（あるいはつきつめきれなかった）文学理論をじっさいに作品で試みるために小説を書きはじめたという見解を、漱石の文学の動機に挙げたのは、おれの知っているかぎり三浦つとむだけだよ。おれはおもわずハッとしたね。これはものすごい卓見で、ほんとうにそうだったかもしれない面を、漱石の文学はもっている。漱石の作品はどこかしらに〈問題〉小説《プロブレマティク・ノベル》の面があって、それが講談調になってみたり、推理小説風になってみたり、観念の長口舌を登場人物がやってみせたりというところに、あらわれている。意識的か無意識的かは別として、文学理念があって創作はそれをためしてみるための手段だという面があったからだといえなくない。三浦つとむのこの漱石観には、謎解きの論理に熱中したところから、しだいに哲学に踏みこんだじぶんの体験と、芸術理論家としての知見とがとてもよく発揮されていた。三浦つとむの文章のなかでいちばん文学的な文章だったとおもうな。

主　おれ（吉本）もあの文章は好きだったな。もっと推理小説のうんちくを披露して見せる機会があればよかったな。三浦つとむはじぶんの青年期のあこがれは俠盗で名探偵で、自分も彼らと同じような能力の持ち主になりたいとおもったところから学問歴がはじまった、といっている。そしてポオの『モルグ街の殺人事件』や『ぬすまれた手紙』は、真理をどうつかむか、相手のやりかたをどう見ぬくかを示唆する教科書のようにみえて、生涯の愛読書となったと述べている。つまりマルクス主義の文献を読んだからマルクス主義者だというよりまえに、何が真理か、どうすれば到達できるかというモチーフがあったということだ。だから別な言葉でいえばマルクス主義が真理に遠いとみなせばマルクス主義から遠ざかることもできるし、マルクス主義を真理に近づけようとするために、論理を新しくつくることもできる。すくなくともその姿勢を失わなかったとおもうよ。たしかに三浦つとむの漱石観はおもしろかった。「文学理論家が小説を書くようになった」のが漱石だといっている。漱石の文学をそう解した批評はないよ。

こんな漱石が親子や夫婦の問題に苦しんだとすれば、親子とはなにか夫婦とはなにかについて本質論をもとうとしたのは当然だし、結婚論や夫婦論をもたないはずがなかったと三浦つとむは一歩、漱石の文学的な主題の世界に踏み入っている。こういう漱石が、男女、夫婦のあいだの「合理的な、自然的なありかたへの一つの特殊な過程」であり、現実に多く見られる「道ならぬ恋についての問題意識」をもったとしても、自然ななりゆきだとして、漱石の『それから』『門』『行人』などの三角関係の主題を創作するモチーフを理解している。だから漱石自身の実生活の中に、道ならぬ恋の痕跡を探ろうなどというのは見当はずれだともいっている。漱石の細君はごくふつうの女だから、この細君と釣合う男はたくさんいるだろうが、漱石と釣合う女はまずいないだろうと述べ「その企てている事業の意義と、それを遂行する人間の日常生活での苦しみをチャンと理解して、黙々と協力してくれる細君がいたなら、というのは無いものねだりでしかない」といって、そのあと次のように書いている。

しかし啄木の短歌を借りるなら、「山の子の山を思ふがごとくにもかなしきときは君を思へり」という気持が、漱石にもあったとおもう。彼の二五歳のとき、つまり結婚前に死んだ、同じ年齢の三兄和三郎の細君だった人のことがいつも思い出されたであろうし、その追想が現実の自分の細君との比較でさらに理想化され、心のささえとなり創作の素材となり、フィクションの世界でかたちを変えて登場したことは疑いない。漱石のこの悲しい現実生活は、さらに病が進み孤独が深まるに至って、フィクションの世界の彼女のありかたをも変えていく。この事情を無視して、彼は嫂との不倫の関係があったと推定するのも、これまた下司のかんぐり以外の何ものでもない。私にしても、同じ陣営に属するはずのマルクス主義哲学者たちから、「大風呂敷」扱いされていた。ソ連の芸術理論はまちがいでレベルが低いといったら、社会主義社会のすぐれた理論は資本主義社会に生きているおまえには正しく理解できないのだといわれたし、スターリンの言語論はインチキだといったら、ボスの出隆が更年期障害の産物だと嘲笑した。私は図々しい人間だから、何とも感じなかったし、彼らの愚かな非学者的心情に哀れを覚えた。漱石は学歴こそ輝かしいものであったが、学問生活の客観的条件も主体的条件も私より悪かったようである。細君がいるということも、よしあし（つまり矛盾）だなと私は思った。私の細君は、漱石の細君のように結婚したあとで亭主の「大風呂敷」にぶつかったのではなく、結婚する前に私の「大風呂敷」を知って、信用して結婚したのである。

（三浦つとむ「漱石のイギリス留学をめぐって」）

おわりのほうは奥さんへの花むけの御愛想だとしてもいいが、おれはここのところを読むといつも三浦つとむの本音が響いてくるのを感じたよ。

客　きみ（吉本）の引用文で、じゅうぶん追悼になっているよ。あの文章は三浦つとむの唯一の文学的な文章だよ。だけど漱石の『文学論』は俗流唯物論的な立場だから形式論理の枠に縛られていた。だから弱点をもっていると批評している。つまりマルクス主義的な唯物論の立場を至上とおもっている。かりに至上とおもっても差支えないとしよう。だれでも自己表現で自己主張するばあいは、主張しているそのことに限れば、じぶんの考えが至上だとおもっているわけだ。しかしこれが度外れに強調されるとある言葉の表現が優れているかどうか（芸術としての価値があるかどうか）と、かれがマルクス主義の立場をもって書いているかどうかとが混同されたり、同一視されてしまう。かれが弁証法的唯物論の立場であるか俗流唯物論の立場であるか観念論の立場であるかということは、かれの書いた表現が優れたものかどうかと全く関係がないといっていい。これが混同されたり同一視されたりするばあいもあって、三浦つとむの弟子のなかには、三浦つとむがエンゲルスの自然弁証法からつくった便覧《マニュアル》をふりまわせば、ブルジョアジーの科学や文化など学ぶ必要がないなどとおもって、閉じられた天狗の世界になってしまっているのもいる。三浦つとむの存在は独学でものを考える青年たちにとって導きの星だったし、勇気を与えてきた。しかしかれらに知識を蓄積することや知識のデカダンスのさまざまな形態にたいするいわれのない侮蔑と、せまい偏見を与えることにもなった。三浦つとむ自身は、口は悪くインテリ嫌いだったが、そんな場所からは越えていたところがあったのにね。

主　「人見知り」という言葉があるが、三浦つとむは「インテリ見知り」で、物書きの世界の人間が馴染めず、そこに落ちついていられなかった。物書きとしては孤独な人だったな。物書きはおおくおれみたいに青春時代に怠けもので、遊び好きで、青春のおわりころになって、しまったとおもってあわてて「書見」などしかつめらしくやりだしたインテリやくざがおおい。おれなど典型的にそうだ。ただ遊びはそんなに好きになれなかったが、逆に遊びの時間意識にじぶんの時間の意識を合わせようとすることで、重要なことを学んだつもりだ。つまり啄木の歌でいえば「そのかみの学校一の怠け者　いまは真面目に働きており」という奴だった。三浦つとむは青春期にプロレタリア文化運動にも加わったりし、独学で刻苦して論理を学び、働き、喰べながら勉強した人だったから、インテリやくざと肌があわなかった。また逆に、左翼の哲学者とか文学者とかいうのは、ズルをしているくせに、無理してたてまえだけしゃちこばった嘘つきがおおい。両方の偽善と偽悪が嫌いだったろうし、かれらからも嫌われただろうさ。おれんとこはインテリやくざのうちではまだ肌合いのちがいが許せると思っていたらしく、病で倒れるまではときどきやってきて憩っていった。おれがソ連の悪口を書くのは嫌だったろうが、それがなければ三浦つとむの肌合いをうけいれられる数すくないところだったかもしれない。おれがゆきつけの谷中の理髪店で、家の帰りに整髪してもらっていたらしく、そこの女主人から「あの方このごろお見えにならないですがどうなさいましたか、いつか紫蘇の漬け物をもってきていただきました」といわれて、意外なところで世間話をしていたんだなとおどろいたし、愉しい思いをしたことがあった。いま倒れて入院していますと答えると、気さくな方でおもしろい話をなさいますねといっていた。ああいうところでは人懐っこい気持を解放していたんだなとおもった。

じぶんはやるだけの仕事はやったというのが倒れてからの口ぐせだったそうだが、おれにはそうはおもえなかったから、まだ気力をふるいおこして世界中のインチキ・マルクス主義（あるいはマルクス主義のインチキ）の敗戦処理を見とどけ、じぶんの理論を安心立命から脱出させて欲しかったとおもうよ。どんな左翼をもってきたって現在の状況にたえるだけの理論の研鑽ができていた哲学者など、世界中にひとりもいやしない。居直る奴やしょげかえる奴はいるだろうがな。三浦つとむだって例外ではない。また資本主義は半世紀以上にわたって社会主義「国」との大衆の経済的、政治的、文化的な解放戦争に勝ったかもしれないが、それは社会国家主義や国家社会主義のような国家権力にすぎなかった官僚支配の社会主義に勝っただけで〈社会主義〉に勝ったわけではないし、資本主義自体がそれほどご立派なわけではない。おれにはいまの社会主義支配圏の事態にも、これからの事態にも三浦つとむの理論が耐えるとはおもえないよ。誰も高度資本主義の現状にたいする認識がまったくできていないし、この二十年の変化をとらえることができていない。こんなので現在の東欧諸国の混乱と高度資本主義の行方を把握できるはずがないよ。

2

客　そうだな。お互いさまというのが率直なところで、おれたちはなおいっしんに研鑽しなくちゃなるまいよ。晩年、病床にあった三浦つとむは、きみ（吉本）が文士の反核に反対して、核戦争の能力をもっている米ソ支配層を批判の目標としない反核などは無意味だと主張したのを、ひとから聞いたのか自分が読んだのかしらないが、そんな偉そうなことをいって結局何もしないのはもっと駄目だ、じぶんが達者なら吉本に説教するのにといっていたそうだ。ひとからそんな風評が伝わってきた。おもえばそのころから事態ははじまっていたんだよ。

主　おれのほうだっておなじことをいいたかったよ。三浦つとむが元気だったら、いかにあの文士反核理念がだめか、あれに反対の声をあげなかったら世界のどこかにいて、この世紀末を動かせるとおもっている連中の、鼻っぱしをへし折るものはいないと、たかをくくられただろうよ。おれは三浦つとむが説得にきたら、おれのほうも精いっぱい説得してみただろうよ。

客　文士の反核からはじまって、そのあとのエコロ－スターリン主義（農本主義）とエコロ－市民主義の協賛になる反原発のほうへ行く流れは、けっきょくはきみ（吉本）を文士や知識人のあいだで孤立させたな。このふたつは氷山の露出部にすぎないから、もっとおれたちの耳目にふれないところでは、きみ（吉本）はたくさんの親疎の変貌をこうむっているよ。

主　危機においては孤立することが重要なんだ。そんなとき身のまわりに味方を集めたがるのは、ほんとの意味での知的な弱者だよ。内省的な弱者の自覚のないつまんねえ、奴だ。追いやること、解き放つこと。それだけのことだ。誰の答えがあっていたか。そんなことは答えがでるまえに、また問いを発したときすでに判っていることだ。おれはじぶんの判断を疑ったことなどひとつもないよ。孤立のときにも、現在もね。

でもせっかくの機会だからきみのいう孤立ということについて、触れてみようよ。

きみは知っているかどうかわからないが、内村剛介が三省堂発行の小型の雑誌『ぶっくれっと』にいつか、小山俊一が手紙（半ば公開の意図をもった）体の文章でおれや谷川雁を批判したところを引用して「小山は生ける文明の死臭を嗅ぎ、疲れることを知らない」と書いていた。おれが著書『言葉からの触手』をおくったのにたいして、黙って小山内俊隆編『私家版・敬愛する人からの手紙Ⅰ』（――小山俊一書簡――）というのを、内村はおくってきた。内村は〈小山はこう書いているぞ。おれも同感だからこれを読め〉といいたいわけだろう。そこで読ましてもらった。この『私家版・敬愛する人からの手紙I』というのは一部分は、すでに読んだことのあるものだ。小山俊一に『試行』に広告を出してくれないかといわれて、出したこともある。おくってきた本にたいして、いつか感想を申し述べてみたい、と一度返事したのを覚えている。ついでにいい機会だから小山の『私家版』の文章についても感想を申し述べて、約束を果させてもらおうや。

客　内村が引用している小山俊一の文章ってのを読ませてくれよ。おれもすこし合の手を入れて、やれやれとかくだらないとかいってみてえや。『マス・イメージ論』『ハイ・イメージ論』以後のきみ（吉本）の仕事は、モチーフも内容も、読めたとおもえる反応など、公表された活字のうえでは、ひとつもみたことはない。それとおなじだったら、きみのために弁じてやってもいいぜ。もっともきみの二十年まえの下らないファンなど振りおとしてしまったほうがいいんだ。きみがほんとに堕落した部分があれば、きみのほうも気が楽になるからな。

主　小山俊一の文章はある意味ではきみのいうのとおなじで、ある意味ではちがうよ。内村が書簡体のなかで引用している小山の文章は左の通りだ。

賢治は若いとき好きでした。詩はいくつか暗誦しました。いまはきらいです。「いい気なもんだ」「おめでたい奴め」「糸が切れたタコだ」……悪態がいくらも出てきます。口には出しませんが。一九八三年一月一日。小山生。（小山内俊隆編『私家版・敬愛する人からの手紙Ⅰ』所収）。

谷川雁については、早く死ねばよかったと思っています。痛切に。一九八二年三月十一日夜、小山生。（右に同じ）。

読者から、谷川雁の写真（何かグラフ誌に出たもの）を送ってきて、どう思うかときかれた。――こんなもの欲しげな彼を見ようとは。筑豊に一度訪ねたことがある。あそこで死ねばよかったと思う。――と答えた。（「Da 通信」一九八三・六・二〇）。

吉本『ハイ・イメージ論』は、友人が『海燕』をまとめて貸してくれたので、通読しました。――全然面白くない。彼はへんな迷路にはまりこんでいる。これはダメだというのが私の結論です。これが面白いとか、意味があるとか、いっているやつもダメだ、と決めています。一九八八・八・五、小山生。（小山内編前出書）。

そのあとに内村は「小山は生ける文明の死臭を嗅ぎ、疲れることを知らない」と書いているから、この引用された固有名を内村は「生ける文明の死臭」の例だとおもっているわけだ。引用のまえには、内村は「人の世の書きものは詩と詩でないものとに二分される」という信仰をもっていると述べ、二分の根拠として「事物に対して過不足なく的確な表現

用があるわけだよ。材料はこれだけだ。きみにコメントがあれば聞くよ。

客　まず引用された小山俊一の文章（手紙の文句）が好かんね。この男はじぶんを何様だとおもっているのかね。内村の言い草でいえば、詩でないもののいちばん悪い典型だよ。「事物に対して過不足なく的確な表現」の正反対だ。こんな手紙を麗々しく公開させる小山も馬鹿な奴だが、こんなものを編集して小判の本をつくった奴もだめな奴だとおもう。内村剛介も、いつまでたってもただの小言幸兵衛を自己離脱しようとしないで、アグラのかきっぱなしだ。ようするに詩も詩でないものも、へちまもない。自己相対化ができないで深刻めかしたことをいおうとするから、身を縮めてじぶんを一点にすることで、内圧を高め、密度の濃い思考の存在感を得ようとする。これで虚偽意識が生産されなかったら、どうかしている。小山のいっている虚偽意識――自己偽瞞意識の最たるものが、自分にはねかえってしまう。内村はつい先頃まで「生ける文明の死臭」の本場みたいな大学の教授をしていた自分をかえりみたことはないのかね。おれは生活のためなら何をしてもいいというかんがえだし、「どんなばあいも死なぬ方よし」という理念だから、谷川雁が生きていることはいいことだし、ファンである編集部の人物の頼みに応じて「グラフ誌」に登場しても「もの欲しげ」だなどとおもわない。だいたい小山自身が生きているくせに何をほざくのか。死ということをラジカルに仕立てあげようとすると、虚像と自己偽瞞に陥るほかない。そして陥りながら、そのことへの自己反撥を生きるバネにするという発想は、ラジカルな小宗教者の発想だよ。小山はそれ以外の何者でもない。それも生き方だから批判する必要を感じているわけではない。だがそんなことを俗世間の風俗的な生き方より良いなどと無意識にかんがえているなど、どうしようもないよ。内村だっておなじだ。「詩でない」俗世のつまらぬ者からみると、内村剛介の日商岩井の会社勤めも、北海道大学教授も、上智大学教授も、「もの欲しげ」で「詩でない」と見えることもありうることを忘れるべきではない。死ぬことも生きることも「契機」なしには不可能なものだ。そんなことはソ連の強制収容所で苦労した体験のある内村が知らないはずがない。つまらない凄み方はやめたほうがいい。また俗世に俗っぽく生きるのは易しく、意志して人民の前衛づらしたり隠遁したりするのは難かしい生き方だなどと錯覚しないほうがいい。すくなくともおれはそんな虚偽や虚像は、まったく信じないし認めない。生きることの困難は誰がどうひねってみても、万人おなじだよ。また生きることの安易さも万人おなじだ。それが生きるということの定義だといってもいい。きみ（吉本）の『ハイ・イメージ論』についての小山や内村の言及に関してはきみ（吉本）がじかにこの場所で感想を述べたらいい。だが宮沢賢治や谷川雁についての小山の言い草や、それを麗々しく盾につかうつもりで引用している内村など許せねえな。もっとたくさんいってやってもいいがな。

主　きみの言い方で本筋はいい気がする。ひとのことはいいから、小山俊一のおれの『ハイ・イメージ論』や都市論についての言及をたたき台にして、きみよりもう少し立ち入って小山を批評してみようか。ただ断っておきたいのだが、おれの公刊した本や、公表した発言について、どんな批評があってもそれはいいことだとおもっている。またその批評が見当外れだって仕方がないので、おれはじぶんの本についての批評文やおれについての論がどんなものでも、じかに批評文や論に反駁したことはない。だいいち照れくさいものな。ただ批評文や論について折を見て感想を述べたことならある。おれはむしろじぶんについての批評文や論が自由でなかったり、くだらない物書き政治や、くだらない政治的な党派性で盲目になっていたりするほうが、否定的な批評よりもずっと嫌だよ。この俗世はいい人ばかりではない。理不尽なところだよ。知識や思想や文学についての評価の理不尽や暗闇から弾丸がとんでくる理不尽は、その反映にしかすぎない。ただ打たれ強く柔軟な反応をいつも保てるようになりたいだけだ。ちっともなれないですぐムキになるがな。

　その意味では小山の批判も否定も内村のそれへの迎合も歓迎なんだ。だいいち小山俊一のように政治理念を断念し、社会の生成変化についての考察を諦念して、隠遁者の魂の一点に生の考察を凝縮しようと心掛けて、その心身をじぶんで追いつめてしめ木にかけ、滴り落ちる一滴を至上のものにしようと志して地方に隠棲している人間から、ハイ・イメージ論や世界都市論が、肯定的に評価されたらおれのほうが気持ちが悪い。また小山のほうはニセ隠者だということになる。せいぜい無関心というのが正常な反応なんだ。おれの都市論では人間などはでてこないし、生物と無生物の区別などつかない、ビルと田畑のちがいがかろうじて区別される都市の像を極限としては描こうとしているわけだ。そして近未来にそうなることをふまえて、現在と望める未来を解明したいわけだ。おれなりに小山のように隠遁して魂の凝縮法だけを生の方法にしている存在との通路はつけられるように工夫されている。でも方法は小山とはまったく正反対で、人間、魂、こころなどが無限大で発散するようにできている。

小山はテネシー・ウィリアムズの作品を読んだ感想として、登場人物の同性愛者、障害者、精神症者、不具者に「魂の深さ」が描かれているとおもったという感想を述べて——おれはこの「魂の深さ」というものが地上の至上のものだといっている——といっている。ついでにこれは求めても得られないもので、おれの魂は深くない、魂は「成長」するかもしれぬが、「深さ」は別のものだと書いている。

もうひとつあげておきたい個所がある。それは小山が「32歳で『生きてゆく元気がない』などという君を元気づけるはなしではありませんが、しかし私の考え（というより経験）では、人を本当に元気づけるものは、正銘の人間的徹底性（どんな性質のものであれ）に接すること、だと思います。私は自分がある（微小な）徹底性を実現した、と感じています」（一九八四年六月二二日・小山書簡）と書いている。

おれも小山の「通信」文は、その上等な部分では、文字通り「微小な」徹底性を獲得しているように感じられる。はじめのころの「通信」には、無理にじぶんの観念の位置を土俵際まで下げるために、実生活を意図的にそんな条件になるように追いこんでいるようにおもえた。だから言葉で凄めば凄むほど嘘くさく、無理しているように感じた。あとになってからの「通信」でも、つまらない部分はそうだとおもう。自分の観念の場所を一点に凝縮してしまう表現は、だれがやってもあるきらめきを獲得するものだ。そんなこと何も凄むことはない。またそんなものに接して元気づけられる元気など大したものではないから、ないほうがいいんだ。じぶんは人民のためにたたかって獄中何十年という凄み方からはじまって、じぶんは現世のあらゆる執着を放棄して無一物の念仏者として現世浄土の巡廻の旅をつづけているという一遍のようなラジカルな小思想の凄み方にいたるまで、徹底性についての凄みはたくさんある。だがおれの考えでは徹底性というのは、けっきょく全部だめだとおもう。それはぜんぶ観念の自己凝縮の方向に、じぶんの生存と生活の意味を、大なり小なり同致させようとする意志によって実現されるものだからだ。ほんとに実現できなかった部分だけ、自己偽瞞と自己虚偽が浮き上がり、良心的ならばこの自己偽瞞と自己虚偽との葛藤が、生存の過程としてのこされることになる。小山俊一が典型的にそうだ。ほんとに人間を元気づける思想があるとすれば自己凝縮の徹底性などではなく、自己凝縮そのものが展びてゆく（のびやぐ）思想だ。もちろんこの展びてゆく（のびやぐ）過程は自己偽瞞と自己虚偽を無意識のうちに招きよせてくる。このばあいの自己偽瞞と自己虚偽の無意識は、自己凝縮の場所からは見えもしないし、超えることもできないし、分析さえ不可能だとおもう。

その理由をあげてみようか。

(1)思考の展び（のびやぎ）は極限のところで自然科学的な事象分析のところまではかならずゆく。ここでは自己意識、自己偽瞞、自己虚偽、内面、魂の深さ等々は無限大で発散してしまう。これを理解するには、自己凝縮を極限（小山のいう魂の徹底性）とする思考法は、まったく無効で、べつな認識方法にとびうつるか、小山や内村が陥っているように、見当外れの認知法を晒すことになるか、最上の方法でも、じぶんとはすべては無関係だと断念するほかない。「魂の深さ」とか「自己意識の凝縮の徹底性」などが、まったく役に立たない領域が、この地上にはたくさん存在するし、その範囲は刻々に拡大しているということさ。冷たい言い方をすれば、自己意識の一点から世界をみんな判ろうとすれば、かならず真理から踏み外されるということは自明だ。

(2)でも、このことはもっと小山のいる場所に近づけて暖かい言い方もできる。展びるような（のびやぐ）思考とその対象の世界は、俗世（利益現世）の風俗と俗世のひと（衆生）とおなじ思想の身体の大きさの自己意識の安堵（同化）と、俗世の風俗や俗世のひとの理念（済度受容の衆生の魂の理念化）とが区別できない状態を出現する。おれにはこの状態の自己偽瞞や自己虚偽を、親鸞のように「名利に人師を好むなり」と自己内省するほどの鋭敏な倫理意識はないから、自己否定も薄弱なかわりに自己肯定も薄弱だ。だが小山のような「疾く死なばや」とおもっている自己凝縮の一点がかかえる自己偽瞞や自己虚偽の場所よりは、この展び（のびやぎ）の状態のほうが優位だとおもっているし、この意味は小山の場所からは見えないとおもっているよ。

小山は最首悟が「朝日新聞」に、じぶんの一番下の娘が最重度のダウン症児であり、ごく自然に兄姉と生きいき遊んでいる、これは兄姉が自然にこの世にはこういう子もいるということをうけいれていることだ、じぶんは大学をやめて水俣に漁民調査へゆくつもりで、それがこの児のためにもいちばんいいことだとおもっていると書いた記事を読んで、深く感動したと述べている（一九八三年六月二〇日書簡）。なぜ感動したのかといえば、「重い〈イデー人〉を背負ってエルサレム水俣で『恵まれた』日々を送るつもりだと語った」からだと小山はいっているわけだ。

わたしは最首悟の本文を読んでいないから最首の批判はしない。（これは批判がないということとちがう。また以前に最首の批判を反批判したことがある。）だがこういう小山俊一はまったく駄目だとおもう。いつまでたっても性根が直らないだけじゃないか。娘がダウン症に生まれたことも、兄姉がその児とごく自然に遊ぶことも、やがて兄姉以外の子どもがごく自然に遊び、喧嘩し、いたわり、いじめることがあるだろうことも、かくべつ特筆すべきことでも、感動すべきことでもない。ダウン症児はダウン症児そのものであって、重い〈イデー人〉でもなんでもない。それを生んだ親が五体健全な子とおなじように育て、やがて五体健全な子のあいだでごく自然に生きいきとふつうの生活ができるような方途をつけてやるのも、親としてあたりまえのことだ。また親が、ひとつの勤め先を首になったり、嫌になったりして、べつのところで働くことも、ごくふつうのことで、それがどんなに辛くても誰もがやってきたし、やっていることだ。何がエルサレムで何が重い〈イデー人〉なものか。わたしはこういう場面での小山は、徹底的に駄目な理念（の持ち主）だとおもう。小山がもしかすると否定したり、批判したりしている俗世の風俗にまみれたごく「ふつうの人」でも、わたしのようなふつうの俗物の物書きでも、あたりまえの顔をしてやってきたことだ。こんなことを感動したり、麗々しく書いたりして意味や価値をつける意味論や価値論の世界、それは最首悟でも大江健三郎でも、小山俊一でも思い当たるふしがある世界のはずだ。おれははげしく否定する。自己否定しないのなら、おれがとことん否定してやるさ。ようするに「ふつうの人」とか「ふつうの俗世」とかが、ほんとに判っていないんだ。生活経験で判っていないかどうかは、ひとそれぞれだろうし、おれなどもほんとはよく判っていない。かれらより判っていたとしても相対的なものだ。だがおれのいいたいことは小山が理念として「ふつう」ということが判っていないということだ。

客　いずれにせよ、小山の隠遁――自己意識の一点への凝縮――それに生ずる軋みとしての自己偽瞞や自己虚偽との格闘が、生の唯一の意味づけになり、それが小山のいう「魂の深さ」に収斂してゆく価値概念を生みだしてゆく、その循環はわかった。わかったという意味はきみ（吉本）の説明や批判はよくわかったという意味と、小山のためにそれを肯定的に評価してあげたいという意味とふたつある。どうして肯定的に評価してあげたいかというと、こういう隠遁の自己凝縮の循環が、ついに受動的な〈信〉にまで昂進すれば、生を意味づけるためには、自己偽瞞や自己虚偽を積極的に生みだすことが不可欠になってゆく。このマゾヒステックな自己意識が麻薬のように必要になってゆくこと、じぶんがややその状態にあることを、小山はよく自分でわかっていて客体化しているからだ。これは内村剛介にはないものだ。あるいはあるのだが表現として客体化できないで鬱屈させているものだ。これは小山の初期の「通信」にはなかったもので、小山が「私は自分がある（微小な）徹底性を実現した、と感じています。」といえるところへ熟していったんだとおもう。それでいいじゃないか。何をいうことがある。関係ないことだし、小山も関係してもらいたくないだろう。

ただひとつおれにいいたいことがあるとすれば、小山がこれを核戦争についても、おなじように循環し、おなじように核戦争は必ずあるというマゾヒステックな〈信〉に転化し、核戦争がおこったあとの終末の世界の死の光景の空想から、現在の生の意味づけをやり、また逆にじぶんの生を意味づけるためには核戦争による世界の終末（死）の光景が、不可欠に必要になっていることについてだ。核戦争はあり得ないことを前提とするおれの理念からは批判と否定に価する唯一の個処だ。小山の「通信」の言葉をたどってみれば、

(1)「おれの『戦争』は隠遁者の〈病〉だ。核戦争の予感はおれの生存感覚にしみとおって一種の〈信〉(のようなもの)になっている、とその夜考えた。」

(2)「しかし戦争の予感は私にはひとつの〈よきもの〉だ。それは強い力で私の生存感覚を裸にしてくれる。」

(3)「パノラマの背後に光を置くとパノラマ全体が浮かび上がる、それと同じように、背後に核戦争を置くとこの世界はひとつの全体として私たちの眼前に浮かび上がってくる、その効果が〈終末〉と似ているのだ。」

(4)「――戦争にたいして何をするのかときかれると、『自己欺瞞なき死』をするつもりだと答える。それが〈覚悟〉だ。それは私には難事業だ。一方、まぎれもない『自己欺瞞なき死』の実物が、(中米、アフガン、レバノン……)いたるところにころがっていることも明らかだ。パレスチナ人の『殺され』死の写真を、これが今の世界における『自己欺瞞なき』真実の死の極点だと思いながら見ていると、心がふるえるのを感ずる。」

引用はこれだけでちゃんと小山俊一が自分を追いつめてゆくやり方の円環をたどれるとおもう。小山自身はじぶんのこの考え方が「病的」だということを知っている。それだけ大江健三郎よりも率直で覚者的だ。だが小山自身が自覚的にいうように大江とおなじように病気だ。病気は魂が深くても普遍化できないのは人間の生の掟だということを忘れるな。じぶんで空想の核戦争を不可避のものとして設定して、じぶんの生の行方に核戦争が立ち塞がるイメージを造り、じぶんの造った空想のイメージで世界と自分の終末（死）の苦しさを造りあげている。この二重拘束の自己産出は、文化概念としての分裂病以外のなにものでもない。

こういう小山の思考方法をみると、おれもきみ（吉本）とおなじように小山がちっともつまらない性根をふっきっていないとおもう。ほんとの生活者もほんとの隠遁者も、明日核戦争が起きても、今日テレビニュースでパレスチナ人が戦乱で殺された屍体が映されても、アフリカの飢餓で、やせおとろえた乳呑児が映されても、じぶんが不可避の死に遭遇するまでは、淡々と日常の生活を愉しんだり、あくせく働いたり、ちいさなことで悩んだりしているとおもう。それは覚悟といえば覚悟と呼べるかもしれないが、「ふつう」の生活がだれでもあの戦争の体験や、日常生活の起伏をくぐりぬける体験から把んでやってきたことだし、戦争がおこってもきっとそうするにきまっている。小山の病気は大江の反核とおなじように空想のダブル・バインドの状態なんだ。つまり病気なんだ。ただ小山は病的なことを知っている病気、大江は知ってて知らぬふりをして自己偽瞞を説く病気。それだけの違いだ。この病気がどこからくるか、どこからきているかは明瞭だ。にせもの性の部分からきている。わが郷里、九州の方言でいえば〈芸《げえ》にかなわんことばするけん〉かかる病気だ。

おれは小山俊一と反対に、核戦争はおこらないことを確信している。またおこせる条件をもつものの範囲も、もしかするとその人名も指摘することができるほどだ。どこにも不可解なところはないから、本気で反核を訴えるつもりならその連中に名ざしで訴え、名ざしで大衆的圧力をかければいい問題だ。そうしないのは現在の反核運動が、本気ではなく、ためにする陰謀家がおこしている政治運動の代理運動にすぎないからだ。世界の大衆を脅迫するのは逆縁というものだ。小山俊一は隠遁者なのに、何をこんな明瞭な事実に空想をかかずらわせて悩みを生産したり、悩みを自己生産してはまたそれを悩みとして再生産しているんだ。おれもこんな部分での小山俊一の「通信」は、だめだとおもうよ。

美空ひばり

偉大な哀しさ

まず六月二十四日のテレビ報道番組は美空ひばりの死にかかわりのあることだ。その日のテレビによれば、間質性肺炎による呼吸不全で死んだと病院の医者から発表された。ほんとは、これでは晩年の美空ひばりが繰り返していた入退院と、体調の不全、脚の大腿骨の壊疽《えそ》などと報道されていた症状と、そのあげくの衰弱や病院での最後の死の説明にはならない。彼女の死についてありきたりの説明に左右されない死にいたる病の解釈をやっていたのは、竹中労だった。竹中労の解釈は、たしか薬物による肝臓障害から、それが重症になって肝臓癌にいたり最後の入院をよぎなくされて、死にいたったにちがいないというものだった。では薬物とは何をさしているのか。麻薬とか覚醒剤のようなものが、想定されているようにおもわれた。わたしはこの竹中労の推測と解釈を新聞で読んで当たらないとしても遠くないのではないかとおもった。ただ薬物というのを副腎皮質ホルモンのたぐいではないかとおもった。大腿骨の壊疽のたぐいは、それによって生じた副作用なのではないかと推測をたくましくしたのである。

わたしは美空ひばりがはじめて出現したとき、歌のうまい、早熟な、無理に大人びた歌を歌謡界からおし着せられ、それに近親（母親）が迎合して、わが児に演じさせている哀れな少女歌手のようにおもってきた。ことにステージママを演じている庶民のおかみさんふうの風貌をした、利にさといような母親とコミでいる彼女は、不快で仕方がないとおもった。わが子を「お嬢が……」などと、いけしゃあしゃあと呼ぶ感性も嫌悪をもよおした。あの母親さえそばにいなければ、天才的な少女歌手なのになあ、というのが長い間いだいてきた感想だった。そしてそのひとまわり外がわに、ぐれたような肉親の弟などがたかりのように出没して、やくざふうの事件をおこしたりする構図もひどいものだった。

これらの近親にとりまかれた構図は、貧しい庶民の芸能者や小経営者のまわりにいつも作りだされるもので、それ自体は致し方のない同情すべき構図だともいえる。だが嫌悪をもよおさせる構図であることもどうすることもできないのだ。

ところで死にいたるまでの晩年の五、六年のあいだにテレビに登場してくる美空ひばりの歌を聴くことがときどきあった。三人娘といわれた江利チエミと雪村いづみと比べると、もう何かが決定的にちがっていた。江利チエミや雪村いづみのジャズ調やソウル調の歌は、やはり天才的なうまさがあっても模倣のたくみさをでることができない。こころの色合いをどこでどう歌声に入れたらいいのかを把みきれなかったのではないか。そのために実生活上の破れ（結婚や離婚のいざこざ）があると、その都度持続する歌唱の意志も破れやすくなっていた。美空ひばりはじぶんの結婚や離婚の生活、近親がまきおこす刑事事件や民事事件や家族生活の波瀾があっても、歌う能力を修練することはいつも持続されているとおもわせるものがあった。江利チエミや雪村いづみにくらべると晩年になればなるほど、才能が正統さの道をたどっているなという印象を与え、格差のひらきを感じさせた。

正確に何年まえの何月ということができないが、こんな時期からだったとおもう。この歌手は身辺にどんな不協和音や雑音がつきまとっても、その歌唱の高さと成熟度をそこなわれることはないと信じられるようにおもえた。クラシックの歌手の世界でも、ニューミュージックの歌い手の世界でも、ジャズやヨーロッパ調の歌唱の世界でも、美空ひばりに匹敵できる歌手は、まったく存在しないとおもえた。才能や素質もあったろうが、ここまで歌唱の修練をやってみせた歌手は、それまでほかにいなかったのだとおもう。美空ひばりの歌は、そのまんま日本語で歌っても、アメリカやヨーロッパはもちろんのこと世界じゅうどこでも、即座に通じ、その感銘の度合いは世界的なレベルにあることを、どこでも示すことができたにちがいない。こんなことが成り立つ存在は、芸術や芸能その他のほかの分野では、わが国でほとんどひとりも数えあげることができない。模倣によって国際的だといえるものが少数いるだけだとおもう。こんなことは、ほんとはどうでもいいことだ。芸能家も芸術家も、どんなに他人の評価をもとめたり、評価を拒否したりしても、ほんとはただ表現したいという無意識だけが、その必然なのだといえる。子どものときから歌うことで肉親の生活を支えたい、金銭を得たいとひたすらおもってきた美空ひばりでも、その歌唱を偉大にしているのは歌いあげたいという無意識だということは疑い得ない。それがなければ得たいとおもうものを手にいれたあと、修練の必要などなかったはずだ。だが彼女は疲労しても、生活の心労がどんなに重なっても、修練を手放すことがなかったと推測する。これはほんとの天才だけが演ずる悲劇なのだ。彼女の死にはこの悲劇の影があった。

美空ひばりの歌で好きなのをあげろといわれれば、すぐに「越後獅子の歌」と「柔」がおもいうかぶ。「越後獅子の歌」の「笛にうかれて　逆立ちすれば　山が見えます　ふるさとの」という歌には、美空ひばりの自伝を感ずる。べつに「身なし子」ではなかったろうが、角兵衛獅子のように幼ないときから唱う芸をきびしく仕込まれ、嫌でも疲れても、眠たくても舞台を要請されたにちがいない。憐れで哀しい女児としての自伝がこの歌には象徴されている。これと反対に「柔」には男児として気を張って世間にむかわざるを得なかった彼女の自伝がふくまれている。わたしの印象では成熟し、歌唱を大成したあとの美空ひばりは「越後獅子の歌」をあまり唱わなかった。憐れで哀しい女児である自伝をことさらかきたてる必要はもうないし、思い出したくもなかったのかもしれない。だが「柔」のほうは大歌手になってからもよく唄っていた。一種のゆとりある、そしてかなり慣れきってすでに「勝つと思うな　思えば負けよ　負けてもともと」という歌詞に、まともに気を入れるのが照れくさいような笑みを表情にうかべながら「奥に生きてる　柔の夢が」のところを唱った。半ばまだ男児に変身して気を張った自伝が生きていても、もう半ばはそんな次元での自伝は無意味になっていたのだとおもう。

わたしが好き嫌いとはべつに、いい歌だとおもったのは「ひばりの佐渡情話」だった。遠東（ファ・イースト）のヤポネシアに流布されている歌謡の、いちばんの特徴はメロディが分節化し、つぎに言語化して、歌詞の文句と二重になっていることだ。二重化はたがいに補完する関係におかれたり、まったく別々の意味を語って、孤立しているようにおもわれたりすることもある。これは言語でさえ音譜化し、メロディにひきこんでしまう西欧の声楽とまるで反対のようにおもえる。「ひばりの佐渡情話」のなかで、美空ひばりはこのヤポネシア的な歌謡の特徴を、じつに見事に唱ってみせた。彼女がこの歌でノドを細くしながら楽譜の声をひきのばし、メロディを分節化してたくさんの波形をつくり、ある部分は迫るように、ある部分は遠ざかるように言語化して唱うとき、ヤポネシアの歌謡の特徴は最大限に発揮されるようにおもわれ、聴きほれるおもいにさせられた。歌詞の区切りと区切りのあいだの、言葉としてはどんな意味も途切れてしまっている箇所を、彼女の声のメロディはまるで言葉で訴えているのとおなじように、嫋々とした生命の糸をたぐりよせていた。この歌唱の力能が、世界普遍性をもたないはずがないというところまで、その力量は到達していた。

手塚治虫

昭和の死を象徴する死

二月九日、手塚治虫の死をテレビは報じた。これはテレビ的事件のうち、死亡ニュースとしては、昭和天皇の死につぐ大事件だった。もの書きやもの描きの死は、天皇の死を前後して、まるで符牒をあわせるように続いた。秋山清、山本太郎、草野心平、上田三四二、大岡昇平、ここまでが天皇の死の直前。手塚治虫の死は、天皇の死の直後につづいた。そしてこのうち天皇の死とともに、昭和の死を象徴するにたりる最大の死は手塚治虫の死にちがいない。わたしは手塚治虫のそれほどよい読者でなかったから、きちっとかれの存在した意味と、テレビ映像のうえでかれの作品の占めた場所を、位置づけることはできない。ただ漠然と文芸批評の世界でいう小林秀雄に匹敵する存在だとおもってきた。ほんとの意味で近代批評のジャンルを作品批評として、作品創造から独立した一分野として確立したのが小林秀雄だった。おなじように、わが国の近代漫画をひとつのジャンルとして自立させ、画家の余技とか画家になりそこなった者のあぶれ仕事というイメージから確然と飛揚させて、芸術的な創造の一分野にまでもっていったのは手塚治虫だったに相違ない。

わたしにとって手塚治虫のテレビ・マンガの一系列は、子育ての歴史とパラレルだった。やっと月賦で白黒のテレビを購入して、子どもと一緒に「ジャングル大帝」「鉄腕アトム」「ワンダー・スリー」「リボンの騎士」「海のトリトン」「マグマ大使」などを視ながら、子育ての歴史をたどった。わたしはじぶんが子どもをもち、子どもを育て、その成長の過程を見つめながら、昨日も今日も明日も平坦に生活をすごしてゆくという境涯にいることが、まだどこかで不思議で仕方がないような思いをしてきた。またもう一方では、じぶんは子どもをもち、さり気なく育ててゆくというより以上の仕事は、なにもできなかったし、これからもできないのではないかとしばしばかんがえたほど、子どもということに、重要さをおいてかんがえた。この奇妙に混乱したり、矛盾したりしながら、愉しい救いでもあった印象ぶかい精神状態と、手塚治虫の一系列のテレビ・マンガの放映とは、わたしのなかで切りはなすことができない。この一系列のテレビ・マンガについて感想と印象と記憶を申しのべれば、まず親が幼い子どもと一緒に視て、照れたりどぎまぎしたりしないですむような、ビロードやジュウタンみたいな、毛織物の滑らかさの手触りと艶をもった作品だといえた。向日的でありながら、すこしはにかみを含んだユーモアもあり、こまかい心の動きをとりこぼさない繊細さももっていて、子どもたちが育ってゆく過程でみるものとして理想にちかかった。また親のほうから眺めてもすこし型にはまりすぎ、よい手触りと艶をもちすぎた勧善懲悪のニュアンスが物足りないといえばいえたが、それでも愉しめるテレビの連続マンガの世界で、毎週やってくるその曜日と時間が待ち遠しいおもいをしたものだ。

「鉄腕アトム」の延長線でテレビ・マンガを手塚的な勧善懲悪の世界から離脱させるには「銀河鉄道999」や「機動戦士ガンダム」の世界をまたねばならなかったろう。それはもうマンガという芸術であって、「のために」という教育的効果の問題ではなくなってしまう。そんな場所へゆくことだった。

手塚治虫自身のマンガの世界も、巨きく多様で、テレビ・マンガの一系列はそのなかで比較的無難なものが択ばれたのに相違ない。テレビ・マンガでも「リボンの騎士」や「ワンダー・スリー」などには、奇妙で暗い変身願望の世界を感じさせるものがあり、これはいくぶんか手塚治虫の無意識の混沌とした貯水池を映すもののようにおもえた。子どもたちが好んで読んでいて、気味悪がりながらひかれていた「どろろ」や「バンパイヤ」などは、教育効果とはまったくべつな次元で、子どもたちのこころの世界の暗部によくアピールしたようにおもえる。またこういう世界があるために手塚治虫の世界は巨大でありえたのだとおもえる。手塚治虫が向日的・儀式的な世界の裏がわに、暗黒と陰影の世界をもっていなかったら、勧善懲悪の域をそれほど出ることはなかったろう。またつげ義春や大島弓子や萩尾望都や高野文子のような漫画家は、どんなにか出現しにくかったかもしれないとおもう。またもっと勝手なことをいわしてもらえば、かれのテレビ・マンガの世界が継続していなかったら、わたしの子育ての行方はもっと混沌として、とりつく方法をみつけるのが難しかったに相違ないとおもえる。かれは向日的な市民的ヒューマニストとして、わたしなどの存在を不快におもっていたに相違なく、言葉の端にそれを感じたことがあったが、わたしは子どもの成長の過程を介して、かれに物足りなさのすこしもふくめて、語らない感謝のようなものを感じていた。

「火の鳥」の系列の作品はそれほど好きでもないし、誰が劇画や映画にしてもうまくゆかないにちがいないのだが、それでも二月十七日の「火の鳥」鳳凰篇とヤマト篇の追悼放映は、前日の二月十六日の「Mr.マリックの超魔術」とあわせて、一月七日・八日の天皇の死の特殊番組のマイナスを帳消しにさせるだけのさまざまな感懐をわたしにあたえてくれた。

昭和天皇

最後の偉大な帝王

一月七日（土）の午前六時三十三分に昭和天皇が死去したと、テレビは早朝から報道し、すべてのテレビ局は七日いっぱいと八日（日）を臨時編成番組にきりかえた。つまり昭和天皇の人柄・事蹟・在位中の歴史的事件にまつわる報道番組を、全テレビ局が全時間帯で放映しつづけた。ＣＭはやめて穴うめに山や河や小鳥や自然の生物の生態を流し、「自然を愛し、大切にしましょう」などと字幕を入れていた。これはテレビ視聴者にとっては、突然やってきた異常な事態だった。この二日間の異常なテレビ放映にふれないで、やり過ごしたら、この回のテレビ時評は成り立たないので、言及してみることにする。

まず全体の印象をいえば「参ったね」「うんざりした」「食傷した」ということにつきる。こんなことは一つの局が一日だけやるか、全局がある時間帯をさいて報道特集するくらいで充分なことだ。それなのにどのチャンネルを廻しても、黒ずくめの背広に、黒っぽいネクタイをしめたベテランのアナウンサーを司会者にして、これまた黒ずくめの背広にネクタイのゲストが、うその感情とはいえないまでも儀礼的なたてまえの、あたりさわりのない哀悼のコトバを述べあっていい気になっている。これが二日間も全テレビ局（3チャンネルNHK教育テレビを除いた）で朝から晩までつづいたのだ。わたしは戦争中を想いおこした。日本人は儀礼・式典・真面目くさったたてまえ用の顔つきと発言が好きで、またそれにいかれて右へならえをやった苦《にが》い味《あじ》を、また繰りかえしている。左翼と進歩派が反原発というと、みんなおなじ顔つきで、おなじことをいいだすのと、そっくりおなじだ。これでうんざりしなかったらよほど神経と理念がどうかしている。

ふだんから雲の上にいて、視聴者である一般大衆に接したこともない天皇が死んで、二日間もテレビが追悼番組を組んでも、視聴者にアピールする番組などつくれるはずがない。したがってこの黒ずくめで単調な天皇追悼番組は、大別して二つの流れしかなかった。ひとつは園遊会や勲章の授与式などで天皇に一、二度接したことがあるような、功成り名遂げた学者・芸術家・文学者・芸能人・スポーツ選手などをゲストに迎えて、じかに天皇に会ったときの印象を語らせること。もうひとつは「生物学者としての天皇」のような専用ドキュメンタリー映像を再放送して、海岸で生物を採集したり、湿原で植物を観察したりしている天皇の姿を見せること。もうひとつは在位中にあった戦争のドキュメントや終戦処理のときの天皇の役割や姿、戦後すぐの混乱期の天皇の進退を報ずるとかいう歴史的な回想である。そしてどの流れをとってきても一般大衆の身近に感ずる映像などひとつもない。天皇にじかに接したことがある人たちがゲストにでてきて、天皇の純粋で温かいひと柄など強調しても、あの人間ばなれして表情をあまり動かさないテレビ映像から、豊富な人間性の内容など感受できるはずがない。これをまるまる二日間やったテレビ局の幹部や責任者は、じぶんの映像感覚を徹底的に再検討したほうがいいとおもう。またアナウンサーたちは、いざとなれば、じぶんが儀礼的なあたり障りのない発言を、もっともらしい表情で二日間もやれるということにじぶんで恐怖を感じたほうがいいとおもう。とくに露木茂や久米宏や俵孝太郎はそうだ。わたしは七日のいちばんはじめの江藤淳・三浦朱門・石川忠雄・河盛好蔵・林健太郎などをゲストに迎えたときの司会役からはじまって、出ずっぱりだった露木茂や、何のためにいるのかさっぱりわからない曖昧な発言しかしないくせに、これまた映像画面の真ん中に出ずっぱりで出ていた俵孝太郎をみながら、もう一度、自由とはなにか、こころの自在さとはなにかということをあらためて考えるべきだとおもった。これは久米宏や猪瀬直樹や天野祐吉や山田洋次についてもおなじだ。マジメ・フマジメ・バカ・リコウ、いちばんつくってはならない表情は、内心は空っぽで感動も反感も哀悼も悲しみもないのに、儀礼的にこしらえた中性の表情だ。またそれに慣れるということだとおもう。保守派も進歩派もへちまもない。全部だめ。ああいう番組を二日間も全テレビ局で全時間つくったということは、死んでない身振りをしながら、ほんとうは死を意味するのだ。

ところでこんどは、大俳優としての天皇ということから、全テレビ局を二日間、葬典儀礼化させた潜在力を、すこしかんがえてみよう。比較のため石原裕次郎の死のときを思いおこしてみればよい。あのときでさえわずかひとつふたつのテレビ局が、裕次郎の哀悼回顧番組をつくり、裕次郎主演の映画を何本か連続的に放映した程度だった。告別式にはファンと称する人たちが押しかけたが、その数は数千をでるものではなかった。ところが昭和天皇の死にさいしては、社会党委員長の土井たか子をはじめ全国で数百万の記帳者（ということは告別式参加者とおなじだ）を出し、全テレビ局が1チャンネルから12チャンネルまで（ただし3チャンネルNHK教育テレビを除く）朝はじめから夜おそくまでCMを含めて、すべて昭和天皇の死を追悼する番組に変貌した。つまり役者として裕次郎とは桁ちがいの偉大な俳優ということになる。もっとさかのぼれば昨年病気入院、手術、重体の報道があってから何カ月も、新聞社は天皇番の記者を夜勤残業にかけ、交通の足となる車と運転者を抱えこんで確保し、雑誌、新聞は天皇の死に備えて発言者をつくり（わたしも共同通信に一枚くわわった）、色川大吉や小田実のような、いまでも右翼が復活してくるなどと思っている見当外れの進歩屋は、へんなセンキすじに力こぶをいれた醜態をみせ、といった潜在的な動員の実力を発揮した。もっといいにくいことをいえば、草野心平、秋山清、山本太郎からはじまって大岡昇平にいたるまでの死を、道連れにして捲き込んで逝ってしまったといえなくはない。テレビ局はまた、この何カ月のあいだ、深夜おそくにいたるまで天皇の容態と称して、脈搏数、体温、血圧、呼吸数、下血の有無、輸血状況などを時間を定めて報道した。恐れ入ったものだというほかはない。昨年の特筆すべき流行語はソウル・オリンピック柔道の審判用語「教育的指導」（両手をくるくるまわす手振りと一緒に）と、このテレビ報道用語「下血」だったくらいだ。流行語にはある切実さと一緒に滑稽感やユーモアをともなう。またいくばくかの諷刺がこめられている。わたしたちはオリンピックの柔道の放映をみながら、しかつめらしい表情をした審判が両手をくるくるまいて「教育的指導」と声をあげると、外人選手などがしまったという表情を抑えてファイトを出すのを、諷刺的気分でくすくす忍び笑いをしながらみていた。何となれば、「教育的指導」というコトバは、わたしたち日本人が聴けばいちばん反撥すべきいかがわしい語感をもった言葉だからだ。「下血」もおなじ。宮内庁に雇われた医者のおじいさんたちはいったい何を考えているんだろう。テレビ局はこんなわけのわからない数値を視聴者に流し、ときどき民間の大学の医者をゲストによんで、当たらずさわらずの解説をさせ、いつもよそゆきの顔でそしらぬ表情をつくって、言葉だけていねいに、ただ解説用の発語をしている。これを何カ月も繰りかえして、どうかしたんじゃないか、とおもうより仕方がなかった。

こういった何カ月もまえからの異常現象は、ただひとつ昭和天皇が最後の偉大な帝王だったこと、役者として超一流だったことを、ゆびさしている。「最後の」ということにこだわる人のためには読み方の註をつけて、この「最後の」は「天皇」にかかる言葉ではなく「偉大な」にかかるので（偉大な帝王としては最後の）という意味に解釈しても、一向にさしつかえないとしておけばいい。保守派も進歩派も一般大衆も昭和天皇が最後の偉大な帝王であることだけは無意識、無自覚のうちにか、あるいは意識的、意図的にか認めていたのではないだろうか。これがここ半年ちかくにわたって裏面にあって、あるいは顕在的に進歩派も保守派も一般大衆もざわめき、浮きあしだち、またなだれのように昭和天皇の死に吸いよせられ、無意識の殉死みたいな詩人、文学者の死を伴った理由ではないだろうか。さすがにやるねェというのがわたしの総括だといっていい。

いうまでもなく天皇が国民統合の象徴だという憲法の規定がつづくかぎり、象徴天皇制はつづく。しかし最後の偉大な帝王だった昭和天皇の死のあとは、形式的につづくという言い方をしてもいい。そして天皇が弥生時代のはじめを象徴する勢力だとしても、古墳時代以後の勢力だとしても、これが農耕社会勢力を象徴するものだということにかわりはない。そして戦後の農地改革以後は、工業資本化する以外はほんとうのテーマをなくしてしまった日本の農業社会は、衰退の途をたどるほかに道はなかったし、これからもない。これをどこかでせき止めるには農業の工業化、ハイテク工場化、技術工房化以外にないこともまた自明のことに属する。だが日本の農業は、農協その他に巣くった農本左翼と保守派と一緒に、ゆるやかな滅亡に向かいつつあるといってよい。ちょうどこのとき昭和天皇の死にわたしたちは遭遇した。最後の偉大な帝王の死と呼んで誤りないゆえんである。ＣＭのスポンサーが自粛して下りてしまったあとのＣＭのかわりに、山や河や小鳥のような自然生物の姿と風景を映して、その字幕に「自然を愛し、大切に守ろう」といったコピイを流していた。そしてこれこそが天皇制の基礎とエコロジストの基礎とが合流する平和と天然美の場所、農耕のふるさとだということを象徴しているとおもった。わたしはこんな安息感を拒否すべきだとおもうし、がさつで利潤に露骨な自粛しないＣＭの世界のほうがましだということを、腹の底から納得したほうがいいとおもっている。ついでにもうひとつ、８チャンネル・フジテレビは、タモリ・さんま・鶴太郎の「笑っていいとも！」とタケシの「ひょうきん族」を一週間、開店休業でお茶を濁していた。やればいいのにセコイねえこの連中は、というのがわたしの感想だ。萩本欽一の番組は、たんたんと非難も意見も受けると断わってすぐに、いつもの通りやっていた。

磯田光一――鮎川信夫

ひとの死、思想の死

主 こんどはおれのほうから歳月の（天候現象）の凄さということを、はじめにいわせろよ。昨年の秋から鮎川信夫、島尾敏雄、山下菊二など多少でも袖すりあわせた文学者、画家などが急死して、それから息もつけずにこの雑誌『試行』に寄稿者として関わりのあった磯田光一や近藤渉が亡くなった。私事をこの背後に重ねることを、ほんのちょっと許してもらえば家人の親の死と家人の病気入院と退院があった。凄いもんだなあ（自然というのは）と心のなかで繰返し、ときには口に出しながら、無我夢中で、てんやわんやの数カ月だったよ。これはどこかで突っ張らないと際限がないぞという迷信じみた思いが実感だった。やっとすこし生活リズムが蘇ってきた。鮎川信夫や島尾敏雄については短いけれど追悼の言葉を書いた。磯田光一さんについては、その機会を与えられなかったのでここでいってみたいよ。磯田光一さんは文壇世界にいるひとで、おれのことを早くから読んで理解の言葉を放ってくれたただ一人の批評家だった。この批評家がいなかったらスターリニストとその同伴者の政治意識と文学的純粋意識との寄合い世帯である文学世界に、おれがひき合いにされる機会は皆無だったろうな。磯田さんは理解魔だったから、もちろん誰にたいする評価も私情の混らないものだったけどね。これだけの広角レンズをもった読み手、論じ手はもう現われないだろう。私的な交流はなかったけれど、亡くなってからも懐かしい感じだけがのこるんだな。初期の磯田さんは理解魔すぎて批評の文体が小うるさい感じを与えた。だが『永井荷風』を終えたときあたりから、画然と飛躍して、おれなど及びがたいなと思えるところがでてきた。文献の律気な読みの累積が、文体のなかで生命の光を放ちはじめたんだよ。つまり理解魔が天道に孔を開けはじめた。

客　きみ（吉本）らしくない。いやにもち上げるじゃないか。生きているときに評価すればいいのに。

主　いや生きてるときも評価したよ。きみが読まなかっただけだ。磯田光一さんに届いたかどうかわからないけど。それに病弱で喘息の持病をもっているのは知っていたが、おれより先に死ぬとはおもってなかったもん、仕方がねえよ。近藤渉はもっと若かったからなおさらそうで、近くの病院に入院しているのは知ってたけど、お見舞もしないうちに亡くなった。連載中の『「英将秘訣」論』が最後の力作かな。橋川文三の異端の弟子だった。これからやれる人だったのにな。

　磯田光一さんは荷風を論じるために、作品や荷風の生き方を調べてゆくうち、文明の尖端を生きながら隠者である荷風の生きざまともいうべきところを、影響として受け取っていったとおもえる。それにつれて批評の文体や内容は、だんだんわずらわしい感じがなくなっていった。狭い文学者仲間の動きを論じているばあいにも、その外に架空の場所を構築して視線を複眼化することができるようになっていった。それから後の磯田光一さんの評論は立派なものだったな。荷風論のバイ・プロダクツとして『鹿鳴館の系譜』ができ、『思想としての東京』ができ、じぶんが半ば無意識で初期に選んだ三島由紀夫論や英国浪漫派文学の研究との脈絡がつくようになっていった。

客　磯田光一は病弱で独身者だとおもわれていたのに、奥さんがいたというので、鮎川信夫の誰も知らなかった奥さんの出現と一緒に、話題になっていたな。二人とも英米文学畑のひとで、私生活を隠匿するのは英米文学畑の特徴かな、などといわれたな。

主　磯田光一さんによき理解者である人がいることは、ずっと初期のころに磯田さんから直接きいて知っていたよ。鮎川信夫の夫人が最所フミさんだということは、まったく知らなかったから、びっくり仰天したぜ。おれがこの人がそうかなと見当をつけていた人とは、まるで違っていた。なぜそんなにまで伏せたのか、よくモチーフがわからないな。身辺を匿すことにエネルギーを使いすぎたために、鮎川信夫の文学的な開花は犠牲にされたことは確かだ。もっとも、鮎川信夫の内部では、生を貫ぬく現実の態度を持続することに比べたら、詩や文学の表現はたいして重要でないとおもわれていたかもしれないんだ。文学的な仕事も重要なことだと思い直して、詩をやめて本気で丁寧に本を読んで時評など書きはじめたのは、晩年の一、二年くらいだ。だがすでに遅く、突然の死がやってきてしまった。その意味では心残りだったとおもう。おれや川上春雄さんはかれに本格的な『神曲』論を書いてもらおうとして、反訳資料をできるだけ集めて提供したりした。それも思い出話さ。

客　きみ（吉本）は晩年の鮎川信夫から忌避されたり批判されたりしていたな。きみのほうはどうだったんだ。

主　鮎川信夫はおれが『マス・イメージ論』でサブ・カルチャーを評価しはじめたことが気に入らなかった。それはすべての左翼や文筆インテリとおなじ感情で、おなじ理由だ。どう評価したか、どうして評価するのかなどはどうでもよくて、評価したことが気に喰わなかったんだよ。日本の近代批評以後の批評が当面している問題がどんなことか、ほかの左翼やインテリとおなじように、鮎川信夫にわかるはずがないから、説明しても仕方がないんだ。そんなのどうってことない感情的反撥の一種だった。ただかれのわたしへの批判が、粗雑であんまり読めていないことに落胆したな。鮎川ほどの人でも読みの正確さがない主情的な批評になってしまう。なあんだと思ってしまって、おれのほうも本気で付き合うのを、きっぱりやめた。

客 三浦和義の評価でもきみ（吉本）と喰い違っていたな。よくかんがえると親米反ソの鮎川と反米反ソのきみ（吉本）とも、思想の根拠がまるでちがうものな。それがむき出しにならないうちはよかったけれどむき出しになってくると、その点の喰い違いもはっきりしてしまった。これも晩年の不一致だと外からは見えたな。

主 そうなんだ。鮎川信夫は晩年、眼からウロコを落していいたいことを書きはじめると、鮎川の言説からそれが露出してきたんだ。初期鮎川は、わたしたちの年代に、敗戦直後「祖国なき精神」と「デモクラシー」の重要さを教えてくれたんだ。わたしたちの年代は、それを骨髄に滲みとおるように学んで、そこから戦後を生きる望みをつないだ。だが晩年の鮎川は祖国日本のナショナリティの手ばなしの擁護、天皇制の擁護に変わってしまった。埴谷雄高のスターリン体験帰りとおなじように失望したな。また三浦和義のことについても、アメリカなら民衆にリンチされて、ピストルで撃ち殺されても仕方がないなどと書き出して、「デモクラシー」などどこかへすっとばしてしまった。一個の殺人容疑者は三浦和義であろうと平沢であろうと、法が殺人者と判定を下し、本人がそれを容認しないかぎり、どんなことがあっても傍から殺人者と決めつけたり、撃ち殺したりしてはならない。それは「デモクラシー」の大原則ではないか。鮎川はかつて自分がわたしたちの年代に教えた大事なことを、自分で忘れてしまったんだよ。おれのほうもこれはいかんとおもって忌避したよ。かつて反スターリニズムの言説で、おれたちに深刻な影響を与えた埴谷雄高が、反核を契機にスターリニズムのなかに姿を没してしまったのと同様だよ。埴谷の反スターリニズムなどは、何の苦痛もいらない、そのときどきの雰囲気だけのものだったんだよ。

おれは、孤立を支払い知友との断絶を支払ったが、公然と主張をとおした。反核、反公害、エコロジー宗派の反動たちは、おれが変節したなどとデマって気勢を殺したいのだろうが、どっこいこういう政治的な屑など自滅させるまでやるさ。こいつらは枕を高くして眠ることはできないよ。

客　しかしきみ（吉本）は、島尾敏雄の追悼式や埴谷雄高を励ます会の発起人に名を連ねてるじゃないか。あんなまぎらわしいことをすると、きみ（吉本）をひそかに支持してきたものは、なんだ馴れ合い文壇かとがっかりするぜ。また兵頭正俊や牧田の言説をだしにして、きみがファナチズムやテロリズムを容認したようなことを書いた、匿名批評が東京新聞「大波小波」にあったと教えてくれた奴がいたぜ。

主　ふざけちゃいけないよ。兵頭正俊というのは、『試行』に投稿していた原稿を返却してくれといって引きとって、三一書房に売り込むに際して、陰湿にもおれについて批判がましいことを加筆したんだ。驚くべき卑劣なことをやったんだ。左翼にはよくいるタイプだ。それが真相だよ。どうしてこの男はおれに怨念をもったのかといえば、兵頭の評論集に本屋から頼まれて書いたおれの解説が不服だったんだ。おれは兵頭正俊に権力をもたせたら、スターリン、ロシアや毛沢東、中国のように、平気でそのときどきの風の吹きまわしで、歴史を偽造できる男だとおもっている。兵頭のような自分に不利なことは毛の先ほども公表されたくなくて、しょっちゅうハリネズミのように神経を緊張させている弱い心をもった男は、運動者など気取らないほうがいいんだ。埴谷雄高がいざとなれば、他人の私生活について有ること無いこと書き立てて、ひとを陥れることができるスターリニストだというのを、自分で暴露したのとおなじだよ。おれは個人がどんな人間性の持主であってても容認するし、容認できなかったら黙って付き合わないようにすればいいとおもっているが、こういう人間の欠陥や弱点を組織化した集団理念などを、ごろつき集団としてしか認めないね。兵頭や埴谷はそういう集団理念の犠牲者だということを露呈したのさ。

牧田には一度だけ会ったことがある。いいたい放題のことを書いた本を出したいので、跋文を書いてくれないかと頼みにきたんだ。いいけど読まないで跋文を書くのも不見識だから、出来たら読ませてくれませんかと返事した。そのとき四方山ばなしをしたが、好感のもてる男だという印象をうけた。おれだったら、父親の掌にのってただのペンションのおやじさんになってしまうという挫折の仕方をするだろうなというのが、その折の心のなかで抱いた牧田への感想だった。だけど政治的な怨念を違ったふうに解放したいという心も痛いほどわかったから、文章さえ立派だったら跋文を書こうとおもった。『試行』の直接購読者でもあったしな。

おれは反安保全学連シンパ第2号（第1号は清水幾太郎）といわれたが、組織的には全学連にも、六〇年以後の叛旗派にも何の関係もなかったし、それらの組織行動に首をつっこんだことも一度もない。はっきりしてるんだ。おれが組織的な責任をもったのは、幽霊のように寄せ集まり、幽霊のように解散してしまった六月行動委員会という臨時の任意集合体だけだ。これもはっきりしているんだ。

だいたい東京新聞という商業新聞がこういう問題にどんな関係があるんだ。編集者にスターリニストの犬がいて、お座敷批評家とツルんで、こういう嫌がらせをして、ケチをつけたつもりなんだ。

客　きみ（吉本）の存在がなかったら、物書きの世界は、ソフト・スターリニズムの平穏な支配がつづくものな。きみ（吉本）の存在がにくくて仕方がないんだよ。ただ存在することがな。文学者の反核でも、公然と意見を開陳して、ロシアのままにならなかったのは、日本ではきみ（吉本）だけだものな。土井淑平とか松下竜一のような遅れてきたスターリニストが、百万言を費したって駄目だよ。過ぎていったスターリニスト宮内豊と同様にね。

主　遅れてきたほうも、過ぎてったほうも、おれを論破したつもりだとさ。吹き出したね。群盲、巨象を撫でるとはこのこったよ。ぐうたら記者の給料や通俗小説で稼いだアブク銭で反核、反原発、エコロジーという新興宗教やってやがる。結構な御身分だよ。

客　ふざけた野郎たちだよ。そんなに原発が止めたかったら、この男は手前が直接止めに行ったらいいんだ。そこでは優れた実験物理学者も労働者も働いている。どぶ鼠ぶらないで公然とそれらの科学者とか労働者と話し合い、科学技術が何であるか、どうすれば現在の技術水準で最上の安全装置が可能か追求したらいいんだ。科学や食い物にまで政治を持ち込もうとする最低のエコロジストばかりが、与太な文筆業者のあいだで、いい顔してるんだ。大衆をコケにして、道連れにしやがってさ。馬鹿な奴だねえ。いつでも正義の外観を杖にもっていないと不安なもんだから、食物からエネルギーから天然自然から喫煙まで、みな党派政治にしてしまうんだ。こいつらは自然を守れとか緑の党だとか自然食だとかいうが、自然のなかに公害物質である砒素みたいなスターリン「政治」を混入して喰わせようとしているのは、ほんとはこの連中なんだよ。自然や食べ物を小うるさい政治で味つけしてしまっているんだ。そしてそうでなくてさえ人類をノイローゼの逼塞感のなかにひきこむ作用のある文明の現在に拍車をかけて、民衆の日常生活さえ、引張りこんでしまう。ようするに現代の高度文明のもっとも病んだ部分の体現者がこいつらなんだ。

主　エコロティズムとテロリズムは、現在の左翼的な退廃のふたつの形態だよ。土井某と松下某がお手々をつないでしまうのは、いわば必然なんだよ。エコロティズムなどという噴飯ものの「イズム」を発明した新興宗教と、東アジア反日武装戦線などという、まったくわけのわからぬふざけたものの宣布者だからな。スターリニズムのソフト・ウェアとハード・ウェアなんだ。現在の高度資本主義が歴史の無意識にゆだねればどうなるか、この欠陥はどこでどう克服が可能なのか。また現在の社会主義「国」は歴史の無意識にゆだねればどうひとりでに解体してゆくか、またこの致命的な欠陥はどこでどう克服すべきか。こういう課題を回避することでエコロティズムを政治宗教の信仰目標に転化することなど、逃亡と無知以外の何ものでもないよ。土井某のやっていることはそれだ。イリイチは文明と近代科学を呪詛する気狂いじみた魂をもっている。実際に会ってみるととうてい話が通ずる思想家ではないことがわかるが、その気狂いじみた呪詛だけはよくわかるよ。土井某のようなスターリニスト崩れの不徹底なエコロジストの取巻きなどとまるでちがうよ。土井某のような、科学を否定するわけではない、科学主義を拒否するのだなどといっている不徹底な日本のエコロジストなどがイリイチをもちあげるのは、阿呆としかおもえない。またイリイチが宇井純や日本のエコロジカルな取巻きを持ちあげたりするのも、また冗談としかいいようがない。イリイチをめぐるこの連中は、現代文明を呪詛する気狂い集団の雰囲気以外の何ものでもないとおもったよ。それにイリイチが接触している日本の知識人が与える情報で、日本の現在をイメージ化しているので、じつに軽薄な日本認識しかもとうとしていない。それも哀しいことだとおもったよ。F・ガタリとおなじだよ。日本のほんとの思想の体験と根柢を判ったふりして、なめてはいけない。

客　それはイリイチだけじゃないよ。ファシズムとスターリニズムが、ヒューマニズムにたいして、おあつらえむきの清潔主義の接触断面を作って、進歩派、平等主義者を吸引しながら、裏側で惨憺たる残虐や民衆弾圧や手段をえらばない謀略で反対者を圧殺してきたごろつきまがいにしかすぎないように、知的国際主義は善意と絹のハンカチと表層理解で接触断面を飾り立てて、それ以上に相手の理解へ踏みこもうとする意志を圧殺して済ましてしまうんだ。底までいったら、もうどんな相互理解も成立しない程度のものだよ。現在の国際「間」の思想と哲学と文学の理解力の段階は。

鮎川信夫

別れの挨拶

鮎川信夫さん。

死者にお別れするこの国の風習にしたがって、貴方への挨拶を申し述べます。

ほんとを申せば、もう一年余りまえに、貴方は無言のうちに、わたしへの別れの挨拶をされ、それは確実にわたしに伝わっておりました。

あるとき貴方は、善意の優しさを与えつづけるために、こらえにこらえてきた長年の忍耐の辛さを放棄されて、本音の世界に入られたのでした。そのときから、貴方の晩年が始まったのだとおもいます。

以後、貴方が書かれる時評の筆は冴えわたり、伸びのびとした表情に溢れるようにおもわれました。それと同時に他者の心を自分のなかに無限に繰りこんで、内部に均衡を作り上げる、かつての貴方の方法とは異なった、即興の危うさのようなものも文脈のなかに混ってゆくのを感ずるのでした。わたしは貴方が戦後にはじめて、ご自分を野放図に解放されたのだとおもい、喜ばしさと一緒に、一抹の寂しさをも覚えたのでした。

いま改めて、貴方の本音の世界が何だったのかということをしきりに考えます。貴方の詩の作品が戦後早く書かれた「死んだ男」から晩年にちかい「宿恋行」にいたるまで、いつも湛えている情感があります。それはいってみれば生まれてから死ぬまでのあいだ、この現実の社会に身体を繋ぎとめておくために、誰でも必要な最小限の日常生活でさえ空しいと感じているような、底深い厭世と、身を消してしまいたい願望でした。そこからわたしたちへの無限の優しさと思い遣りが射しこんできたのだとおもいます。貴方の詩や批評の主題が、現実の社会に積極的な肯定や否定の意味を見つけられるときでも、貴方の虚無の情感や、そこから射してくる優しさのほうが、主題の意味を超えてしまうのを、どうすることもできなかったと存じます。

貴方のこの情感の由緒がどこからやって来るのか、ほんとは誰にもよく判らない謎だったと存じます。

わたしたちは、それが戦争の体験から由来するかのように評したり、反社会的な情念から由来するとみなしたり、保守的な理念の確信から出てくるものだと解釈したり、してきました。貴方の詩や批評の言葉も、幾分かずつ、そんな判りやすい衣裳を、わたしたちに見せておられたとおもいます。

けれどいま、晩年の詩でしきりに貴方が望まれた「樹木」や「河原の石」に、貴方が帰られた日の、季節にしては冷たすぎる風の響きを想い起こすため集まったこの場所では、そんな理解がすべて浅薄に感ぜられてなりません。いささか異なった理解を附け加えたい気がしきりにやってくるのです。

この日常の世界にひきとめておく手立てもないような、貴方の深い現実厭離の思いは、もしかすると遠い幼年の日に、誕生と同時に、父母未生の根拠から受けとられたものではないか。そう解するのが、いま溢れてくる哀しさと清々しさにいちばんふさわしいように感じられます。

貴方の死と一緒に、戦後詩の偉大な時代が確かに終わりました。それとともに幼年の日のエディプスが偉大でありうる時代が終わっていくのだと存じます。いまその場所に立ってお別れの礼を致します。

島尾敏雄

戦争世代のおおきな砦

十一月十二日夜遅く、島尾敏雄がとうとう亡くなった知らせを受けた。脳の血栓と内出血を手術して、意識が戻らないまま重篤だという情報から、十数時間しかたっていなかった。頭のなかがあつく熱をもって、奥のほうで泡立《とりで》ったように感じられ、だんだん徒労感に変わってゆく。そして頼みとしてきた同年代の砦が、つぎつぎに破られて、死が何だかじかに身に迫ってくるのを覚える。これからは裸なのだ。

わたしたち戦争の年代が、島尾敏雄を頼みと感じた理由のうち、いちばん大きなものは、かれが戦争体験の表現を、じぶんの宿命的な資質の根に届くところまで追いかけ、描ききった点にあった。戦争はいつも諸個人の手の届かないところからやってきて、諸個人を巻きこんでゆく。戦争に出あったかどうかというのは、たまたまその時代に生まれあわせたかどうか、という偶然にしかすぎない。

だが島尾敏雄の文学は、戦争をじぶんの宿命的な資質が演ずるドラマの舞台のように体験しえていた。秀作『出発は遂に訪れず』は、人間魚雷をあやつる特攻訓練を積み、一度出撃すれば必ず死である行為を迎えるために、心のためらいを自死のイメージにまで高めてゆく言葉に尽くせない葛藤《かっとう》を経たのち、いよいよ出撃を迎える日に、終戦となって、いわば死から突如引き外される体験の物語である。

かれの文学はこの物語のパターンを幼児体験に結びつけた。何かしようと決心し、弱気のしりごみと不適応を、やっとのことで踏みこえて、ことが成就するはずの瞬間に、思いもかけない障害が外からやってきて挫折してしまう。じぶんの幼児体験を繰り返し、繰り返し襲った行為のパターンが、この戦争物語の世界に運命のように、吸い寄せられ、挫折の体験として酷似してしまう。そのどうすることもできない宿命のパターンを、島尾敏雄は生涯描き出していった。

かれの戦争体験の宿命的な物語のなかで、ただひとつそこだけが明るく輝いていたのは、人間魚雷の基地のあった南の島（奄美の加計呂麻島）で、その島の長老の娘であった夫人とのひそやかな恋愛物語である。この恋愛物語は、戦争に敗れたあとで、作者の神戸、東京時代の生活にまで持ちこたえられて、開花する。そして平安な日常生活の繰り返しが、精神をいつかちぢこまらせていくにつれて、逆説的に破局にまで追いつめられてゆく。

この恋愛物語に、夫人以外の女性の陰がさしはじめ、それが気配になって生活にあらわれるにつれて、夫人は神経の異常にさいなまれるようになり、恋愛物語は、しだいに夫婦のすさまじい修羅物語に変化してゆく。それが傑作『死の棘』の世界であった。

わたしたちが強調しなければならないのは、ここでもまた、幼児体験や戦争体験とまったく同じ宿命的な資質のドラマが演じられたということだ。主人公は陰の女性の気配を背負いこんで夫人を狂気にまで追いつめ、夫人の狂気からくる執ような攻めたては、主人公を自殺のほかないところまで追いつめる。そしてこの極限のところで、主人公は自殺によって夫人からも、狂気のおぞましさからも、家族の崩壊からくる娘の失語からも逃れて、死の世界へとびこえようとする。するとまたあの宿命的な挫折のパターンがやってきて、解決をひき外されてしまう。

島尾敏雄の文学を、体験の文学としてみるならば、あるひとつの強力なパターンをもって繰り返される宿命的な挫折と、その挫折をめぐって展開される資質的な悲劇の物語だといってよい。人間はなぜ行為し、体験を積み重ねるのか。それは挫折するためだ。だがただ挫折するためではない。じぶんの資質が宿命的に描いてしまう固有の挫折の仕方に出あうためだ。

これが島尾敏雄の文学が、わたしたちに啓示してみせた理念であり、思想であった。人間は挫折しかできない存在なのだろうか。これにたいする回答は、かれの内面ではとても困難だった。わたしはかれがひそかに用意した回答は、そうだ、人間は挫折しかできない存在だというものだったような気がする。かれがだれも、どこにも、誇示しなかったひめやかなカトリック信仰は、そこに要所があるようにおもえる。

かれの文学は一方で、じぶんの宿命的な挫折を逃れるために、一連の超現実主義的な作風を生みだした。それは現実と視覚的イメージの世界を、重たい糊でつなぎあわせて、一枚の通路にしてしまい、そこを挫折のない自在な足どりで渡ろうとしたものだった。挫折の宿命を重たい糊で転化できたため、そこでは特異な、わが現代文学ではまれな芸術的な純粋結晶の世界をつくりだした。

黒田喜夫

倫理が痩せ細らせた

1

主 この欄で文学者の「反核」声明にはじまる「反核」運動の批判をやったあと、「アジア的ということ」をすこしすすめて、また中休みなんだ。久しぶりだぜこんなのんびりした気分になるのは。

客 きみが「アジア的ということ」をやっているあいだに、さまざまな批判が『「反核」異論』をめぐってあったよ。きみは読んでないだろうがな。

主 そりゃあ、ほとんど読んでいない。読んだって仕方がないもん。予想外の視角からの批判なんて、ありうるはずがない。あの『「反核」異論』は、十年くらいの射程距離があるつもりだから、十年もたったらまた読んでくれればいい。それまでは捨ててもいいし、しまっておいてもいい。そんときになって、古本店のゾッキ棚から、二束三文で買ってくれてもいいよ。いまは読んでくれなくってもしょうがねえや。ほんとは後記にそう書きたかった。現在のまんまなら『「反核」異論』への反応は三つしかない。〈あすこまでやる〉とはおもっていなかったと高をくくっていたスターリン主義者、同伴者などのヒステリックな反応。おなじように〈あすこまでやる〉必要はないんじゃないか、ああいうバカたちの反応をほっておけばいいという中性的な反応。もっと根柢的にやれという反応。

　ロシアで創設され、駄目さ加減がほんものになってきた二十世紀最大の〈知〉の宗教が、いまでも日本で、あれだけの底力があるとは、おれのほうもおもっていなかった。内心では舌をまいたな。こっちのほうもかれらが〈あすこまでやる〉とはおもっていなかったな。でもあえていわしてもらえば『「反核」異論』で、おれははじめて世界的な水準でだけ論理を持ちこたえようとした。とてもきつかったけれど、はじめてのいい体験をして、たくさん得るところがあった。思想の世界的な持ちこたえ方のきつさと勘をつかんだ。

客　岡庭昇とか菅孝行とかいったスターリニストの飼い犬も相変わらずだめだし、「われはその人を知らず」などとほざいてみせた山本啓のような奴も、ほんとにだめだ。ソ連の「核」は許容するが、アメリカの日本や西欧への「核」配置や持ち込みは反対だという

「反核」なのか、それともソ連でも、アメリカでも世界戦略的な「核」軍備や「核」配備はすべて反対だという「反核」なのか、はっきりした見解がないならないでいい。またソ連やポ共の「連帯」弾圧の是非について、はっきりした見解をもてなくて、迷っているならいるでもいいさ。だが、そんなならつまんねえお喋言を「反核」についてやったり、「反核」に批判的な言論を狙いうちにするようなことはやらずに引っ込んでいればいいんだ。「核」戦争反対をさえ政治的にもてあそんだこの連中、その背後をささえるソ連で発祥した〈知〉の宗教、それは資本主義が人類史の〈無意識〉の悪を象徴するとすれば、四十年まえのファシズムとおなじように人類史の〈意識〉的な悪を象徴するというのは自明だからな。

主　こんどのロシア戦略にたいして、チェックなしの「反核」運動の思想のなかで、岡庭昇とか菅孝行とか山本啓とかは、ジャーナリズムのうしろにいるスターリニストに、編集者を介して踊らされたつまんない存在なんだ。せいぜい強制収容所の主任くらいしかつとまらないさ。最終的にくっってしまえば、民衆の「善意」は、卯の毛のさき、羊毛のさきほどでもあれば、必ず収奪せずにはおかないファシズムやスターリニズムのような二十世紀の「知」的な宗教の怖さなど、まったく内在化したこともない。ただの学生運動くずれなんだ。こんな連中はエンゲルスの言い方をかりれば「なかのものをくだらぬならず者にしてしまう」装置の匂いをかいだことがあるインテリなら、誰でも感染する程度にしかすぎないさ。

おれはこんどのいかがわしい「反核」運動の中心をささえた思想は、黒田喜夫みたいな存在ではないかと思い至った。真面目でそれなりに「くだらぬならず者」の装置を信じて、そのなかで辛酸をなめ、離れないまでも屈折した心情で、ロシアに発祥したこの〈知〉的な宗教自体は、まだ信仰している。批判したい心が生じたら、耐えしのんでじぶんの罪責感に転化して内向する。心はいつもその教義の枠組に触れる以前のとこで、折りまげて屈折させる。菅や岡庭や山本などどうでもいいが、黒田みたいな存在についてなら、すこしいってみたい気がする。おれはこんど出た黒田喜夫の詩論集『人はなぜ詩に囚われるか』を読んで、おれのこと名ざしたり、あてこすったりして結構批判しているのを知って、へえっと驚いた。この真摯さの質的なまやかしについてひと言いってみたくなった。

客　そりゃあ、黒田喜夫は真摯だよ。岡庭や菅は、デマをでっち上げて、匿名で人を陥れることを平気でできる奴だが、黒田にはそれはできっこないからな。ただデマを信じ易いじぶんを、いつも抑えよう抑えようとしているだけだ。だが岡庭や菅は存在すること自体で、スターリン主義のおぞましさを象徴して、かれらへの不信を増大させ、かれらを腐蝕自壊させる作用をするだけだが、黒田喜夫の存在は、ほんとの意味でかれらを支えている。黒田の人柄と真摯さは、その意味では岡庭や菅などよりずっとたちが悪いともいえるさ。おそらくレーニン時代から、民衆を弾圧し、反対意見を強制収容所に送りこんで死なせたり、反乱する大衆を大量虐殺した以外に、そんなに民衆の歴史に寄与したこともないのに、民衆の解放を表看板にした組織を、ほんとは底辺で支えてきた主観的にまじめで、屈折した信徒の象徴みたいな存在なんだ。こういうまじめな信仰者にかかれば、ソ連の強制収容所から、ポル・ポトの大虐殺まで、ぜんぶ信仰者の内面的な苦悩に置き換えられて肯定されてしまうんだ。民衆弾圧や民衆虐殺を苦悩に内向させるのは善だが、批判して外向させるのは薄っぺらな悪だとおもってるんだ。〈教義〉が民衆の解放である集団の行為は、その集団の内部のメンバーの内面の苦悩と祈りで代償される。虐殺であろうが弾圧であろうが、政治的、経済的な解放の反対になっていようが許されてしまう。〈知〉的に増長した大衆のもつ真摯さの一般的な傾向だよ。一般大衆はこんな宗教団体のメンバーでもなければ、シンパでもない。また人類の歴史はこんな宗教団体に仕えるためにあるのでもない。大衆はじぶんを虐殺したものは、即物的に虐殺者以外の何ものでもないとおもうし、政治的にも経済的にも解放してくれなければ、インチキ宗教以外の何ものでもないとしかかんがえはしない。それが唯一の判断の規準さ。

それに黒田喜夫のなおいけないところは、じぶんはレーニンやスターリンや毛沢東の理念を、批判的に検討する知力も器量もない、たとえあったってじぶんが生涯を注ぎこんで信じた装置を、身軽に論理で斬り刻んでみせて、痛みを感じないほど、鈍感にはなれない、そういえばいいところを、気力と知力をふりしぼってかれらの誤謬を削り出そうとする〈知〉的な努力と仕事を、「たかくくり」だなどと脅かして、内在的な苦悩のポーズのなかになし崩してしまうんだ。信仰者の痛みの表情で救済されるのは、宗教団体の内部だけで、人類の歴史も民衆も救済されはしないさ。

だいたい黒田喜夫が、地方の貧農の子供で喰いつめて窮乏に耐えて、都会へ家出してなどという閲歴を凄んでみせるのは、きみが喰いつめて郷里を追われて都会へ出てきた舟大工の三男坊の窮乏生活の苦悩の体験を凄んでみせるのとおなじじゃないか。また日本共産党の組織内活動の体験を凄んでみせるのは「なかのものをくだらぬならず者にしてしまう」装置に青春を入れこんだ馬鹿さ加減を凄んでいるだけじゃないか。いい加減にしろ。ヒラヒラと軽妙に、朗らかに生活を享楽している生涯も、黒田みたいに身も心も信仰に入れあげて、健康を損なって病んでいる生涯も、含みも重味も陰影も嗤いとばして、論理の戯れに身をやつしている生涯も、体験思想としてみれば絶対に等価だ。黒田やその擁護する理念の周辺でうろついている政治的、あるいは思想的な小僧などが、あなどれるような生涯などどこにもないんだ。おれたちは黒田やその擁護する理念をあなどったことはあるが、ありふれた生活者の生活や享楽をあなどったことなど一度もないさ。人間観も理念の根拠も、まるで徹底的にこの連中とちがっているんだ。そこまではっきりとつかまえないで、どうして歴史の審判に耐えるものか。黒田が現在も手を触れずに、その以前のところで内在的な悶えに転化し、内攻してしまうことで、結局は居直りで放置されてしまっている理念など、歴史は過去のファシズムとおなじ程度の価値として必ず断罪するにきまっているさ。それに眼をふさいで逃げようとしているんだ。ちゃんと眼をあいて視ておれ。おれたちが黒田を死なせないさ。できるならば軽快にな。

主　おれもきみのいうのに同意だ。黒田喜夫のなかで少しでも意味として残っているのは「病気」、それからくる「貧困」と、「聖なるじぶんの過去」あるいは「過去の聖化」の暗喩としての詩作品と、「聖なる過去」の不可視の枠組を、自己破壊せずに温存しているために、屈折し内攻して、それが含みになっている詩的言語の陰影だけだ。それ以外に深刻なものなど何もありはしない。深刻な身振りだけ、つまりじぶんでえぐりきれないじぶんの嘘があるだけだ。

> ——日。辻々の塞の神と自動販売機という想念にとらえられる。わが歩む者の日々に逢うべきはこれだ。のみならず自動販売機に乞食するという行為のイメージ。
> （中略。近所の自動販売機のある場所と種類の列記）
> けれども魯迅の「乞食者」の憤怒よ。わが歩む者は清瀬村の辻々の自動販売機に乞食せよ。一九二四年のアジア人の夏の憤怒は、ここでは願わくばシリアスにではなくコミカルに。力あるなら卑小に、あくまでも反英雄的な身振り手振りに。

夏の午後ふかく
心ではなく軀身燃えあがらず
しきりに爁るとき魯迅を読んで耐えましょう！
と《見知らぬアジアTV》のコマーシャル・スポットが囁く……
とこんな風にである（註・魯迅詩集『野草』の「乞食者」を見よ）。

——日。終日、「アジア的」なるものについての論議を読む。しかし想うに、アジア的身体から謂うところのマルクス思想（マルクス主義にあらず）を救抜するとは何か？「アジア的」なるものからの責《せめ》を逃れて（世界史の窮極的時間への段階整序！）救われるマルクス思想とは？　救いを求めているのはアジア的身体の方だろうに！

生きようとして生きられているもの、その裂目である身体に介在しないことで救抜される思想とは、実に論者自体が救抜されるだけのことではないのか。……等々のきょうの思念の歩みは、またもや辻々の塞の神と自動販売機どもに逢うだろう。土埃、土埃、関東ローム層の土ぼこり……。

（黒田喜夫詩論集『人はなぜ詩に囚われるか』所収）

いつもおなじ嘘のまわりをめぐって、うめき声をあげているふりをしてみせる。「自動販売機」が、温かいうどんや、出来あがったカップラーメンや、カンのついた清酒や、ホット・コーヒーを取出口に出しはじめたとき、わが国の現実上の「アジア」（意識としての「アジア」ではない）は消滅してしまった。黒田喜夫などがうめいてみせるふりをするのは、余計なおせっかいなんだ。地方農村から大都市へ流れてきた下層の労働者や、季節ごとの出稼ぎ農民や遊学の学生にとって、こういう即席の食料が、自動販売機の取出口から貨幣と引き換えに出てくるようになったことが、かれらの孤独な生活と余分の労力をどれだけ救抜し、改革しているかを、当然じぶんが真っ先に実感しなければならないのに、黒田は知らんふりして、これを呪詛してみせる。ほとんどポーズでしかない。救われるのは黒田の痼疾となった思いこみだけだ。われわれのなかにあるのは意識上の「アジア」であるのに、じぶんの「アジア的」な思いこみを取出して、自己検討を加えようともせずに居直っている。いつもおなじ居直りだ。

もっといけないのは、じぶんは世界認識にもマルクスの思想にも言及する〈知〉的な努力も覚悟もないし、「マルクス主義」を批判する論理もないといえば済むところを、「その裂目である身体に介在しないことで救抜される思想」などときいたふうなことをいう。じぶんの身体が介在したはずの思想も、集団も、民衆も、じぶんの意識が実感しているはずの「アジア」も、じつは何も救抜しない架空のものだとおれにいわれているのが辛いだけじゃないか。

おれも黒田喜夫とおなじように、逆のことをいってやってもいい。人類の全知識の累積のうえに根をおかない思想は、必ず滅びる。もちろんそれに立脚した運動もな。またマルクスのように激怒した身振りをしてみせてもいい。無知が栄えたためしがないとね。うめいても、怨恨しても、呪詛しても、身体が介在し体験しても、無知が栄えることは永遠にありえない。民衆が解放されるということは、かならず黒田のような、民衆という理念の信仰を、その抑圧を、民衆自身が破砕し、のり超えることだということは、いうをまたない自明のことだ。だれが民衆の「神」であり、「迷信」であり、最後の抑圧者であるかというのも、すでに兆候が民衆自身の眼にみえてきつつある自明のことだ。

客　ロシアの「アジア的」な遺制が産出した強制収容所からはじまって、ポル・ポトの「アジア的」専制が生みだした大虐殺にいたるすべての病原を、オブラートに包んで呑みこんでしまっている黒田の「アジア的身体」が、細胞から病巣に犯されないとしたら、そのほうがおかしいんだ。

覚えなく翻った軀身は
土埃があがる路傍の
黙する一台の何か自動販売機の
箱型のまえに脚滞って

身振りの唖者の手がつきだされた　掌が開いて
わたしは乞食した
その路傍に開くひとつの商品の口に乞食したのだ

これが答えか
九月某日午後ふかく
わたしは手真似した
土埃あがる路傍の小さな商品の出口に
すると無為と沈黙とをもって虚無を得ないだろう
わたしはただその手ぶりを憎み記した
記しえぬポル・ポトは商品を虐殺した
記しえず商品と分かたれぬ人間を虐待したか　見知らぬアジアの何処かの夏の境に
と照葉樹林の名残りや
白亜スラムのつらなる路の沿りで
（『人はなぜ詩に囚われるか』所収「遠くの夏」）

さっききみが引用していたのが「後記」とすれば、これはそいつを詩の形にした「序」だ。おなじことだ。ポル・ポトの民衆虐殺も「アジア的」な解放を切望するあまりの苦悩に還元され、オブラートに包んで呑み込んでしまう。それで結果的には免罪されてしまうんだ。そうしてはこういう苦悩を理解しえないのは民衆を解放するためにたたかうものを理解しないなどといって済ましている。

きみのことを「自己の思想や理論に一義的に同調、帰依していない者は、旧左翼の思想から脱けられない者であり、おまけに旧左翼は悪でありバカであるといわんばかりの、こういう他者へのタカククリと風呂敷の拡げようの口ききを、日本近代と戦争の中からいままで生きたたかってきた者は決して信用しないのである」などといって批判したつもりになっている。黒田喜夫が一緒に「生きたたかってきた者」や組織が、「自己の思想や理論に一義的に同調、帰依しない者」は「悪でありバカである」といってきたし、いまも（たぶん未来も）そういってゆくだろうことは公然とした事実だが、きみがそんなことをいったなどとは、どこを叩けば出てくるんだ。

おれもおなじことをそっくりいえる。「苦悶の表情」さえ繰返していれば、悪も虐殺も許されるといわんばかりの旧左翼の居直りなどは、決して信用しないのであるというようにさ。

また黒田喜夫が人間の歴史がつみ重ねてきた知識の累積のうえに、理念を置き直そうとする者の営為を「或る種の言説家の現今の追随的な商売の庇」などという言葉でいなそうとする「タカククリ」などが、まかり通れるはずがない。すでにじぶんの「貧困」と「病気」が無意識のうちにじぶんの言説の武器と拠り所になってしまっているのに、それにすら気づかないで、つまらない者たちの理念の守護神になってしまっている。そんなじぶんの退廃に気がつかない。黒田の言説に顔を外らして黙る者があっても、べつに同意しているわけではない。こういう当惑をかんがえてみる力もなくなってるんだ。

おれは黒田喜夫がいまでも、性こりなく「そこにあるのは『左』をあげつらって市民社会に自足する責を逃れようとする卑しさ」などと低次元のことを口走っているのを真っ向うから否定する。そんな口ききが真だとおもっているのは、黒田のまわりにうろついているほんとにどうしようもない者だけだ。黒田喜夫にはもういってもわからないだろうが、「市民社会に自足する」人々も、じぶんでは「左」だと思いこんではいるが、民衆の抑圧と虐殺だけしかしてこなかったものに、寄与してきた人々も、まったく等価だ。「責を逃れようとする卑しさ」においてさえも等価なのだ。

すべての権力を否定するというところからのその言やよし。けれども、そういう根底的な観点から他者批判を樹てる身も、現なる市民社会を統べる権力の下に狂者にも乞食にも犯罪者にもならずに生きて在ることの、そこに「個人」などというものを自明に信じて在ることの、その背理の苦しさも悩ましさもアイロニイさえも、その対談の発言（鮎川信夫と北川透の「黒田三郎の死」をめぐる対談）ぶりには含まれていないのはどうしたことか――。（『人はなぜ詩に囚われるか』所収「詩と権力」）

こういう相も変わらずの〈倫理的な痩せ細り方の嘘くらべ〉の論理で、黒田喜夫はいったい何をいいたいんだ。また何ものかのために、何を擁護したいんだ、一度ぐらい率直にいってごらん。たとえ黒田喜夫が、鮎川信夫や北川透やきみ（吉本）よりも、少しばかり「市民社会を統べる権力の下に狂者にも乞食にも犯罪者にもならずに生きて在ることの」苦悶の表情を、余計に浮かべてみせたとしても、そんなことが意味がある良心の証しだなどとおもっていることが、根柢的に駄目なんだ。黒田はそんなことを気づかぬふりをして、逃げおおせるとタカをククっているんだ。われわれが「左翼」と称するもののなかで、良心と倫理の痩せくらべをどこまでも自他に脅迫しあっているうちに、ついに着たきりスズメの人民服や国民服を着て、玄米食に味噌と野菜を食べて裸足で暮して、二十四時間一瞬も休まず自己犠牲に徹して生活している痩せた聖者の虚像が得られる。そしてその虚像は民衆の解放のために、民衆を強制収容したり、虐殺したりしはじめる。はじめの倫理の痩せ方が根柢的にだめなんだ。そしてその嘘の虚像にじぶんの生きざまがより近いと思いこんでいる男が、そうでない「市民社会」に「狂者にも乞食にも犯罪者にもならずに生きて在る」男はもちろん、それにじぶんよりも近い生活をしている男を、倫理的に脅迫する資格があると思いこみ、嘘のうえに嘘を重ねてゆく。この倫理的な痩せ細り競争の嘘と偽瞞がある境界を超えたときにどうなるか。もっとも人民大衆解放に忠実に献身的に殉じているという主観的思いこみが、もっとも大規模に人民大衆の虐殺と強制収容所と弾圧に従事するという倒錯が成立する。これがロシアのウクライナ共和国の大虐殺や、強制収容所から、ポル・ポトの民衆虐殺までのいわゆる「ナチスよりひどい」歴史の意味するものだ。そしてこの倒錯の最初の起源が、じつに黒田喜夫のような良心と苦悶の表情の競いあいの倫理にあることはいうまでもない。黒田は（あるいは黒田的な）倫理と信仰の「苦しさも悩ましさもアイロニイさえも」倒錯の倫理なんだ。黒田は「現なる市民社会を統べる権力の下に狂者にも乞食にも犯罪者にもならずに生きて在る」幸福そうな市民たち、その生活の享受の姿、軽快な生活感性を肯定できないで、どんな凄味のある人民大衆の解放をやってみせるつもりなんだ。幸福そうな市民たち（いいかえれば先進社会における中級の経済的、文化的な余暇（消費）生活における賃労働者）が大多数を占めるようになることが解放の理想であり、着たきりの人民服や国民服をきて玄米食と味噌を食っている凄味のある清潔な倫理主義者が、社会を覆うのが理想でも解放でもない。それは途方もない倒錯だ。黒田喜夫にはおれのいうことがわかるか。おれたちが何を打とうとしているか、消滅させなければならないのか、どんな倒錯の倫理と理念だとおもってたたかっているのかわかるか。また鮎川信夫や北川透の存在と思想が、黒田喜夫などが擁護しているもの、また黒田が後生大事にしているものに比べて、どんな貴重なものか、かんがえてみるがよい。

旧左翼も新左翼もないし、日共も反日共もない。そんなの全部どうでもいいことだ。また自民党も共産党もない。また「社会主義」国も「資本主義」国もない。そんなことをおれ（たち）がつべこべいってみるのが趣味や目的だと「タカヲクク」って済ましている。

2

客　おい黒田喜夫の追悼文のなかで、清水昶が「ひとつ不思議なことがある。黒田喜夫は吉本隆明批判を、それこそねばりつくように論じているが、吉本隆明は正面から答えたことは一度もなかった。黒田喜夫は毎回、会う度に、吉本隆明は嫌いだといっていた。」（「たたかいの終わりから」『現代詩手帖』8月号）なんて書いてるぜ。

主　不思議でもなんでもねえさ。黒田喜夫がしんねり陰険にそんなもの書いてることすら知らなんだだけさ。『人はなぜ詩に囚われるか』という本が出版社から贈られたんで、はじめて読んだんだからな。批判も反撃も書きようもねえや。ただ読んだらすぐに率直な感想をいわしてもらったぜ。おれのイメージのなかでは、黒田は数十年まえのまんまだった。悪意をもたれてるなんて、これっぽっちも知らなかったし、そんな記憶もない。読んでびっくりさ。こんな程度の誤読しかできねえ奴だったんかってね。おれもいわしてもらうぜ。悲しい男よ。清水昶はだいたい勘ちがいしている。はじめからおれのほうが書かないことがわかっている（あるいは書くことを拒否している）雑誌や新聞でやられている批判などに答えようもない。また答える気もしねえ。それは批判ではないたたかいだ。おれは『人はなぜ詩に囚われるか』ではじめて、かなり執拗におれを批判したり、当てこすったりしているのを知って、へえっ！　とおもった。そして清水昶とはおよそ反対の感想をもった。これじゃ、おれにたいするたたかいにもなってなければ、批判にもなってないとね。エセ左翼特有の噂話情報と、病んだじぶんの身体と、不如意な境位への苛立ちをもとにした、まったく低次元な反発にしかなっていない。先号（62号）のこの雑誌の感想が、精いっぱいのところだ。それ以上いうことはない。ましておれが「ちゃんと眼をあいて視ておれ。おれたちが黒田を死なせないさ。」（「情況への発言」『試行』62号）といったのに、とうとう死んじゃった。おれは阿部岩夫とかいう人が「毎日新聞」で、黒田は『試行』のおれの批判を読んで〈悲しい〉と言ったと書いているがおれは信じないね。また〈悲しい〉という意味のなかに、じぶんの生涯と思想も、対立する他者の生涯と思想も、両義的に含む意味が籠められていなかったとしたら、残念だけどやはり、黒田は駄目だったなあというほかはない。おれのほうがずっと〈悲しい〉さ。

　おまけに清水昶は、黒田喜夫は吉本隆明は嫌いだといつもいってたと書いてるが、おれはにわかに信じないな。おれは黒田の人柄も詩もそんなに嫌いじゃなかった。また黒田とはもう何十年も会ってなかったが、黒田におれの人間を嫌悪しきれる素因をみたことは、記憶のなかに一度もなかった。嫌っていたというのがほんとなら、マス・コミが作った像にたいする黒田の薄っぺらな、いわれのない反感か、そうでなければ理念の決定的な差異からだ。理念の決定的な差異を問題にするなら、嫌いもへちまもない。たたかいたければ決定的にたたかうだけだし、おれはいつでも、誰とでも、どんな勢力とでも、単独でたたかう用意があると『「反核」異論』のあとがきで宣明している。それがおれの反核以後の立場だからな。

清水昶はその文章の終わりを「黒田さん、長い長いたたかいは、ようやく終わった。ただし伝言しておく。残された者は、たたかいを止めるわけにはいかない。」などと書いているが、誰と、どんな理念や勢力とたたかうのか、はっきりしたほうがいいや。そこが黒田喜夫のどうしても最後まで把握できなかったところだからな。そんな簡単に、間違いなくたたかう敵がわかるくらいなら、思想も詩もいらねえや。

だいたい清水昶は『人はなぜ詩に囚われるか』に収録されている程度の吉本批判が、ほんとの反批判に価するとおもうのか。あんなものは飲み屋の憂さ晴しとおなじで、病人のヒステリーでつっかかっているだけの低俗なものだ。本気で的を射てるところなどなにもない。眼を覆うばかり悲惨な言説さ。眼をあけて文字をたどって、おれの近年の本や言説など読んだことないんだ。噂の伝播でひとの評価をやるスターリニストのたむろする界隈特有の病いに侵されているだけさ。ただほんのすこしでも、おれの言動を読むまえに、自由で、フランクな瞬間があって、時間の深さを体験する思いが存在したらよかったのに。それがあったことを祈るだけだよ。いまはもう求むべくもない。

客　おたがいさまだよ。黒田喜夫は死んじまったから、しんみりするわけじゃないが、ゆとりもなくただ走り抜けるだけみたいな、現在のきみ（吉本）の危機感は「病人たちの制限された肉体が与える人生の断片を心情の無邪気な歓びのすべてをもって、一つの完全な人生であるかのように受け取るため」（リルケ『フィレンツェだより』森有正訳）に必要な「感受性と性格との深い繊細さ」を欠いているんだ。きみ（吉本）が欠いているとは敢ていわないが、そういう時間がきみ（吉本）を欠いているんだ。

黒田が骨の髄まで信じこんだ理念が、骨の髄まで欠いていたもの、欠いたまま黒田を死に追いやったものは、ざっと次のようなもんだ。

　少したってその若い婦人は言った、《告白するのが恥かしいのですが、わたくしは死んだも同様なのです。わたくしの喜びは本当に滓のようになり、わたくしはもう何も望んではいないのです》。わたくしは何も聞えないふりをした。それから突然嬉しそうな調子で叫んだ、《蛍がいますよ。見えますか》。彼女は首を振った。《あそこにもいますよ》——《ほら、あそこにも——ほらあそこにも》とわたくしは彼女を引張って歩きながらそう付け加えた。彼女は夢中になって数え始めた《四つ、五つ、六つ……》。そこでわたくしは笑って言った、《あなたは恵みを知らない人だ！　これが人生です。六匹の蛍、ほかにまだ何匹もたくさんいる。あなたは否認しようとなさるのですか》。（リルケ『フィレンツェだより』森有正訳）

ようするに蛍が数えられないのさ。お互いにな。そんなの自慢にも何にもならねえんだ。

主　きみのいわんとするところはよくわかるさ。おれは現在ひたすら走り抜けているだけで、ほんとには空を見ていないから、まして蛍を数える心が、呼びだしてもなかなかやってこないが、いわれている意味はよくわかっているつもりだよ。

ミシェル・フーコー

現存する世界最大の思想家が死んだ

ミシェル・フーコーが死んだ。現存する世界最大の思想家の死であった。かれはわたしたちのあいだに「人間」は現実のたくさんの具体的な物の秩序のなかに、目立たないようにはさまった裂け目にすぎず、いまから二世紀ほどまえにはじめて生みだされたもので、やがてもうすこし新しい考え方がみつけられれば、そのうちに消えてしまうものだということを、目のさめるように鮮やかに啓示した。

フーコーはこのことが、人間にとって「ふかい慰めであり力づけ」だと述べて、わたしたちの固くなった思考法を、決定的に旋回するよう迫ったのであった。かれのはりつめた、つきぬけるような考え方の構図のなかで、ただ人間は大事なものだと繰返しているだけの、ふしだらな、濁った、いつわりのヒューマニズムの思想の風俗が、どんなに洗われたか、はかりしれないものがある。

かれはこの世界が、わたしたちの気ままな解釈の共犯者でもないし、都合がいいように組み立てられた摂理に従うためにあるのでもないことをはっきりさせた。フーコーからみると、世界は解釈されるためにあるのではなく、変えるためにあるのだというマルクスの方法は、十九世紀の時代の知的な構図のなかに、すっぽりとはまってしまう、まったく安全な思想にほかならなかった。

フーコーのこの考え方はわたしに衝撃を与えずにはおかなかった。わたしたちの時代感覚が、もしかするとそうではないかとひそかにかんがえていたことが、率直にそして大胆に言い当てられたとおもわれたのである。

変えられることが安全な悲劇を生むほかないとすれば、世界は「絶対的な第一義」の言葉をめざし解釈され、その解釈の過程で新しい言葉を発見してゆくほかはない。けれど世界の安全な悲劇はそれにつきるものではない。「絶対的に第一義」の解釈の言葉すら、どこにも場所をみつけられないとすれば、出発点もなければ終わりもなく、カナンの約束の地もないままに、ただ往復運動を繰返す言葉を生みおとしているほかないのではないか。これがフーコーの思考が全体的な構図にわたるときの根本にある認識とおもわれた。

わたしたちはフーコーに、ロシア的なマルクス主義とまったく独立に、はじめて世界を認識する方法を見つけだした思想家をみて、心を動かされ、その展開を見つめてきた。だが、勝手な思いこみをいわしてもらえば、フーコーは自分の啓示した世界認識の方法の意味のおおきさを、じぶんでおそれるかのように、個別的な分野の具体的な歴史の追究に転じたようにおもわれる。かれのあとに、ロシア的なマルクス主義に張りあう力をもち、それにまったく独立な世界認識の方法を見つけだすことはできない。あるのはたくさんの思想の破片だけだ。

摂理や決定論や信念の体系とかかわりない世界認識の統一的な方法がありうることを、はじめて啓示したミシェル・フーコーの最初の一撃を、わたしたちはながく忘れることはないであろう。

橋川文三

告別のことば

橋川さん

ここ数年御無沙汰しているあいだに、こんなふうに自分で自分に語りかける形で、橋川さんに語りかける破目になってしまい、ほんとに相済まない気がします。

けれどこれはありふれた欠礼の挨拶をしているのではありません。ほんとは、ここ数年のあいだにあなたを訪れていた精神上の到達点に、じかに触れないままに、あなたを失ってしまったことを後悔しているのです。あなたは最後の本でそれを、「戦中派」廃業の心理に近いといってみたり、「アジアでもなく、ヨーロッパでもない。いってしまえば宇宙に近いが、要するに地上にさかえる何ものでもない、とある実在」を信ずる心だというように書いておられました。

しかしながら橋川さん

われわれがどこで出会い、なぜ親しみを加えていったかは、はっきりしていました。それはわれわれが共通にもっていた「思想と文学」のあいだの空間でした。橋川さんは、より多くの思想の側に身体の重味をかけて歩んでいました。われわれは文学の側に身体の重味をかけて歩んでいました。けれどその違いはわずかなものに過ぎませんでした。

われわれの歩んだ「思想と文学」のあいだの空間には、一方の側に国家・民族という断崖のようなものが、他方の側には階級・大衆という断崖のようなものが、嶮しく切りたっていて、われわれはこの二つを受け容れ、またおびやかされ、確執をかもし、これを処理しようとして悪戦するところの世代に属していたとおもいます。

わたしの見るところ橋川さんは、国家・民族という断崖と、階級・大衆という断崖を、強いて対峙させようとせずに、冷静にこのふたつを中性化し、正確に明哲に解剖する方法によって、のり超えてゆく道を獲得しているかにおもわれました。この方法が鋭利で透徹した明晰なあなたの文体を実現したとおもいます。あなたの内部にある冷静な白熱が、あふれるような言葉を実現するのを、われわれは見ることができました。

橋川さん

われわれの世代が、別れ、それぞれの道を遠去かってゆく理由もまた、出会い、親愛の情を抱き、ひとつの根拠地に集まった理由とまったくおなじものでありました。それはおく国家・民族という断崖と階級・大衆という断崖とをどう処理し、どう超えてゆくかの方途によって、それぞれの道をたどったのでした。わたしたちの世代に立ち塞がっているものは、いずれもこの世紀に最大の正義であり、宗教であり、また謎であり、迷蒙でもありますから、どの方途を択んでも困難が軽くなるということは、かんがえられそうもなかったのでした。

わたしはいまもじぶんを、おおきな否定とのり超えの途上に歩むものとかんがえています。こういうわたしの眼からは、橋川さんは、すでに歴史の方法をわがものにした完成の人と映り、羨ましさに堪えませんでした。

橋川さん

会えなかった最後の数年のあいだに、あなたが獲得し、薄明のように語っていかれた「とある実在」への信に、じかに触れ得なかったのは、かえすがえす残念でありますが、それをわれわれにのこされた謎のような宿題とおもって、ひとまずお別れ致したいとおもいます。橋川さん、さようなら。

昭和五十八年十二月二十日

小林秀雄

批評という自意識

1

小林秀雄が亡くなった。ほとんど独力でわが国の近代批評の敷石を敷きつめ、その上に華やかな建物をつくり、それをじぶんの手であと片づけして、墓碑まで建て、じゅうぶんの天寿を全うした。その大団円にはたから何をいうことがあるかとおもった。だがこれだけでは承知してもらえまい。どうしてそんな感想になるのか、その筋道を一応じぶんの胸に納得させてみたい。

小林秀雄の批評的な出発を「様々なる意匠」にとっても「芥川龍之介の美神と宿命」にとっても、かれの批評文をそれ以前の、あるいは同時代の批評とははっきりと区別するのは、文学批評への「批評する自意識」の導入であった。ひとつの文学作品と、それを作りあげた作者とを言葉をつかって論評すれば、できあがったものは上手へたはあっても批評文にちがいない。そんな通念は、はじめて小林秀雄の出現で根柢からくつがえされた。こうやってできあがった批評文の言語的な陰影のなかには、かならず「批評する自意識」の処理法が、ひとりでに含まれていなければならない。これは小林秀雄によって、さまざまな言い方で主張され、また同時に主張そのもののなかに実現されたのである。いわば職人の手仕事の世界に、仕事ということの憂愁と懈怠を持ちこんだようなものであった。そんなものを持ちこもうが持ちこむまいが、あがった仕事の出来ばえには関係がない。だが仕事ということの歴史的な必然と不可避を容認するかぎり、仕事する自意識が仕事に包括されることは避け難いことであった。小林秀雄は文学作品と作家の批評を、どうしてもなくてはならない文学の舞台にのせた最初の人であった。それは同時に文芸批評をはてしない泥沼に誘いこんだ。後から批評を志す誰もが、苦戦を強いられることになったのである。

所謂印象批評の御手本、例へばボオドレエルの文芸批評を前にして、舟が波に掬はれる様に、繊鋭な解析と潑溂たる感受性の運動に、私が浚はれて了ふといふ事である。この時、彼の魔術に憑かれつゝも、私が正しく眺めるものは、嗜好の形式でもなく尺度の形式でもなく無双の情熱の形式をとつた彼の夢だ。それは正しく批評ではあるが又彼の独白でもある。人は如何にして批評といふものと自意識といふものとを区別し得よう。彼の批評の魔力は、彼が批評するとは自覚する事である事を明瞭に悟つた点に存する。批評の対象が己れであると他人であるとは一つの事であつて二つの事ではない。批評とは竟に己れの夢を懐疑的に語る事ではないのか！（「様々なる意匠」）

かうして私は、私の解析の眩暈の末、傑作の豊富性の底を流れる、作者の宿命の主調低音をきくのである。この時私の騒然たる夢はやみ、私の心が私の言葉を語り始める、この時私は私の世界の批評の可能性を悟るのである。（「様々なる意匠」）

私は所謂時代意識なるものが二十世紀文学の一情熱となるのかどうか知らない。まして二十世紀が二十世紀のボオドレエルを生むかどうかを知らないが、時代意識といふものが自意識といふものとその構造を同じくするといふ事は明瞭な事である。時代意識は自意識より大き過ぎもしなければ小さすぎもしないとは明瞭な事である。（「様々なる意匠」）

もちろん、近代文学は鷗外、漱石、逍遙からはじまり、田山花袋や島村抱月や御風や片上天弦のような、すぐれた批評をいつも作品活動に随伴していた。同時代にも正宗白鳥や芥川龍之介や川端康成の物するすぐれた作品批評はあった。だがこれらの批評と小林秀雄の批評とをはっきりとわかつのは、批評する者の自意識の姿が、批評する言語のまにまに漂うのを見ることができるかどうかにあった。どんなすぐれた作品の解析であっても、どんな鮮やかな作者の解剖であっても、この一点を欠くかぎりは、批評はそれ自体が文学の一形式として自立し、自己展開することはできない。小林秀雄の出現をまってはじめて、わが国の文芸批評は文芸の一様式としての存在感を獲得したのである。

だがここで「自意識」と呼ぶものは何なのか。それが批評する言語のうちに姿を露わにするとはどういうことなのか。なぜそれが小林秀雄の批評にだけ、まず自覚的な姿をあらわしたのか。その理由が問われてしかるべきだ。

言語が介在する人間活動のうち、幸運にも行為を示唆する言語と、示唆される行為とが、うまく因果的に連結されていることがある。歩きたいという願望が言語的な概念を喚起されたとおもわれるやすぐに、歩くという行為に移った。抗弁したいという願望がそのまま、言語に表出されて抗弁を成立させた。だが歩きたいという願望が、歩きたいという発語とも、歩くという行為ともすぐに連結されず、遅延することがありうる。また立ち消えて発語にも行為にもゆきつかないこともありうる。わたしたちはこういう遅延や立ち消えの現象が、意識の原因に内在するときにそれを「自意識」と名づける。この「自意識」という遅延または立ち消えは、いずれにせよ行為の表出にまつわる強い制止と、意識の奔騰とのあいだに、分裂としてあらわれることは疑いない。この「自意識」という遅延あるいは立ち消えにどんな時代的な必然（時代意識としての必然）があるのか。あるいは単に人間的な不幸の表象にすぎないのか。この問題が文学という言語表象の行為に外化されたとき、自己解剖を伴わない対象解剖も、自己批評を表象しない対象批評もありえないことは、西欧の近代批評がまず開示してみせたことである。そこでは対象について書き記された言語の波紋の拡がりのあいだに自意識の姿が、べつの言語陰影となって漂っているはずであった。技術的にだけいえば、文芸批評がこの根拠を理解し、それを課題とすることは西欧のサンボリストたちの詩と批評の影響だけによっても可能であった。小林秀雄もまたサンボリストたちに骨の髄まで震撼されて、この地平線にたどりついたのはたしかである。

だが理解し、摂取することと、じぶんの批評の言語のうちに実現してみせることとはまったくちがっている。同時代の批評家のうち小林秀雄だけがそれを実現したというためには、いわば「自意識」という病いを、深い必然として病んでいなければならなかったはずだ。病むことなんぞ、どんな病いでも自慢にはならない。ただ時代に斬りつけられて意識が病んだのだとすれば、すくなくとも世紀の病いとして公傷であった。人は時代に意識を傷つけられるためには、そのまえに時代を意識によって傷つけていなければならない。ほかの武器によってではなく、意識だけによってである。小林秀雄はその辛い意識のたたかいを知っていたとおもえる。かれがこの自意識という病いをいちばん鮮明に暗喩しているのは、自意識の座である脳髄を、じぶんの身体の外に視覚的に視ているイメージによってであった。

私は女のだゞっ広いおでこの内側に駝鳥の卵の様な、黄色い、イヤにツルツルした脳髄が這入つてゐる事を想像した。女の喋る言葉が、次々にその中で製造されてゐるなどと考へた。（「一つの脳髄」）

丁度自分の脳髄をガラス張りの飾り箱に入れて、毀れるかと思ひ乍ら捧げて行く様な気持ちだつた。然しいつの間にか、それは毀れてゐた。そして重い石塊に代つてゐた。（「一つの脳髄」）

（此の男は何を云つてゐるんだらう――）、私は、間抜けた様子で男の顔を眺め、信玄袋を担いで来た赤帽の様に肩の上に乗つかつた石塊を振つた。（「一つの脳髄」）

私は赤い錆の様な汀に添うて歩いた。下駄の歯が柔らかい砂地に喰ひ込む毎に海水が下から静かに滲んだ。足元を見詰めて歩いて行く私の目にはそれは脳髄から滲み出る水の様に思はれた。水が滲む、水が滲む、と口の中で呟き乍ら、自分の柔らかい頭の面《おもて》に、一と足一と足下駄の歯をさし入れた。狭い浜の汀は、やがて尽きた。私は引き返へさうと思つて振り返つた。と、砂地に一列に続いた下駄の跡が目に映つた。思ひもよらぬものを見せられた感じに私はドキリとした。私はあわててそれを脳髄についた下駄の跡と一つ一つ符合させようと苛立つた。私はもう一歩も踏み出す事が出来なかつた。そのまゝ丁度傍にあつた岩にへたばつた——。(「一つの脳髄」)

ぶよぶよツルツルした脳髄を眼のまえに据えて、視えない言葉がそこでつぎつぎ製造される感覚を描いてみたり、ガラス箱に入れたじぶんの脳味噌を毀さないように捧げもったり、海岸の砂地を下駄の歯が踏むごとに、じぶんの脳髄が踏まれて歯形をつけてゆくイメージを浮かべたりといった、これらの不興気な脳髄の客体化は、いわば「自意識」という病いの視覚化、具象的な物質化に当たっている。一批評家の存立の根拠として、そこまで「自意識」の病いをえぐり出す必要は、批評という文学形式のうちにはなかったはずだ。ただこの個性的な批評家が、批評の言語を屹立させるために、どれだけ内的な病いを甘受しなければならなかったか、それを表白したい衝動をどうしてもおさえきれなかったのだ。

作家は作品をつくりあげるため、産みの苦しみ、すくなくとも見掛け上は、無から有を産出する苦しみをいつもやっている。だが批評家は既成品を眼のまえにおいて、ああでもないこうでもないと口やかましく言いたてているだけだ。じぶんは産む苦しみなどまったく知らないで済ましているのだ。そうおもわれている。そうでなければうまく提灯をもってくれないといって苛立つ。小林秀雄はそんな通念がどこにも成り立つ余地がない批評をはじめて出現させてみせた。批評は批評的であるほかない資質によって演じられるドラマであり、このドラマの中心部はいわば「自意識」を無限回にわたって冪乗《べきじょう》してみせるという操作から成り立っている。そしてこの演算が成功するためには、すくなくとも理念、信念、偶像、倫理といったものへ自己侮辱が必要だ。また安易さや偉大さということへの嫌悪と否定の情熱が必須である。これが初期小林秀雄の批評的な原理であったといってよい。小林秀雄によって模倣され、また実現された西欧の同時代の批評原理は、微妙な認識の誤差から成り立っている。だがそんなことよりも、目の覚めるような批評形式をはじめてもたらした意味のほうが、はるかに大きかった。

2

世人は僕を独断家乃至は主観派と呼びますが、これは当つてをりませぬ。僕はたゞ常に自分の裸体を曝して来たに過ぎないのです。

併し裸体もあまり曝してゐると、始めは寒い風も当る気でをりますが、だんだん温まつて来て、曝す事が無意味になつて来ます。もう充分だといふ気がして来ます。君はどんな着物を着てゐるかと言ふのにも飽きたし、特に、自分はかういふ風に着物を脱ぐと人に語るのにも飽きて来ました。そして僕は本当の批評文を書く自信が次第に生れて来るのを感じて来ました。言ひかへれば、ある作家並びに作品を素材として創作する自信が生れて来るのを覚えたのです。

僕は、自分の批評的創作の素材として、ドストエフスキイを選びました。近代文学史上に、彼ほど、豊富な謎を孕んだ作家はゐないと思つたからであります。僕は彼の姿をいさゝかも歪めてみようとは思ひません。また、歪めてみようにも僕にはその力がありません。彼の姿は、読めば読むほど、僕の主観から独立して堂々と生きて来るのを感じます。すると僕はもはや批評といふ自分の能力に興味が持てなくなる、いやそんなものが消滅するのを明らかに感じます。たゞドストエフスキイといふ、いかにも見事な言ふに言はれない人間性に対する感覚を失ふまいとする努力が、僅かに僕を支へてゐるのです。（「私信」）

かれがここで「本当の批評文を書く自信が次第に生れて来るのを感じて来」たと語っている批評文は『ドストエフスキイの生活』をさしている。はじめての本格的な批評作品をじぶんは成し遂げつつあるという宣明であるとともに、じぶんが初期の方法で書いてきた批評の破産を自己広告する意味も同時にふくまれている。

対象を批評することが自己を批評することであり、その言語的な陰影は「自意識」の処方箋として、かならず批評文を隈取らなければならない。そういう初期の方法は『ドストエフスキイの生活』では無効であった。すくなくとも表面的にはそうなっている。ドストエフスキイの作品には、ほとんどの作品に「自意識」をもて扱いかねて判断の表象をうしない、行為自体がうまく成り立たず、異常な、あるいは白痴的な振舞いに及んでしまう登場人物たちがあらわれる。だがこれらの登場人物たちは「自意識」を冪乗するということ自体に情熱をかたむけるのではない。「自意識」の遊離と過剰が産みだす行為の倫理的あるいは社会的な剰余に、情熱と苦痛をかたむけざるをえない人物たちだ。かれらは「自意識」の冪乗化に情熱をかたむけて自足するためには、あまりに隣接する西欧社会に後れた後野生的な社会の暗部をひきずりすぎていた。かれらの「自意識」はむしろこの社会的な後進性の陥穽にのたうちまわるうちに、倫理の余剰として立ちあらわれてくる性質のものだといってよい。

西欧サンボリストたちへの深い共感と共振から生みだされ、その「自意識」の剰余を、いわば生理的な資質の病いによって補償した初期小林秀雄の方法は、そのままではドストエフスキイの作品にも、かれの政治思想的な体験と流刑と、そのあとの乱脈な生活を解析するにも、自己移譲を果たすことは、まずできなかった。むしろ「私信」によればその不可能を契機にして初期批評概念を放棄した。そして本格的な批評作品への転身を試みたのだといってもよかった。小林秀雄は『ドストエフスキイの生活』ではじめて、「自意識」の対象への移入をやめて、作品と伝記的な事実の解析から、あるべきドストエフスキイの人間像と、具体的な生活の細部のニュアンスを再現するのに苦心した。批評家の「自意識」が、この批評作品に役割を持ちうるとすれば、ドストエフスキイの性格と生活をこまかく再現しようとするばあいに、いわばデッサンの陰影を濃くして、立体的な像を浮彫にする点においてであった。どんな意味でも批評家の「自意識」が、ドストエフスキイの性格と生活の輪郭を造形するのに決定的な役割を果たすことはありえなかった。わずかに批評家の「自意識」の自己解剖が役立っているとおもえる個所は、『貧しき人々』の作品的な成功にいい気になったドストエフスキイが、不馴れな文学界のサロンに足を踏入れ、おどおどしながら尊大に振舞っては、ツルゲネフやベリンスキイから冷たくからかわれて、逆上するくだりを描いたところくらいである。批評家の「自意識」は、ここでは事実の細部の描写のなかに溶解していった。ペトラシェフスキイ事件への連座、シベリア流刑からはじまり、赦免、やがて雑誌の発行者と長篇小説の創作家にと深入りしてゆく過程に、乱脈な賭博生活、情人との同棲といさかい、再婚というような無秩序で膨大な心身の浪費が入りこんでゆく。そんなたとえようもないドストエフスキイの生活量をとり扱ってさばき切るために、どんな批評家を想定しても、批評家の「自意識」がきれいな貌で批評言語のなかに存続できるなどとはかんがえられない。或る日、サロンでツルゲネフが、ドストエフスキイを前にして、むかしじぶんは田舎で自称天才に会ったことがあると語りながら、ドストエフスキイそっくりの風態を、たくみにやってみせる。ドストエフスキイはみるみる蒼ざめて、いたたまれなくなって逃げだす。こういうドストエフスキイの「自意識」が演ずる病態は、不幸な虐げられた出生のもつ倫理的な生活悲劇であり、それは「自意識」の懈怠が演ずる背反劇とはまったくちがっている。小林秀雄の「自意識」のドラマが、もともとドストエフスキイとはまったく無縁だったことは、「一つの脳髄」のような自伝的初期作品からはっきりしている。だがこの無縁の「自意識」が演ずる病態を再現する過程で、かれははじめてじぶんよりも比較を絶した膨大な性格悲劇の運命をたどる機会に遭遇し、批評的な開眼を遂げたのである。

『ドストエフスキイの生活』で、ドストエフスキイの性格悲劇と生活悲劇を外側から、いわば時代意識として取囲んでいるとかんがえられているものは、ひと口に要約すれば、ロシア的インテリゲンチャ（反アジア的な社会におけるインテリゲンチャ）の過渡期における命運を、できるかぎりの深部から、あたうかぎりの規模で生き抜いたもののドラマとして描くことであった。この課題も本来的にいえば小林秀雄にはあまり縁がないもので、この課題を自己のインテリゲンチャとしての運命に思想感情的に移入して描くことは、どうしても無理が伴うものだったといえる。かれはこの課題をE・H・カーの『ドストエフスキイ伝』の深刻な助けをかりて切り抜けたといってよい。

ロシヤに於ける文学的伝統の欽如は、ドストエフスキイに、「ロシヤ語で文学を書くくらゐ困難な仕事はあるまい」と嘆息させたが、又この困難が、ロシヤの作家達を文学の為の文学から救つてゐたのである。伝統の欽如は、芸術家とか文士とかいふ人間の社会的な型が容易に固定するのを許さなかつた。作家等は、文学といふ面紗の裏で安心する事が難しかつた。(『ドストエフスキイの生活』)

初期の西欧派と国粋派との対立が漸く緩和され、ナロオドニキなる言葉で一括されるまで両者が歩み寄るに至つても、尚インテリゲンチャは足許にナロオドといふ深淵を感じて思索する不安を無くする事は出来なかつた。この不安は、ロシヤ十九世紀思想家等に独特なものであり、彼等の天才の偉大と悲惨との心理的苗床であつた。彼等は遂に西欧の十九世紀思想家等の抱いた知識に対する教養に対する毅然たる自信を獲得する事は出来なかつた。自分達の知識や修養は借り物である、ナロオドの土地から育つたものではない、といふ意識が絶えず彼等を苦しめたのだ。(『ドストエフスキイの生活』)

ロシアの半アジア的な社会で、知識人が演じた過渡的な課題の正確な認識が、単独で小林秀雄の批評の文脈の延長上にあらわれたとはとうていおもわれない。すくなくとも「様々なる意匠」や「マルクスの悟達」や「私小説論」をどう延長しても、こんな思想史的な認識はえられそうもない。こういう認識にはどこかで社会思想の体験的な色合いが加担する必要があるようにおもえる。

隣接する西欧の社会主義思想を直輸入し、そのパターンに無雑作にとりついて「ロシアの現実の浅瀬」をわたる革命的なインテリゲンチャの衣裳と、ロシアの半アジア的な迷蒙と土着の裂け目に陥ちこんで深甚な現実体験の必要性を説きつける反動的な思潮のあいだに挟まれて、知識人たちはどこへ抜けてゆけばよいのか。カーの『ドストエフスキイ伝』は、こういった認識の軌道のうえにたつドストエフスキイ像を、ロシア・インテリゲンチャの深刻な肖像画として描こうとした。小林秀雄はたくさんのことをそこから摂取したとおもえる。

引用した『ドストエフスキイの生活』の個所になぞらえていえば、わが国で過渡的な社会の矛盾をつきつめてゆけば、ひとりでに社会変革と国家の革命にゆきつくというには、あまりに現実的な思想条件は未成熟であった。そこで社会主義の文学と思想はロシア・マルクス主義の輸入品を、そのまま短身瘦軀に着込むよりほかなかった。一方で近代的な文学の潮流は、いわば尖端のところで西欧の同時代的な影響を、じかに受入れようとしたのである。この問題はインテリゲンチャにおける社会思想と同伴思想と、それに反撥する反思想との対立や矛盾のようにみえながら、その実は民族土着派と西欧遊離派との分裂と対立の問題にしかなりようがなかった。小林秀雄が『ドストエフスキイの生活』で、ドストエフスキイの生涯の細部を訪れた性格悲劇と、それを取囲む過渡期のロシア・インテリゲンチャの社会変革にむかう情熱の運命を描きあげようとしたとき、わが国のインテリゲンチャたちの環境は、大筋のところでいえば、西欧と半西欧の文化と思想の輸入で自己形成を遂げた人々が、どうやって民族土着の思想に回帰しようかという課題にほかならなかった。もちろんわが国のインテリゲンチャたちも、日本語で文学を書くことの困難を口にすることができたはずだ。決して嘘ではないのだから。だが文学の社会的な環境が皆無にちかいために、文学のための文学という概念も、思想のための思想という概念も実生活上の倫理に足をとられた。それを嘆くほうがはるかに切実だったはずだ。また社会派と芸術派との文学的な対立も、国粋派と西欧派あるいは半西欧的なロシア派との政治思想的な対立も、ナロオドとは無関係な空中戦にすぎなかったため、不安と挫折とは、ナロオドが視野に繰込まれる度合に依存して、深浅の度合がきまるようなものだった。

小林秀雄の『ドストエフスキイの生活』は、いわばわが国に固有の文学的なまた思想的な課題から、かれ自身が過渡期の後進社会の知識人を訪れる本格的な課題へと踏み移る過程の歩幅を象徴するものとして、はじめて本格的な批評作品の性格を獲得したのである。

私事をさし挟めばわたしが『ドストエフスキイの生活』を手に入れたのは、太平洋戦争のさ中、昭和十七年ごろである。おなじ寮の台湾の留学生から貰いうけた。わたしが第一義的にそのときこの批評から受けとったものは、ドストエフスキイに象徴されるロシア・インテリゲンチャの深刻に典型的な運命ではなかった。またわが国のインテリゲンチャの運命でもなかった。かれらは戦争で充分に民族派的な回帰を完了していたから、ただ浅薄であるか沈着であるかのちがいしか眼にはいらなかった。わたしがこの著書からうけとったのは、戦争の非在の物珍らしさ、稀少価値であった。そして小林秀雄自身はすでにそのとき沈痛な響きを伝えるわが古典文学の世界についての、短い凝りに凝った批評文を発表しつつあったのである。つまりわたしは民族的回帰の世界に充分に馴致されながら『ドストエフスキイの生活』に、戦争の非在、民族回帰の非在の言葉の世界をみていたことになる。すべては遅すぎるのだといってよい。そしてこれは現在でもいっこうに変わらないようにみえる。

3

日本の古典文学は、頭脳的に読んでも殆んど何んの利益も齎さぬものばかりで、文学により頭脳の訓練をする為には、西洋の近代文学を読むのが、どうしても正しい様である。扨て、返答に窮して、といふ意味は、自分では、言はば古典を読んで知るといふより寧ろ古典を眺めて感ずる術を覚えた気がしてゐるのだが、それがうまく口には言へぬ、さういふ次第だ。（「年齢」）

「平家」は読んでも分らない。昔の人は聞いたのである。私達には、もう「平家」がどんな音曲に乗つて歌はれたか聞く事は出来ないが、「平家」の文章が動かし難い象徴的な形として見えて来るといふ事は、やり方次第で出来るだろう。このやり方は、年齢に関係してゐる。頭脳的には知る事の出来ない年齢と頭脳の摑む事の出来ぬ形との間には深い関係がある様である。（「年齢」）

もう小林秀雄の遺品ともいうべき批評的な階程に触れておわるべきだ。ここに宣明されているのは、わが古典文学や伝統社会を理解しようとするとき「眺め」たり「聞い」たりすることが大切で、頭脳的に理を詰めていったり、合理的な解釈を志しても何もえられないという批評原理である。これは小林秀雄の批評が到達した最後の円環点にあたっている。わたしたちはかれの批評的な遺言ともいうべき『本居宣長』を、かれの批評の最高の達成と呼ぶことにためらいを覚える。最後の円環、いわばじぶんの手による近代批評の完成と、じぶんが手を下したその封印としてみるほかないようにおもえる。ほんとうは戦後すぐに音楽批評と絵画批評に手を染めたときに、矢印は回帰の曲面に切線を描いていたのかもしれなかった。もっとさかのぼれば、戦時下に沈痛な古典論に手をかけていたときに萌しはすでにあったと申すべきである。そのときすでに晩年に大著をつくるかどうかはわからなかったが、小林秀雄は本居宣長の『古事記伝』の世界に接触していた。なぜ本居宣長なのか。かれは漢字の表意文字や表音文字を象形として「眺め」たり、音声として「聞い」たりということを、ただひとつの直感的な武器として、わが古典の世界にわけ入り、すぐれた学問的な業績と、勧善懲悪的な効用論から自立した文学論と、愚かな民族思想に同時に到達した巨匠だったからだ。本居宣長の像は、小林秀雄の自画像であり、本居宣長の直観的な武器は小林秀雄の批評の方法の自画像にあたっている。

戦時中に宣長の『古事記伝』を読んだ直後に、折口信夫を訪ねたとき、小林秀雄はすでに後に『本居宣長』に結晶しているような宣長の思想、というよりも文化的な「自意識」が収斂してゆく原始的な民族思想の擁護のモチーフを獲得していた。だがさすがに不世出の古典学者である折口信夫は、宣長を見抜いていた。「小林さん、本居さんはね。やはり源氏ですよ、では、さようなら」と帰りがけにいったと小林秀雄は宣長論の冒頭に記している。わたしにはこの折口信夫の言葉は、宣長の『源氏物語』論に結晶した文学論は卓抜なものだが『古事記伝』に結晶した原始的な民族思想の肯定は、個々のすぐれた学問的な達成をのぞいては、結局駄目だといっているように受けとれる。これについては以前すこし触れたことがあるので、ここではすぐに宣長の『源氏物語』に結晶した文学論と、それを緻密になぞっている小林秀雄の手だてを追ってみよう。

だいたい人間のほんとの情《こころ》といふものは、女童のやうに、未練がましく、痴愚なものである。ほんとの心の底をさぐつてみれば、どんな賢い人でもみんな女童とちがつてゐることなどないものだ。それを恥かしくおもつてかくすかかくさないかの相違にしかすぎない。（本居宣長「紫文要領」）

物語は、儒仏などの、いかめしい道のやうに、迷いをはなれて悟りに入るための手本でもなければ、また国や家やわが身をも修めるための教へでもない。ただ世の中の物語であるがゆゑに、さふした種類の善悪の論は、しばらくさしおいて、そんなにこだはらず、ただ物のあはれを知るといふ点から優れてゐるのを、とりたてて優れてゐるとしたのである。（本居宣長「源氏物語玉の小櫛」）

あまりたくさん挙げる必要はない。あからさまな宣明としていえば、文学作品を勧善懲悪や仏法的な求道のめばえの高低といったものと切断して読み、評価すべきだ。そういう文学論として宣長の見解は、わが国ではじめての画期的な意味をもつものだった。「玉の小櫛」でこまかく展開しているように、さらに宣長は、物語作品が宮廷女官たちのつれづれの慰み物にとどまるものではなく、人の心の「あはれ」を描き、そのことで虚構でありながら実際よりもっと深く、人の心の動きをとりだすことができるものだという評価に到達していた。もちろんこれは『源氏物語』を土台にしたからはじめて到達しえた文学本質論であったことは間違いない。

では宣長の初期の「紫文要領」や後期の「玉の小櫛」に宣明された『源氏物語』の読みと、それを緻密に追認してゆく小林秀雄の『源氏物語』の読みは、現在のわたしたちからみてどこに欠陥をもつというべきだろう。

宣長は「螢の巻」で展開された光源氏の物語観を、いわば作者紫式部の物語観に仮託したものとみなしている。玉鬘が毎日のように物語草子のたぐいを写しては読みふけっているのをみて、訪れた源氏は女というものは人からだまされるために生まれたのでないか、うそが語られていると知りながら、夢中になって作中の人物に同化してしまい、雨の日なのに髪の乱れもかまわずに書き写したりしている、そうからかう。玉鬘は物語はうその巧みな人が空想で書くものでしょうが、ついどうしても本当のように思われてくるのですと答える。すると源氏は物語をくさすようなことをいったけれど、日本紀のような正史の記述よりも、物語草子のほうに真実の歴史がのこされているといえるのかもしれないと語って、じぶんの否定的な口ぶりを修正する。結局良いこと悪いこと、美しいこと見あきないこと、憎むべきこと、忘れられないことなどを、いつまでもとどめておきたくて物語草子がつくられるものだとすれば、物のあわれを知る菩提心は良いので、煩悩のつきないのは結局は悪いことだということを描いていることにもなる。そういう物語草子のたぐいが、世の中にあるのはいいことだ。源氏は玉鬘に物語草子をくさしてみせながら、またそのあとで肯定してみせる。宣長はそれを作者が、源氏の口ぶりに託した物語肯定論のかけひきだとみて、「源氏君の、玉かづらの君に、かたり給ふさきにいひて、下心に、この物語の本意をこめたり」(「玉の小櫛」)と解している。だがほんとはそうではない。物語草子に夢中になって毎日のように書き写しては読みふけって、わが身のほうが『住吉物語』の姫君よりもっとつらい目にあったなどと引きくらべてかんがえ、いわば虚構と事実とを混融している玉鬘も、それをみて物語草子に夢中になっている宮廷女官たちをくさしてみたり、また物語草子の存在の意義を肯定したりしてみせる光源氏も、ともに作者紫式部の深部に実現された物語観が操っている影の人物にほかならない。宣長の「物のあはれ」論は、「源氏物語論」としてだけではなく、文学論としても画期的なものだったが、敢えていえばもうひとつこの物語の奥行きを測るところまではゆかなかった。

わたしたちが現在『源氏物語』をたどるとき、この作品が作者と語り手の完全な分離に耐えるものであることが、すぐに理解される。宣長の『源氏』理解と、それをいわば円環的に追認し、情念を傾ける小林秀雄の『源氏』理解の欠陥は、すぐに「宇治十帖」を論じている個所にみることができる。

宣長が「宇治十帖」を読み、小林秀雄がその後姿に追いすがる。そしてわたしたちの現在の読みは、それとすれちがってゆくのだが、すれちがっても、いまは小林秀雄に問い直すことはできなくなってしまった。

「宇治十帖」の主人公が薫であるとは、たゞ表向きの事だ。内省家薫と行動家匂宮との鮮かな性格の対比は、誰も言ふところで、これには別段読み方の工夫も要るまいが、言はば逆に、二人の貴公子を生き生きと描き分けたのも、性格などはてんで持ち合はさぬ、浮舟といふ「生き出でたりとも、怪しき不用の人」（手習）を創り出す道具立てに過ぎなかつた、とそのやうに読むのには「式部が心になりても見よかし」と念じて読む宣長の眼力を要する。浮舟は、作者の濃密な夢の中に、性格を紛失して了つた女性である。薫は匂宮とともに、作者の夢の周辺にゐるので、その中心部には這入れない。這入れない薫の軽薄な残酷な感想が、鋭利な鋏のやうに、長物語の緜をぷつりと切つて了ふ。宣長は、薫の感想を、さり気なく評し去り、歌を一首詠んでゐる。「なつかしみ又も来て見む　つみのこす　春野のすみれ　けふ暮ぬとも」（玉のをぐし、九の巻）――作者とともに見た、宣長の愛の深さが、手に取るやうである。（『本居宣長』）

この「宇治十帖」にたいする宣長の読みも、それを追認して感慨にふける小林秀雄の読みも、まったくちがっているとおもえる。なぜちがってしまうのか。その理由はすでに述べた。物語の登場人物たちを動かす語り手と、語り手を動かしたり、じかに登場人物を動かしたりしている作者とをはっきりと分離できない、読みからきている。「宇治十帖」は、大筋では生まれながらにして嫌悪の子として母の冷たい手触りに出遇って生長したため、特異な性愛しかもてない主人公薫の、特異な性愛に躓いて崩壊する大姫君と、大姫君に生き写しの浮舟の蹉跌の物語だとおもえる。薫は喪失の愛恋、すでにおわってしまった愛恋によってしか、女君たちとの相聞に入ることができない特異なエロスの持主であり、大姫君は焦慮にさらされて衰弱して死んでしまう。浮舟は薫の性愛の不可能さの空隙を匂宮につかれて、両者は挟まれて、じぶんで身を亡ぼすよりほかなくなってゆく。

最後には浮舟は生き返ったが、もう現世のどこにも帰属感をもてない存在へと転生している。他界から眺めている眼ざしでしか、薫にも匂宮にも向かえない彼岸の眼を、浮舟だけが獲得してしまっている。作者式部の心は薫の特異な性愛にいちばん注がれているので、浮舟に注がれているのではない。浮舟の眼は、もうどんな現世の人物をも、いわば無表情に拒絶する乾いた孤独を獲てしまっているのだ。「なつかしみ　又も来て見む　つみのこす　春野のすみれ　けふ暮ぬとも」という宣長の理解は、嘘っぽちとはいえないまでも「宇治十帖」の読みちがえのうえに成り立っているとしかいえない。もちろん追認してここに「宣長の愛の深さ」をとりだしている小林秀雄の読みも決定的にちがっているのだ。

浮舟にも浮舟の棲家の周辺にも「なつかしみ　又も来て見む」というような宣長の情緒を受容するものは、まったく存在しない。それは「宇治十帖」を丁寧に間違いなくたどるものには、すぐに理解できることだ。性格も心ばえもなかった浮舟が、物に憑かれてさ迷いでたあげく蘇生したあとでは、ただひとり他界の眼を獲得した存在に昇華している。そして「人の、かくし据ゑたるにやあらん」というような性凝りもない薫の述懐など、手のとどかない心ばえに到達している。これが「宇治十帖」の終局なのだ。薫にいいつけられて会いにいった弟の小君を拒絶するように、浮舟は、宣長や小林秀雄の読みをも拒絶するとしかおもえない。

小野清長

まず第一に、「試行」56号からこの57号がでるまでの期間に起こったことで、ぜひ記しておきたいとおもうことがある。それは早稲田の（とわたしたちは呼んでいた）文献堂書店主人である小野清長さんが、交通事故で突然亡くなられたことである。小野さんは「試行」にたいしてはもちろん、とうてい現在の出版機構や本の配給機構や販売機構のもとでは、印刷や製本までは何とかやれても、それを配給し販売ルートにのせることができないような出版物にたいして、じつにきめのこまかい眼くばりとあたたかさを感じさせる配慮を絶えず提供してくれた、わたしたちの間では名物的存在であった。小野さんのような書店主は、もう日本に求めるとしても片方の指で数えるほどしかおらないだろう。「試行」がわずか三百部くらいで創刊し、どこを歩いてもあまりいい顔で店頭に置いてくれなかった時期から、終始淡々とした様子で取扱ってくれ、まるで小雑誌発行の経済的、精神的な困難を透視しているかのように、ぴったりした配慮をめぐらしてくれた。わたしたちは小野さんのような存在に支えられて、気力を振い起こすことが、何度あったか知れない。わたしたちがもっている現在の文化の透視図は、ほかのどんな連中や勢力とも似ていないが、その透視図のなかで文献堂書店主人小野清長さんの存在は巨きいものだった。小野さんの突然の死はおおきな衝撃であった。もしかするとひとつの文化の態様の死を象徴しているのかもしれないともおもう。その意味をよくたどって明らかにしてゆくことは「試行」の意味のひとつであるような気がする。小野さんは、いつも単車のうしろの荷台に、独特の梱包用のおおいで、雑誌を積んで立ち去っていった。そのおなじ姿で事故にあわれたときいた。その姿はもうこの号から見ることはできない。わたしたちは、その姿をいつまでも忘れることはないだろう。

J・P・サルトル

「静かな絶望」のなかの死

小さな革命は起こすが人間的な目的がなく、人間にかかわる何かしらがない。あるのは混乱だけじゃないか。一方でこんなふうに事態は考えられるかもしれない。ことに、こちらが年をとっていて、まあ、いずれにせよ自分は長くて五年で死ぬだろう、といったふうに考えられる場合には——実はわたしは一〇年と思っているのだが、五年かもしれないな。とにかく、世界は醜く、不正で、希望がないように見える。といったことが、こうした世界の中で死のうとしている老人の静かな絶望さ。だがまさしくね、わたしはこれに抵抗し、自分ではわかってるのだが、希望の中で死んでいくだろう。ただ、この希望、これをつくり出さなければね。(『朝日ジャーナル』一九八〇年四月十八日号掲載、サルトル「いま　希望とは」海老坂武訳より抽出)

サルトルは、ここで述べている自身の言葉でいえば「静かな絶望」のなかで、だが未来への「希望」の構想は抱かれたまま死んだことになる。なぜ強迫観念のように、現在への「静かな絶望」ばかりでなく、未来への「希望」を作りださねばという考えを、抱かないではおられなかったのか。この謎こそがサルトルであった。わたしたちは現在のままでも結構やっているし、いままでもやってきた。未来の「希望」は作りだそうとする企図そのものが挫折を包摂していた。無意識と盲目だけが現在をもたらし、企図とその実現されたものは、小さな成就はあっても大きな失敗だけであった。かりに彼自身のいうように、あと十年生きたとしても疑いなく、現在より「静かな絶望」が深まるのをみるだけだったろう。ちょうど自身の思想が致死量の毒液を、この世界から盛られたそのときに、生涯を終えたのは思想家として恵まれていたといえばいえる。それは若い日から、ほぼやりたいとかんがえたことをやる条件をもち、能力のかぎりをつくしてやりおおせ、その都度時代に投げ返してきたものにだけ赦される死だからだ。数多くの、そしてほとんどすべての死は、不意の、あるいは緩慢な非業の死だ。それらの同時代的な大多数の死を、ひとりのサルトルの死が覆いつくす。

そうだとすればこの死には客観的な意味が見つけだされるはずだ。

サルトルの思想が、翻訳の網の目を通してわたしたちの眼の前にあらわれたとき、すでにその歴史観を、ロシアのマルクス主義に負い、歴史への接近の仕方についてフッサールとハイデッガーの影響に負っていた。史的唯物論は恒久的に人間の外側にあり、人間は政治的党派や権力の規範に強制でもされないかぎり、歴史に入りこむことができない。しかもこの強制力は本質的な意味では、人間を歴史へ入りこませるような力などもっていない。サルトルは人間という概念の全体性のままで、歴史に接近し没入するための可能な条件を考案しつづけていた。だが歴史という概念が史的唯物論に従わないことを指摘するのに遠慮勝ちで、楽天的で、ほとんどただ一度も根柢的な疑念を表明したことはなかった。史的唯物論のほうからひとりでに歴史を外れてくれたのである。サルトルにたいするわたしたちの当惑は、しだいに薄れていった。わたしたちのもっている哲学や思想は、サルトルに比してはるかに粗雑で近似値的だったが、ロシア・マルクス主義の歴史哲学にたいする根柢的な疑義の提出は、はるかにサルトルに先行していた。

サルトルはわたしたちをはらはらさせながら、その都度ロシア・マルクス主義にたいする自己の位置を修正し、修正するたびに絶望を深め、そして絶望を深めることによって次第に単独で（つまりロシア・マルクス主義とその現実的な勢力にいささかも依存せずに）世界を引き受けるところの孤立に到達しようとしていた。そもそもどんな現実的な勢力や権力にも依拠することなしに、思想が世界を引き受けることは可能か。この壮大な実験に根源的に挑みうる思想の膂力をもつことも、それを阿呆らしいことだと諦めない熱度も、もうサルトルのほかに誰にも求められなくなっていた。私たちは息をつめて、サルトルの思想の行方を凝視していたのである。サルトルはほぼ正当な絶望に到達しながら死んだということができる。この絶望が正当だとすれば、それはロシア的社会主義国の出現以降に、世界中で繰返されてきた絶望の一種にすぎないのではないか。そして先廻りして絶望を中絶したり、回避したりしてやり過してきたものの退廃を、繰返しほくそ笑ませるだけではないか。絶望が不可避的に、思想的考案の提出になっているときにだけ、この循環を断ち切ることができる。

そこで、サルトルはわたしたちに宿題をいくつか残していったとかんがえる。そのひとつは、マルクス主義ではなくマルクスの世界像は、いまも可能で正当かを徹底的に検討しつくすことである。そのことは現実に世界に存在するマルクス主義の国家、制度、権力、諸党派の位置を、それらの外から浮き彫りにすることになる。それらが拒絶されるものか、修正されるものか、部分的に生きるものであるかという地平においてではなく、解答は根柢的になされるだろう。さらにもうひとつあげれば、歴史という概念は人間の存在、その存在の仕方の全領域を覆うにたりるものかどうかを根柢的に問いつくす課題を、サルトルはわたしたちに置いていった。もしかすると人間は無意識のうちに歴史を作成してきたが、意志をもって歴史を創出するのに適さないし、また耐ええない存在ではないか。それが自己偽瞞の体系を世界大に拡大し、いま自らその偽瞞の深い穴に人間は陥没しつつあるのではないか。人間という概念は、事実という概念とまったく等価なものにすぎないのではないか。サルトルはその都度この種の問いかけと疑念に吸いよせられることを拒絶し、そして拒絶するたびにますます人間という概念を、歴史という概念の海溝にむかって埋葬していったのだった。そしてもはや人間は歴史という概念の外側では、呼吸することも、身動きすることもできないような人間概念を作りあげてしまった。この像は、本質的にはふたつの方向から反撃される。ひとつは深層心理学が必然的に画定する生活の無意識的な領域・習俗・そして基層からであり、もうひとつは根源的な未開、人間の起源という概念からである。そしてそれは既になされつつあったということができる。サルトルの歴史や人間の概念が、歴史や人間ならば、歴史になりつつある歴史とか人間になりつつある人間とかいう概念が、アジア、アフリカ、未開の領域から提起されなければならないことになってしまう。これらのことは、現在検討しつくされるべき課題としてさし迫っている。

サルトルを、外側から葬ったのは、マルクス主義の概念と、その現実的な権力の醜悪さと、もはや人間が、歴史という概念からも人間という概念からも見放されて、緻密な知の世界図を紡ぎつづける蜘蛛のような存在に変身させられつつある現実の形態とであった。けれどサルトルが真に葬られるのは、その思想によって葬られるときだけだ。情況がサルトルを葬りつつあることを拒否して、わたしたちの手で真にサルトルを葬る作業がつづけられなくてはならない。

対馬忠行

駆けぬけた悲劇

〈死〉はひとの存在が共同幻想に出会うことだ。わたしたちの存在は共同幻想の〈今〉に出会おうとして時代の崖ふちをたどりながら、けっして時間の内側に陥ちこまないように駆けぬけてゆく。あるばあいは共同幻想の〈今〉に出会うことがあるかもしれない。けれどもたいていはその〈今〉はわたしたちの存在とすれちがい、ゆきちがいをうみ、そのためにいやおうもなくその存在の〈死〉の貌を情況から外らしてしまう。〈死〉はどんな死であっても異和、関心を惹きつけずにはおかない。わたしは情況〈今〉と過不足なく出会った〈死〉よりもゆきちがいや齟齬をきたした〈死〉にたくさんの思いをいだく。

こんな意味で今年わたしの関心をいちばん惹きつけた〈死〉は、対馬忠行の死と影山正治の死だった。対馬忠行はわたしにとって〈戦後〉の〈今〉を象徴するものとして、影山正治は〈戦中〉を象徴するものとして。そしてふたりの思想的な対照の極端さと、だがその同質性と、そしてじぶんで撰択した〈死〉だったという共通性と、またそういってよければ情況から片隅に追いやられたようにみえる死に方とが、わたしにいやおうなくひとつの時代の終焉を語りかけてくる。

影山正治の〈死〉については、わたしには透明なそして空気のような哀悼しかない。わたしにとって影山正治という思想的存在の影が遠ざかってゆく道程は、スターリン主義と、その亜種、変種、同伴者たちの思想的存在とが遠ざかる道程とまったく同義であった。けれど対馬忠行の〈死〉については透明な空気のような哀悼というわけにはいかない。現在いうべきいくつかのことをもっている。かれののこした仕事と執着した主題とは、かれが執念をこめて執着したほど執着するに価したかどうか疑問だとおもう。とはいえ、その主題はやっと現在先駆的な意味が、現実と事実とに迎えられる基盤をもつようになった。だがかれ自身は忘れられたように自殺した。かれは革命家にはじぶんの〈死〉をじぶんの掌中にもっている権利があると述べたトロツキーにならって〈死〉を択んだのであろう。レーニンは普通の生活者がたまたま不可避的に革命家となった存在だが、トロツキーははじめから〈革命家〉とでもいうよりほかない存在だった。このことはふたりの記述の文体が語りかけてくる含みだといっていい。トロツキーの文体と思想にはそう緊張する必要がないのに緊張しているところがある。革命家でないことは〈死〉を意味するという発想が当然のようにおもえた。対馬忠行はじぶんが学問的な研鑽をつむことができない衰えを感じたときトロツキーの自伝の言葉が蘇えったにちがいない。新聞記事は四月十一日に播磨灘で投身し、八月十一日に死体が浮上したことをひとつのちいさなカコミ記事のなかに伝えたのだった。

対馬忠行の思想と業績はそのソ連論に集約されていた。わたしの考えでは対馬のソ連論はロシアの十月政治革命の意味とその後の社会革命の具体的な方策を実施しようとして当面した現実的な問題は何であったか、それはどんなふうに悲劇的な失敗におわり社会主義とは似てもにつかない変種に成長していったかを解析したわが国ではたったひとつある仕事だった。

レーニンとその党派が十月革命によって政治権力を奪取したときに当面した基本的な問題は、マルクスの理念を原理としてもつ政治権力が、未発達（あるいは跛行的な発展）な資本主義的な産業とアジア的な農村共同体の構造を強力にのこしている農業とをかかえ、アジア的な共同体意識を強固にもった住民大衆によって営まれている社会を、どうやって〈社会主義〉的な方向にもっていけるのかという問題だった。レーニンとその党派は政治革命の成しとげたあとすぐに社会主義へ移行することは、ロシアのような未成熟な資本主義的な産業構成とアジア的な共同体（レーニンのいう家父長的な原始的な農業構造）の構成をつよくのこした農業をかかえた国では不可能ではないかという問題に直面した。そこでレーニンの指導する党派は、部分的には社会主義的な経済社会へ移行する方向を、また部分的には資本主義的な産業育成の方向を意図的にとってゆくことを同時に並列してやっていかねばならない課題を背負った。このことはやや一般化していえば、コミュニズムを政治理念とする国家権力によって、資本主義の未成熟な国家の社会的革命をどうやったらいいのかという問題に帰着する。

レーニンははじめ、国家の政治政策的な強制力によって推進すれば一気に社会主義的な社会構成へ移行するための方策は実施できるとみなした。けれどじっさいには社会構成の変化はどんな政治的な強力を加えても意のままにはならないこと、社会構成の変革にたいして社会は自然史的な頑固さをもって短絡を拒否する本質をもつという問題にはじめてぶつかった。そこでレーニンはすでにある社会の充分な近代資本主義的な部分にたいしては社会主義的な諸策を実施し、前資本主義的な部分にたいしては、これを資本主義的な近代的な社会経済的な諸関係にまで引上げるという方策をとるという同時並列的なやり方をとるにいたった。しかもこれがマルクス主義国家権力によって実施されるということが、人類史のうえでレーニンとその党派が最初に、未経験のままに直面した課題だった。マルクスは充分に成熟した西欧（イギリス）の資本主義社会の社会経済構成を対象にしてそれが社会主義社会に移行するために行われるべき方策については理論上の素描を描いていた。だが未成熟なそしてアジア的な村落共同体の構成をたくさんのこしたロシアで政治革命が起こり、それが成しとげられるために注意しなくてはならない描像と、直面するはずの問題と、また政治勢力によって実施しなくてはならない社会革命のじっさいの方策についていては、原理として既知な描像に照らしながら未知の未経験の課題をひとつひとつ解決するほかに方法はなかった。

対馬忠行のソ連論の眼目は、レーニンらの党派（マルクスの理念を原理とする）が国家権力を把握し、その国家権力の独裁下（いわゆるプロレタリア独裁）に、社会の近代資本主義化を推進するという後進的あるいはアジア的な課題を行おうとしたときにでてきた矛盾と、国家権力の強制下に社会を資本主義化してゆくという類例のない（ファシズム以外には）施策がもたらした逸脱を検討することにおかれている。そして対馬忠行のこの問題の把み方はたぶん基本的に正確だった。

このばあいレーニンとその党派にとってマルクスの理念から十月革命のさいに既知だったことは要約すると次のようないくつかの点に帰する。

政治革命がマルクスの理念によって行われたとすれば次のことが基本的にやられなければならないはずだ。

(1)革命によって成立した〈国家〉の理念および国家機関は権力を永続化するものであってはならない。

（レーニンがこれを実現する具体的な方法として提起したことは、(1)すべての国家公務員は完全な選挙制とリコール制におくこと。(2)すべての国家公務員の報酬は労働者賃金の水準を超えることはできないこと。(3)国家機関は議会などによるのではなく立法と行政的な執行権とを合併した行動的な団体であること、であった。)(2)大衆にたいする武力強圧力である軍隊と大衆にたいする監視機構である警察力とを根こそぎ撤廃し、大衆自身の直接的武装にかえること。

(レーニンとその党派の革命権力は内外の軍事力に囲まれていることを理由に旧帝政ロシアの軍事専門家を採用して軍隊をつくった。)

レーニンとその党派の政治革命は権力を掌握したときこの原則を実施できなかった。しかし国家権力を奪取したときにこの原則をやろうとする志向をはっきり方針としてうち出した。なぜならこの原則が守られていないような政治革命はまったく歴史的に無意味な反乱権力にすぎないからだ。ことに後進国家ではこの政治革命の原則を喪ったときにはただちに独裁的な官僚権力によって支配された民族国家(資本主義)とまったく同義になってしまうからだ。けれどもまたいうことができる。この一見単純にみえる原則を実現することは、人類の歴史がかつて政治的にまったくやったことのない根柢的な価値転倒の施策なしに不可能であるということを。リアル・ポリティクスなどというのはこの眼もくらむような価値転倒の実現の困難さと未踏さとそれなしには一切の政治革命は無意味だということを知らないものの自己弁護なのだ。レーニンは明瞭にマルクスがコンミューン型として描いたこの原則の地平の意味するものを知っていて、すくなくともその方針と理念のなかにはっきりと志向性を示した。

次にマルクスの理念によって解明された原理をもって国家権力を掌握した政治権力（労働者の）によって遂行される社会主義的な社会革命は、基本的に次の条件をもたなければならない。

(1)その社会の経済構成は価値法則を揚棄するものでなければならない。すなわちそこでは資本と賃労働の関係のように労働力を商品として売るものとそれを買うことによって利潤を（つまり剰余価値を）取得するものとがあってはならない。このばあい資本の代りに国家であってもおなじで、ようするにこの剰余価値を生みだすどんな関係も存在してはならぬ。その社会では対象化された労働力は労働時間をもって測られた丁度その全部を反対給付される。『ゴータ綱領批判』のマルクスの言葉によれば労働証書のような形で。

（さきにも言及したようにレーニンとその党派はロシアの政治権力を掌握したときにこのような〈社会主義〉的な社会革命をおこなうことができなかった。できえたのは一部分のすでに充分に成熟した資本主義的な経済社会になりえている部分（部門）においてだけだった。支配的であった農業経済におけるアジア的な村落共同体の要素と優勢な小商業的な要素と前近代的な産業の分野では、まずこれを近代資本主義的な諸関係にまで引上げる（つまりマルクス的な国家権力の介入下における資本主義的な社会諸関係の成熟化〉ことをせざるをえなかった。つまり社会主義的社会の実現にとっては後退だった。

ただレーニンにとってはこのことは自覚的だった。けれどスターリンにいたっては合理化されてしまった。ロシア・マルクス主義国家権力の強制下に建設された資本主義というのが、ロシア革命以後のおおよそのソ連的ロシア国家像だといっていい。これは何を意味するのか。レーニンとその党派が鳴物入りで実現した政治革命は、ただ国家権力が強力に介入することが資本主義国〈つまり歴史の無意識の所産〉とちがうだけの近代資本主義的な社会を実現しただけであったということになる。もっと否定的な画像と肯定的な画像とを附加すれば、ナチスとおなじように理念をもった官僚によって膨張する強大な国家という画像と、社会保障と保険については資本主義国よりも意図的な政策をもっているという画像が附け加えられる。

さらにもうひとつの意味についてわたしたちに考察を強いる。もし現実的な貧困の累進された解決ということが課題であるならばソ連的国家によっても資本主義的国家によっても漸次的に社会は〈晴れ上って〉ゆくだろうことだ。けれどそれはマルクスのいう価値法則が現実的にも精神的にも揚棄される社会とはいわば〈一ケタずれて〉いるもので、その志向性は初期レーニンの脳髄の中までは確かにあったが、どこにも実現されることなく消失してしまった。あるいは実現の志向性と志向性の実現のモチーフすらいわゆる〈マルクス主義〉からは消失していった。）

対馬忠行は十月革命後の初期のレーニンの言説と、スターリン体制になってからのスターリンの言説を検討し、経済的資料を考察に入れて、はじめにレーニンとその党派によって自覚的に推進された「国家資本主義化」（マルクス的理念をもった政治権力による前近代的社会諸関係の近代資本主義化のこと。ナチズムは国家主義、民族主義、排外主義的な政治権力が資本主義を制圧した国家資本主義にあたる。）がスターリンによって自覚から自己合理化へと変質され、賃労働の国家官僚（資本）による収奪、価値法則の公然たる復活となって具現することになった過程の基礎的な描像をつくりあげた。その先駆性はどんな弱点をもっていても対馬忠行の業績に帰すべきだといえる。

対馬忠行の〈ソ連論〉がわたしたちに与えつづけた外からの印象は、なぜそれほど追究するに価しない、つまりどんな模範にもなりえない国家の成立過程をこれほどの執念をもって追究するのかという疑問だった。この疑問の中身には、いわば対馬忠行の体験の流れがあった。現在あまり資本主義国と変わりばえもしない〈社会主義国家〉がなぜあまり変わりばえもないものとして成立していったか、またなぜある意味ではソ連が、かつてのナチズムやファシズム国家と殆ど同じ描像で描けるような相似性を示すか、またなぜ国家的な強圧力を対外的に国内的にある意味で資本主義国〈以上〉に行使するのか、これらの問題にたいする考察の根拠は対馬の仕事のなかに探ることができる。

対馬「ソ連論」の最大の弱点は、レーニンの軍隊論を鵜呑みにしたその軍隊論にあった。というよりも対馬がレーニンと（部分的にはトロッキー）に依存してスターリン以後のソ連の実現を批判するという非自主性を脱却しえないところにあった。対馬忠行は書いている。

プロレタリア独裁国家は「国家より非国家への移行」であるとはいえ、なお、国家であるかぎり非武装を実現しえない。それは反革命を強力的に抑圧するプロレタリアートの機関であるからである。「独裁は直接にゲワルトに依存する国家権力である。二十世紀におけるゲワルトは、一般的に文明期におけると同じように、拳でもなければ棍棒でもなく、軍隊である」（レーニン）。戦後、日本では社会民主主義者間に、「非武装国家」論などがはやっているが、あれはレーニンも一笑に付しているように、いかにも「小国」の、小ブルジョア的空想である。（レーニン「軍備撤廃のスローガンについて」等を見よ）国家は国家である限り、軍隊（高度に組織化された暴力）なしにすますわけにはいかない。これはマルクス主義国家論のＡＢＣである。問題は所与の条件下において、いかなる軍隊をもつかという選択だけである。世界社会主義の勝利、国家の死滅のみが、その息の根をとめることができる。

コミンテルン第六回世界大会の有名なテーゼ「帝国主義戦争に対する闘争と共産主義者の任務」（一九二八年）も、「資本主義的環境の包囲の中にあるプロレタリアートの独裁に対して、民兵制度の即時の完全なる採用を求めるのは小ブルジョア的、反革命的馬鹿話である」と言っている。このテーゼは、それを一国社会主義の不具性の一表現としてつかんでいないといううらみはあるが、とにかくこの発言は正しかろう。従って、加えられるべき批判は、そこではなくして、他の決定的な重要面にある。すなわち、一九三五年九月以降の、かつて十月革命によって廃止された士官位階制度（Officers' Rank）の復活にある。（対馬忠行『ソ連「社会主義」の批判』）

ロシアにおける十月革命という特殊な具体的な情勢下でだけ適用され、しかもその適用（旧帝政ロシア軍隊士官兵士の転用など）におおきな問題をはらみ、その後におけるロシア軍国主義の基礎と口実となったレーニンとコミンテルンの言説を、あたかもどんな時代と情況でも普遍性があるかのようにまる呑みにしている対馬忠行の言説のほうが「非武装国家」論よりも遥かに「空想」的なのだ。そもそも高々「民兵」制度をしかもたない（一切の軍隊と警察を破壊し徹底的に無化する）ということを原則として保持しえない政治革命などは〈革命〉という概念に価しない。一切のどんな国家権力によって支配された軍隊と警察もただ特権的な階級にたいしてではなく大衆にたいしての抑圧暴力監視機関であることを本質にしている。意図が特権階級の抑圧という善意に発祥しようとも、究極的には軍隊、警察力という武装監視機関はその本質をつらぬかずにはやまない。暴力、監視手段の現代における高度化と機能化と自動管制化とはどうやってもそれ以外の本質をもたらさない。レーニンはこの課題について情勢と妥協し、資本主義諸国の包囲下という口実のもとに政治革命の原則を破ったのだった。この口実は政治革命の概念が〈国家〉権力の永続化と固定化を防止する装置と方策を伴っているかぎりではかろうじて許される程度のものだった。コミンテルンのテーゼにいたってはソ連国家主義の利益を擁護するための革命思想とヒューマニズムの観念の国際的収奪のための強力を、必要だと強調しているにすぎなかった。コミンテルンは人間は他者をだますためにまずじぶんをだますことが必須の条件だということを公的な国際機関としてはじめて実現させた制度だった。十月革命は成立の直後にロシアの一国膨張主義と一国社会資本主義の成立以外の何ものでもないところに変質していたにもかかわらず、すべての人類の知識と理想と変革と人道の思想と観念と善意の感情にたいして、人類がかつてはじめて地上に出現させた願望の萌芽であるかのような幻想をソ連ロシアにたいして与え、それら善を象徴する人々の頭脳を収奪したのだった。じっさいは何のことはない。スターリン時代になったときには、小賢しい現実主義者がロシア国家を富ませ軍事大国にするためにする現実の方策にしかすぎなくなっていた。上質な意味をとってきても高々国家が剰余価値を蓄積して社会政策的に困窮と疫病の匡正と社会保障とを強化することが〈社会主義〉を意味することに変質してしまった。この程度のことを実施し、実現するくらいは、資本主義的な民族国家とそのヴァリエーションによってできる範囲をでるものではない。そのことはまったく明瞭だった。マルクスの理念が政治革命の概念とそのじっさいの形を提出しているのは、まるで〈一ケタ〉次元を異にしていて、いま流布されている〈社会主義〉の理念と、それを実現したと自称している国家の実状とはまったくちがったものを指している。このことは、いくらかでもマルクスの理念に通じているものにとっては、かれらが提起した政治革命と社会革命の原則の素描に合致するか否かによって判断することができるし、マルクスの理念に通じないし関心ももたないものにとっては〈資本主義社会が人間に許している自由（の平均値）よりも遥かに拡大された自由（の平均値）が与えられているかどうか〉によって判断することができる。保留すべき条件も何も一切ない。この基準に照らして原則を欠落する国家・社会を〈社会主義〉とよぶ必要はない。

対馬忠行の〈ソ連論〉は初期レーニンの思想的な権威によりかかっているだけで、レーニンの思想自体を検討するというじぶんじしんの思想の展開をもたないため時代の制度をつらぬく本質を拡大することにつながらなかった。とはいえはじめてマルクスの理念であった政治革命と社会革命の諸原則を明晰にとりだしそれを整理し、その鏡にソ連ロシアの歴史を写してみせたものだった。その力点が第二義的な意味しかもたないソ連批判におかれていた（つまりソ連を至上化し、至上化したものを批判するという自己劇化）ことは対馬忠行の特徴でありそこに個人としての体験の時代的な制約があった。言葉をかえていえば理論的な〈人の好さ〉がほんらい至上のものでも神聖な権力の出現でもないソ連ロシアをあまりに至上化し、その至上化したものから与えられた自己幻滅ゆえに批判の対象として執着しすぎた。もちろんこのことは大なり小なりわたしたちが演じてきた錯誤の拡大された鏡であった。むしろ誇張された鏡と呼んでもいい。そこに対馬忠行の悲劇と痛ましい光景を見ることができる。対馬忠行の死を悼むことにかえてこの走り書きを書き留める。

遠山啓

西日のあたる教場の記憶

遠山啓さんが突然亡くなった。いま記憶のなかから西日の落ちかかった階段教室で、重たいゆっくりした口調で「量子論の数学的基礎」の講義をすすめている遠山啓さんの姿を思いうかべる。現在まで何べんその情景を思いうかべただろう。生涯のうちに変形したり細部にこだわったりしながら繰返し想像的に再現する大切な情景があるとしたら、わたしにとっていつでもとり出されてくる数すくない情景のひとつである。あれは敗戦の余燼がまだ醒めない時期のことであった。

遠山さんは詰め襟の国民服を黒か紺に染めたような粗末な服を着ていた。講義の内容は量子化された物質粒子の挙動を描写するために必要な数学的な背景と概念をはっきり与えようとするものであった。わたしははじめて集合・群・環・体・イデヤアル・ヒルベルト空間・演算子などの概念に接して、びっくりしていた。そしてむさぼるように講義を聴きつづけた。敗戦にうちのめされた怠惰で虚無的な学生のわたしが、一度も欠かさずに最後まで聴講したたったひとつの講義であった。怠惰なくせに職人的な教授たちを馬鹿にしきったひとりの学生を何が惹きつけたのだろう。つぎつぎに繰りひろげられる抽象的な代数概念が、いままで思いこんでいた数学とまったく異っていた驚異ももちろんあった。また薄い膜をつぎつぎに剝いでゆくように、それまで難解におもわれた化学結合の量子論的な扱いが、軽く容易なものにおもわれてくる興奮もあった。けれど、もっと大きいのは遠山さんの淡々とした口調の背後に感得されるひとつの〈精神の匂い〉のようなものの魅惑であった。ほかは空洞のように静かになった学校のその西日のあたる教場で、ああ、これが〈学問〉ということなのだな、とはじめて感じていた。わたしは怠惰でどうてい駄目だが、わたしに〈学問〉を学校の講義で感じさせたのは遠山さんがただ一人であった。

遠山さんの〈精神の匂い〉は、ひとくちにいえば大学の教授の一般的なタイプである、頭のいい坊ちゃんという印象とまったく異ったところからきていた。人間の本性にある怠惰とデカダンスをよく知っていて、それを禁欲的な強い意志で制御した上に数学を築いているというふうに理解された。このような〈精神の匂い〉は、怠惰と虚無に沈みこんでいたわたしにはすぐに嗅ぎわけられるようにおもわれた。なぜそう感じられたのかとあらためて問うてみると、あまり確かな手がかりはみつけられない。講義の内容は切れ味の軽快さよりも抜群の重味を、整合性よりも構想力の強さを背後に感じさせるようなものである。このような印象は、あるひとつの対象を理解するために不必要なほどの迂回路をとおって到達した証拠であるようにおもわれた。もっと別の言葉でいえば対象を否定し嫌悪したものがその対象にむかって独力で到達したときのもどかしさと力強さとのふたつが結びついていた。

わたしの精神状態は最悪であった。富山県魚津の動員さきの工場で敗戦にあうと、建設していた中間プラントの装置類を壊し、書類を焼きはらって、どういう混乱になっているのか、何がおころうとしているのかまるでわからない東京へ舞いもどった。そしてすぐに母親の疎開さきである福島県須賀川の農家に引こんでしまった。母親といっしょに畠仕事をして過しながら、東京でおこる出来ごとによってはここに居ついて生活の糧を得ることになるかもしれないとかんがえていた。

国家ははたして敗戦後も存続しうるのか。大学なるものは存立が許されるものなのか。本土内での抗戦はおこりうるのか。はたして人々はどうやって生存と生活の手段を獲得したらよいのか。こういうことの一切が未経験で不明であり、一切の指示がどこからも与えられなかった時期が、いま存在していた。

厳密にいえばそれは敗戦後の数カ月であったかもしれないが、たしかに国家が権力を喪失した混沌の時期が存在していた。わたしは母親と土地の農家から借りたわずかばかりの畠を耕しながら、何がおこるかわからないその何かを、ただじっと待っていたとおもう。

またどこからくるかわからない確かな指示を、それが何であれ望んでいた。けれども私が何度でも確認したいとおもうのは、この無権力的な混乱の時期に、わたしたちは何かをおこすことも何かの指示をうけとることもなかったということである。つまりは左右を問わずすべてどんな勢力も諸個人も、何の構想力も力ももっていなかった。このことは無条件降伏であったか否かという法制上の論議の以前に、はっきりさせておかなくてはならない。また誰がどう弁解しようと無権力の、いいかえればどんな勢力や諸個人が何をしてもいい真空状態は確実にあったにもかかわらず、どんな勢力も諸個人もその可能性を〈視る〉ことも、また空洞を〈発見〉することさえもできなかったのである。

みじめなことにわたしは殻にこもった蝸牛のような疎開さきの農家の生活から徐々に頭をだして、東京がどうなっているか、学校がどうなってゆくのかを確かめてくると言いのこして上京した。

大学はもっと酸鼻をきわめていた。無気力でうやむやのうちにずるずると再開されようとしていたのである。はしゃいでいるのはとんだ一夜漬けの馬鹿だけだとわたしにはおもわれた。敗戦とはなにか、大学とはなんなのか、学問とはいったいなにかに回答することなしに、大学がまたぞろ再開されようとする姿が醜悪で、嫌悪だけがどうしようもなく内訌してくすぶっていた。そんなおおきなことをいわなくてもいい。すでに動員さきの工場や農村生活で、ある意味では放埒で、ある意味では年齢よりもはるかに生活経験と荒っぽい工場生活を積んでしまったまま、方途をなくした状態で、静かで無気力で惰性的な学業の世界に復帰しようとしても、簡単に精神のきり換えがきくはずがなかったのである。毎日が暗鬱で、何をする気もなかったし、現実の社会状勢はただ嫌悪しか誘わなかった。

そんなとき遠山さんは校門の左側にあった掲示板に特別講義「量子論の数学的基礎」の貼り紙を掲げて無償の講義にのりだしたのである。このことは何を意味したかは、偶然その貼り紙を眼にしたわたしの精神状態には明瞭であった。わたしにも主題にたいするいくらかの知的な渇望がのこっていたことは確かだったが、そんなことは大した問題ではなかった。敗戦とはなにか、大学とはなにか、そして〈学問〉とはいったいなにかについて確乎とした構想をもち、それを公開するだけの気力と蓄積とをこの学校の小使さんのような詰め襟すがたの壮年の教師が内包していることを意味していた。そしてもっと潜在的な領域にまで拡大すれば、無権力の混沌とした敗戦期に、ただひとりなにをなすべきかをじぶんの事実世界の場所から心得ている人間がいることを意味したのである。わたしは怠惰で虚無状態の学生だったがすぐにこのことを理解できたとおもう。数学上の業績に限定すれば、遠山さんよりも優れた業績をあげた同時代の代数関数論の学者はいるかもしれない。けれど総合的な構想力と洞察力と識見を包括して遠山さんに匹敵する数学者が存在するはずがなかった。むしろそれだけの思想家が存在するはずがなかったといっても誇張ではない。領域の特殊性からみて数学と音楽の世界には天才的な職人が存在できる余地がある。

わが国の数学者と音楽家の優れたものはほとんどこれにちかいといって過言ではない。だが遠山さんはまったくその対称に位置するものであった。数学のような純粋理念の学を研究するにも、なお怠惰なデカダンスや迂回路や落ちこぼれの純粋体験が有効であることを身をもって立証しえている唯一の数学者だったろう。わたしが数学者としての遠山さんにつきあったのは「拡張された因子および因子群」の発表を聴きにいったのが最後であった。時間が超過しても時計台の時計を会場の窓のそとにちらっと視やり、悠然として何かつぶやいて思わず会場の哄笑を誘った遠山さんの姿をいまでも眼にうかべることができる。

わたしはすぐに遠山さんの講義にとびついた。そしてむさぼるようにして知的な飢えを充たしていった。いま考えるとその講義をつうじて遠山さんから無言のうちにうけとった〈学問〉の概念は、けっして新しいものではなかった。わたしは旧きよき時代のドイツかどこかの大学では、騒然たる社会情勢の下でも驚天動地の戦乱のなかでも、このような寂かにそして潜熱のように〈学問〉が授受されたのだろう、というようなことをよく空想した。物心ついてから、がさつな生活と戦争と敗戦の荒廃しかしらず、およそ教養の匂いなどひとかけらももっていないわたしには、この講義がつくりあげている稀にみる稠密な潜熱のような雰囲気が貴重なもののようにおもわれた。

遠山さんは後年、大学紛争のあとでその頃を回想している。

そのことについて私に一つの思い出がある。八月十五日から九月、十月にかけて、工場動員にでていた学生たちがぼつぼつ大学にもどってきた。しかし、大学は荒涼としていて、なにもない。塔の上の大時計は十二時をさしたまま何年間も動かなかった。学生たちは、あの時計はいつも正午で、いつも空腹だということを象徴しているといって笑った。

そういうときのこと、数人の学生がやってきて、なんでもいいから講義してくれという。ぼくたちは大学にはいったが、工場動員の連続で、ロクな教育を受けていない、だから、講義というものに飢えているのだ、という。

私は運よく戦災にもあわず、比較的に余裕もあったので、学生の希望におうじて講義をはじめることにした。今日でいう自主講座だから、単位などというものはいっさいなしである。それでも毎回二百名ちかくの学生がききにきた。こちらもしぜんと熱がこもって、三時間か四時間ぐらいぶっつづけに講義した。

率直にいうと、長い教師生活のなかで、そのときほど熱をこめて講義したことはなかったような気がする。講義をきくほうも、するほうもなにかに利用しようという目的もなく、まったく無償の行為だったからであろう。（「卒業証書のない大学」）

もちろんわたしは遠山さんに講義をしてくれと依頼にいった学生ではない。そんな殊勝な心がけなどすでにひとかけらも持ちあわせないどん底の落ちこぼれであった。だからこそこの講義に衝撃をうけたのだともいえる。遠山さんには敗戦の打撃からおきあがれない若い学生たちの荒廃をどこかで支えなければという使命感が秘められていて、その情感と世相への批判が潜熱のように伝わってきた。それを理解することが数学上の概念を理解することと同一であった。わたしは怠惰と無垢と不信をあたためてすべてを白眼視していたから、遠山さんと直接に出会えるはずがなかった。けれど心は決定的な衝撃をこの講義からうけとっていた。むしろ敗戦のあとにもう一度生きてみようかという微光のようなものを遠山さんの講義からうけとっていた。

このうけとり方は遠山さんの潜熱のような教育上の使命感の埒外にあるものだったろう。わたしは、ひとはひとに影響を与えることも影響をうけることもできない、という太宰治の言葉が好きだ。この言葉はひとはひとに教えることもひとから教えられることもできない、ということをも意味している。遠山さんはわたしに教えたのではなかった。だからわたしは教えられたのだ。遠山さんはわたしに教えた。だからわたしはそのことを教えられなかった。多くの学生たちのあいだには教授はただ敬遠すべき偽善者たちであり、大学は諸悪の根源であり、ただ通過すればいいと考えている怠惰でひねこびた箸にも棒にもかからない暗鬱な存在がきっといる。かれらに取柄があるとすれば、ただ無垢で無償でありたいという願望だけだ。わたしはそんな学生のひとりであった。遠山さんの教育理念と情熱をもってしても、このような存在は落ちこぼれるほかないにちがいない。だがわたしの信じているところではこのような存在の地平を解明するところに膨大な未知数の課題が開かれているはずであった。

少なくともわたしにたいして遠山さんは、理念が落ちこぼしたものを最終的には人格で拾いあげていた。後にわたしがあらゆる職から断たれて途方にくれていたとき、アルバイトの就職口を探してくれた。わたしはお蔭で長いあいだ生活の破産を免れることができた。

わたしのイメージのなかで生成している晩年の遠山さんは、新たな視点から数学基礎論の建設に向おうとしているようにおもわれた。数学基礎論ということで遠山さんが考えていたのは〈構造〉の概念を駆使して数や図形の集合の意識学をつくりあげることであったようにおもえる。点・線・面などの概念をもとに作りあげられた図形の概念が、純粋な意味では実存の物体とは何のかかわりもなく成立する〈理念〉の概念であるにもかかわらず、その図形の学である幾何学が自然や事実の世界における物体の運動にたいして純粋な記述でありうるのはなぜか、そのことは意識にとってきわめて重要なある段階を意味するという発見から着想して、フッサールが意識の幾何学ともいうべき純粋現象学を建設していったとすれば、遠山さんはたぶん数と図形の集合の意識学ともいうべきものを構造的な同型の概念をもとにして基礎づけようと考えていた。遠山さんの名著『代数的構造』のなかでその萌芽ともみられる記述がみつけられる。ある数とか図形とか事実の概念とかの集合があって、その集合が任意の〈理念〉によって関係づけられているならば、それは〈構造〉と呼ぶことができる。そしてこのばあいに〈理念〉なるものが問題となる。フッサールは純粋現象学を構成するにさいして、たとえば三角形が大小や形態のちがいにもかかわらず、誰によっても同一の直観像を形成しうるのはなぜかという問いから発して、このように誰によっても実在の物体や知覚の相違にもかかわらず誤解の余地なく同一のものと認知されうるような対象概念を〈理念〉のひとつの態様とかんがえた。そして〈理念〉を構成しうる与件としての純粋意識と志向性と対象性の構造の概念のうえに、意識の理念の学である現象学をつくりあげていった。いま、数学的な集合を関係づける〈理念〉もまた、現象学における〈理念〉とおなじように意識のある相関性であることがたぶんきわめて重要な意味をもっている。遠山さんは数学的な〈構造〉がたんに恣意的でないための条件として、その構造が実在の世界にたいして内在する普遍性をもっていなければならないこと、さらにそれが〈構造〉であるかぎり〈美しく〉なければならないことを挙げている。そしてこのばあい〈美しく〉ということは、群のような単純で明瞭な姿をもつものを意味している。なにが問題なのだろうか。数学的な〈構造〉の与件となる〈理念〉は、意識の相関性であるかぎり無限の自由度をもっている。けれど他方では〈理念〉であるかぎりにおいて、無限にある度合の普遍性を融解して高次の普遍性にゆくに相違ないことである。ここに数学基礎論のもっとも重要な課題が潜んでいるようにみえる。数学者たちはつぎつぎに〈構造〉を融解して新たな構造をつくりだしてゆくにちがいない。だがかれらはじぶんたちが何をしているのかを内省し基礎づけることはありえない。ここで内省とか基礎づけとかいうのは、数学者たちがひとりでにやっているフッサールのいわゆる(einklammern)を解除してみせることに該当している。その内省を介して数や図形の集合の意識学ともいうべきものが〈構造〉の無限の上昇と、事実や自然の世界とを結びなおさなければならない。

遠山さんのもっていた哲学と文学の素地は、おのずからその方向をさしているようにおもわれた。あの徒労にも似た強靱な数学教育の方式の創設と実行の背後にあって、遠山さんをささえたのは基礎論の研鑽と整序された構想であったろう。わたしたちは数学と哲学のその融合の姿をみる日をもうもつことができなくなってしまった。

平野謙

平野さんの神々

1

批評家平野謙の神々は何であったか。こう書いてみてすぐに、〈実生活〉の紡錘形をした厚みに沿って粘着してゆくような文体のことが思いうかんでくる。やはり、〈事実〉の記述にすぎないようなその批評文にある厚みと膨らみを与えている文体の不思議さがいちばん心にかかっているのだ。分析しないでいえばそれが平野謙の経験の総和みたいなもので真似はできないさ、ということになるのかもしれぬ。けれど平批評家と自称しながら時評や文学史的な追究に根を入れて倦まなかった自負の秘密はこのあたりにかくされている。この紡錘形に屈まる文体の曲線に沿うていくつかの神々が鎮座している。批評家的な資質に則っていえばその神のひとりは〈論理ではないところの推理癖〉〈病的にならないところの偏執性〉であったとおもう。これは平野謙の批評の文体に地面を這ってゆく炎のような無類の粘着性と体温をあたえている。

もう十五、六年前のある座談会で平野謙に戦前の日本共産党「リンチ殺人」事件について「大泉という人がスパイであったと本当に信じていますか」と訊ねたことがあった。平野さんは「信じています」と答えた。わたしが訊ねたニュアンスは否定的なもので、確たる根拠もなくしてスパイ談義を好むこの世代の文学者たちにたいする無形の非議を言外に籠めていた。座談会がオフレコになってから、友人奥野健男が高分子化学の製造技術に関して特許庁長官賞を受賞したことが話題になった。それに関連して平野謙は「吉本さんは特許庁にお勤めだそうですね」とわたしにいった。「いいえ、どうしてですか」とわたしは不審におもって聞き返した。「そう聞いていますが」とかれはいった。日本官庁がいくら寛容でもわたしを雇用してくれるはずがない。だが一瞬おいてから〈あっ〉とおもった。平野謙の推理癖と凄まじい跳躍と粘りに思い当ったのだ。私は畏れを感じて「わたしが勤めているのは特許庁に特許申請をする出願人の手続の代理をする個人経営の特許事務所です」と説明した。平野謙の推理癖にとっては、奥野健男が特許庁長官賞を受賞し、わたしが特許庁の技術担当の役人であれば、そこに批評のドラマと情熱が成り立ったのだ。残念なことに特許庁に勤めているという伝聞は虚偽の情報で、わたしは失職を糊塗するため個人の経営する特許事務所に下働きをしていた。その後ただ一度わたしたちの雑誌を購いにわたしの家へ訪ねて来られたことがあった。「なかなかいいお家ですね」とかれはいった。わたしは直ちに「いいえ、借金をして購入した建売住宅です」と説明した。ただ平野謙の推理癖が怖かったのである。わたしには文献実証主義にたいする抜き難い不信がある。あるひとつの〈事実〉とそれと関わりがありそうな〈事実〉があったとき、その二つの〈事実〉を関連させる推論の仕方は無数にあるというのが〈言語〉という思想の立場である。〈事実〉はどんなに累積しても並べ変えても何も語らないとわたしは信じている。無理に〈事実〉に語らせた推論で納得させられたことはほとんどないといっていい。平野謙が「しゅうねく」情熱を傾けて死の近くにものした日本共産党「リンチ殺人」事件に関する膨大な論証の書もなおわたしを論理的に納得させなかった。わたしには平野さんの推理癖の暗い側面におもえたことを白状しておきたい。わたしにも事理を超えても固執したい体験的な思想の核はある。それに固執しようとするとき平野謙における日共「リンチ殺人」事件のように、それ自体の無意味さ、空しさが歴史的に立証ずみであるような下らぬことに血道をあげていることになっているに相違ない。ここまでくるといつもわたしは、人間はもともと個人としてみれば、客観的にはちっぽけで無意味であるようなつまらぬことに生涯を潰してしまうことによって辛うじて存在しうる存在ではないか、というかなり永続的な思いこみにゆきついてしまう。そこでなら自他ともに赦されるに相違ない。青年は意識的に暗い地点に駈けてゆく。老年は無意識に暗い地点に走ってゆく。その暗い部分へ平野謙の神々のひとりは平野謙をひきずりこんで安堵させなかったのではないか。

2

昨年のことだったか。平野謙の業績に恩賜賞が授けられた。平野謙はそれを貰ったあとで雑誌『群像』に受賞の意向を打診されたときからはじまる経緯をくどくどと書いていた。わたしはたまたま読んだ。そして読みようによっては書かずもがなのたわ言ともとれる文章の独特の粘り方、固執の仕方に平野謙の批評の精髄を感じてやはり非凡な批評家だとあらためて舌をまいた。問題は客観的にみれば至極簡単なことである。天皇の名目において押しつけがましく「恩賜」賞などと名づけた賞は頭から蹴とばすがいい。そうでなければ王党派の文学者のように有難く頂だいするか、あるいは誰がどう評価しようとじつは単なる知的職人にすぎないわが国の自然科学者や人文科学者や芸術家どもとおなじように、嬉しがって受賞すればよい。いつも現場の臨場感を失わない平批評家をたてまえとした平野謙は、知的職人の位相で嬉しがっていったん受賞したかにみえた。けれど自分でも釈然としないし、あるいは周囲にも、いやしくもかつて左翼運動の息吹きを浴びた体験を自己批評の原点に据えてきた文芸批評家が天皇の名目がついた賞をもらうのは生涯つっぱってきたもののちょう消しではないかと批判する声があったのかもしれない。平野謙はそこでふんぎりの悪い、何をくどくどと弁解しているのかわけのわからない一文を草したのであったろう。平野謙に受賞をあっさりと受けさせたものも、また弁明じみた一文を書かせたのも生涯の〈病気〉からくる孤独であった。けれどふつう〈病気〉の孤独は安堵と諦念と判断のぼけに終るものである。だが平野謙は最後の気力のところで踏みこたえて、いかにも平野謙ならではの執拗なこだわりの文章を草した。わたしはやはり非凡な批評家だなあとおもわずにはおれなかった。そのほかのことはどうでもいいことである。ちょっと見には無意味におもわれるようなふんぎりの悪い判断と行為の領域への固執癖、その情熱こそが平野謙の開拓した固有の文芸批評の領域であった。この位置はいわゆる文壇からもいわゆる左翼からもけっして判りよいものではなかった。そこに平野謙の批評家としての孤独があった。文壇は平野謙を小説好きの便利な平批評家だとおもって使いこみ、左翼は優柔不断でけっしてじぶんたちに背かない同伴知識人だとおもって小馬鹿にしたかもしれなかった。身をやつすことが身についていた平野謙のほうも腰を落とし身を低くして二正面にたいし成り澄まそうした形跡がある。そしてときとしてその鬱屈が爆発すると日頃の低姿勢に似ず、鋭く冷たい本音をはいて読者をはっとさせた。その独特の間合いの悪さ、不器用な身の処し方をわたしはひそかに尊重してやまなかった。晩年に平野謙の業績を高く評価したのはむしろ近代文学の研究者や学者だったのではなかろうか。文学者はえてしてもているとおもっているところでは孤独で、孤独だとおもいこんでいるところでもてているものである。平野謙においてもまた。

3

ほんとの自己告白をいかなる意味でも自己に禁じたこの批評家は、でもドイツ語のAB《アーベー》C《ツェー》からはじめてドイツ観念論の哲学へとりついてゆくといった昭和初年の一時期の青春の残り香のようなものを、時にその味も素っ気もないような批評の文体と主題と語彙に匂わせた。井上良雄論。竹内仁論。これが批評家平野謙のほんとうの地下水であった。地表に大人の貌をしてみせた以後の水源である中野重治と小林秀雄への関心はむしろすこし汚れて屈折していた。平野謙が使って、わたしたちその影響下に文芸批評をはじめたものがさかんに借用しているのに「救抜」という語彙がある。かれはこれにErlösungというドイツ語をあてた。たぶん芥川龍之介の作品からこの言葉を採用したにちがいない。そして芥川龍之介もまた平野さんの文学体験に喰いこんでくるひとつの青春だったのであろう。ことさらに無味乾燥なことを無表情で書くのを旨としたようなこの批評家の含羞が、稀にほころびみせた青春の素顔のようなものをわたしは珍重したのであった。入門という言葉の傍にアインライトウングというルビをふるような平野謙のひそかな趣向に、この批評家の素顔が覗いていた。これに眼を留めなかったら平野謙は寂しいにちがいない。

4

批評家平野謙の王国には〈実生活〉という〈倫理〉の札がかかっていた。〈実生活〉と〈倫理〉とはヘーゲル的にいえば本来矛盾する概念にほかなるまい。けれど平野謙の内部では独特の仕方で融合されていた。この〈実生活〉という〈倫理〉にいったん文学者の挙動が抵触してくるとこの批評家は怒りと情熱と推論癖とを融合させて無類の優れた作家論をなした。力作『新生』論を主体とする藤村論はなぜ成立したか。藤村が同居していた姪に言い寄って近親相姦的な性的関係を結び姪の生涯に致命傷を負わせながら、そこからくるはずの〈実生活〉上の破綻をいわば、毒をもって毒を制する形で作品『新生』に告白することで切り抜けようとした。しかし『新生』一篇は告白といったような代物ではなく、むしろ告白の仮面をつけて読者をたぶらかす態の老獪な弁解にしかなっていない、というのが平野謙を緻密で情熱的な『新生』論に赴かせたモチーフであった。それは藤村の作品を論ずるよりも〈実生活〉の細部を無類の推理癖を発揮して追究したものといってよい。何人の〈実生活〉も文学作品の形成のために犠牲に供される権利がないことをモチーフとするときその批評は稀にみる〈倫理〉の情熱を湛えた。そこに秘された自己意識の王国の砦があった。それを守ることにおいて必死であった。小林多喜二の『党生活者』で主人公が同棲しているハウスキーパーの女性に、革命のためにおまえが稼いでおれの生活を支えるのが当然なのだという態度が肯定的にとりあげられているのをとらえて、宮本顕治・中野重治のようないわば平野さんの神々の代理人のような政治文学者を相手として、及び腰と称しながらも「政治と文学」論争に打って出たのはそのためであった。〈実生活〉という至上の〈倫理〉に戦前の〈革命〉運動の理念が抵触したと思えたとき、神々にたいしても抗弁したのである。もちろん時により思いこみに過ぎないところまで踏み外しているようにみえた。だいたい『党生活者』の主人公程度の同棲する異性にたいする「非人間的」な扱いは、ごく普通の実生活を営んでいる夫婦のあいだでも、危機に瀕すればしばしばおこっていることではないのか。そうだとすれば『党生活者』の主人公だけがことさら非難される必要はないはずだ。問題はむしろ戦前の革命運動をあまりにも神聖化している平野謙の思いこみにあった。党生活者を超人的な〈倫理〉や〈人格〉の持主であるかのように物神化している思いこみが、逆に平凡でくだらない『党生活者』の主人公に過剰な要求を突きつけることになった。おなじような思いこみは、芸術創造のためには周囲の人々の「実生活」を破壊してかえりみないものとみなされたばあいにも、あったかもしれなかった。かれが藤村のエゴイズムといっているものも、その程度の出来事は新聞の三面記事にもならぬほどに、地方の旧家などに転がっていることかもしれなかった。だがいったん

〈実生活〉という〈倫理〉が侵犯されているとみなされた個所ではどうしても突っかからざるを得なかったのである。もちろんこの思いこみの情熱がなければ平野謙の批評のもっとも魅惑的な個所が欠落してしまう。平野謙を第一級の批評家にしているものもこの偏執のなかに魂の暗い部分が潜在していたからにほかならない。この批評の資質が、破綻に瀕したとおもわれたときがひとつあった。田宮虎彦の亡妻との往復書簡『愛のかたみ』にたいする激しく執拗な、その上精緻をきわめた批評であった。それは批評というよりも田宮虎彦の文学的な生命に留めを刺すような論難といってもよかった。だいいちに平野さんの逆鱗に触れたのは、往復書簡にあらわれた夫婦の甘い愛の囁きの調子だったに相違ない。人はたれでも恋愛のなかでは甘い歯のうくような言葉を吐き出すものだという認識は批評家平野謙にはなかった。いやそんな認識がないはずがないのだが、認識よりさきに固有の含羞の質が逆上を強いてしまうのだ。その上この『愛のかたみ』が当時ベスト・セラーに数えられて、巷間にもてはやされたことも平野謙の気に入らなかったのだろう。そして最後に決定的に許せないと思いこませたのは田宮虎彦が『愛のかたみ』を出版したときには、次の夫人と結婚していたということだったにちがいない。平野謙にしてみれば、すでに別の婦人と結婚していながら亡妻との永遠の愛を誓うような甘い言葉に飾られた往復書簡集を出版するなどという神経は、まったく文士の風上にもおけぬことと映った。けれどこれは平野謙の思いこみによる錯誤と、わたしにはおもわれた。たぶんわたしが〈特許事務所〉の下働きなのを〈特許庁の技術担当の役人〉と感ちがいしたあげく、奥野健男の特許庁長官賞の受賞と関係あるかのように思いこんだのと同じ質のものだったにちがいない。田宮虎彦の『愛のかたみ』の甘い調子を許せないのは戦前左翼運動のなかで身についた、ことさら私ごとだといった貌をしてみせる男女観の表われだとみてもよかった。けれど別の婦人と結婚していながら亡妻との往復書簡を出版することはべつに奇妙でもなんでもないはずであった。それが矛盾や偽瞞におもえるとしたら平野さんは男女のことを知らぬというよりも人間性を知らぬのである。人間性を知らないでどうして文学がわかるのか。わたしにはそうおもわれた。

平野謙が、周到な文学史家であるにも似合わず太宰治の文学の巨きさに殆ど盲目であるといってよい評価しか与えられないのは、太宰が〈実生活〉という〈倫理〉に激しく抵触するからであるとおもわれた。「一口にいって、太宰治にはこらえ性のない、みるからにあぶなっかしい人間的弱点があり、その人間的弱点を人一倍鋭く感得する一種女々しい自意識がそなわっていた」。それが「フィーブルを一特徴とする青年たちにいつまでも読みつがれる」理由だとかんがえられた。いかに文学青年を甘く見積っても、それが芥川と並んで昭和文学のうち不変の読者をもっている根拠になりうるわけがない。太宰治には文学の初期に芥川賞の候補になりながら賞にもれて逆上の言をばらまいたという一挿話があった。生涯に何度か心中事件をひきおこして、その都度じぶんのほうは許される具合になった。たかが「卒業できない事実を伏せ」て家郷から金銭をだまし取って浪費したくらいのことで罪の意識を背負った。これらの挿話に象徴される〈実生活〉上の甘ったれともとれる破産者であることが、すでに平野謙にとっては文学者の評価の上で致命的でなければならないのである。なぜならば〈実生活〉という〈倫理〉を侵犯するからだ。こう申せばいささか戯画的に聞えるかもしれないが、平野謙の文学評価が大きく〈実生活〉的な振舞いの評価に規制されて陋固な価値観を形成していたことをわたしは信じている。ときにそれが致命的な評価の偏差におもわれた。

5

秩序に抗する組織の〈政治〉は批評家平野謙の神であった。しかもこの神は唯一神でなければならなかった。〈政治〉の優位性をひきずった〈政治〉と〈文学〉という平野さんが戦後派として主導的に作りあげた文学批評の様式の影響は深刻で広範囲にわたるものであった。少しでもこの社会の成り立ち、政治の在り方、国家の振舞いが共同性として不都合ではないかとかんがえる文学の徒はこの様式を逃れることはできなかったといっても過言ではない。そして自己意識の課題までかいくぐってみれば、現在の新しがりの政治文学青年もまたこれを逃れてはいない。疑いは誰もが抱くことができたが、じぶんの力業によってこの様式を無化することはたいへん難しいことであった。なかでも平野謙が火野葦平と小林多喜二とを表裏一体と眺めうる眼を強調したとき戦前と戦中と戦後との〈政治〉をめぐる〈文学〉の反転の悲喜劇のすべてはこの様式のなかに包括されることになった。それは救済と絶望、革命と戦争とを一緒に呑みこめといっているようなものであった。わたしは平野謙の影響下に出発しながら、この様式の不都合さを揚棄したいと願ったが、それは強靱な障壁のようなもので口では批判できても心の底から超えることは難しかった。たぶん、わたしは『言語にとって美とはなにか』を終えたときはじめて自分の手で平野謙の文芸批評上の布陣を超えることができたとおもう。わたしは平野謙にもっとも突っかかってきたがもっとも恩恵をうけたような気がしている。

申すまでもなく〈政治〉と〈文学〉とか、〈政治〉の優位性とかいう様式を揚棄する方法はふたつある。ひとつはモトヲ絶タナキャダメということで、課題の根源はマルクス主義政治文学理論のロシア的な展開を根源から批判しつくすことである。そしてもうひとつはじぶんの手で作品と理論とを創りあげることである。この眼もくらむような課題へわたしを駆りたてる衝迫力を与えてくれたのは平野謙の仕事であった。誰が何といおうとわたしの『言語にとって美とはなにか』をふまえずに批評家づらをしている左翼文学者などをわたしは認めない。また『言語にとって美とはなにか』を超えられない批評家を内心では批評の新しい世代とはおもっていない。と書きながら平野謙を超えようと焦慮していたときのじぶんの姿をおもいうかべる。

6

〈病気〉、〈老い〉、〈死〉のようなものの多くの部分はわたしには推論によるほかまだよく解らない謎を含んでいる。ここ数年の平野さんの批評文の有り様にはわたしの理解のとどかないところがあった。その部分の謎は〈病気〉、〈老い〉、〈死〉のようなものをわたしがまだ解さないところからきているようにおもわれた。棺桶に片足をつっこむような年齢にもなって、とじぶんで自嘲しながらどうして平野謙はあんなつまらないことに血道をあげるんだというのがわたしの感想であった。あんなつまんないことというのは時期から推して『昭和文学私論』の連載を指していたことになる。けれど「あんなつまらないこと」ということ自体に問題がありそうな気がする。なにがつまらないことでありなにがつまることであるか。〈病気〉はたぶん必然的に生理が精神の範囲と様式を決定的に制約してしまう何かである。〈老い〉は怪奇なもので、人はそこでは、二重にも三重にも虚偽で精神を装おうとする何かである。それが把めなければ「あんなつまらないこと」を書き継いでいった平野謙の根拠も理解し難いに相違ない。平野謙はつい先頃亡くなった。〈死〉は?

竹内好

反近代の思想

竹内好が死んだ。人間の死は人間の生とおなじように無惨でみじめで悲しいが、竹内好の死の印象もわたしにはひでえもんだ、いやになったねえというものであった。昨年十一月だったか、偶然なことで竹内好が腰とか胸とか背中とかが疼痛におそわれ、駒込病院で診察と検査を受けたが有意味な診断と治療方針が得られず困惑している旨をきいた。わたしは左足腰が神経的な疼痛で病の領域に入りそうな時期だったので、ことさら竹内好の痛さに同情の意を表しもし宜しかったら、じぶんは近くの日本医大に信頼する知り人がいる。もともとは、おなじく近くに住む高村光太郎の研究家北川太一から紹介された人で、浄土宗の尼僧の資格をもち知人が手術入院したときの経験では、ただ側にいるだけで重篤状態で騒いでいる病人が大人しくなるから不思議だというような人だ。相談してあげましょうかといった。わたしの印象では日本医大というのは名医が揃っているかどうかは知らないが、医者から事務員、守衛さんに至るまで気さくで親切だということは、子供が夜中によく治療に駈けこむことがあるときの印象でも断言できる。それが、わたしのすいせんの口上であった。数日後、日本医大で診断を受けてみようという竹内好の意志が伝えられた。わたしは最後までここがこだわりであったし、しこりとして残っているから明言しておく。竹内好はわたしのその知り人の紹介は受けるがそのあとはかまわないでくれという意志のようにおもわれた。病気のまえには人間は一切平等である。また無党派である。わたしは看護部門の諸経験と心ばえについて、ひそかに無形文化財のようにおもっている知り人に紹介し、近所に住まっているかぎり北川太一にも頼んでトリオで、できるかぎりの世話をしよう、そうすれば可成りの威力を発揮するだろうとおもっていたことも明言しておく。だが病気の人とその周辺の意志のまえには、一切の私情は無効であるというのも、わたしの考え方である。わたしはその知り人に、わたしが先生みたいに尊敬している人が、腰部から胸部、背中などに激しい疼痛を訴えており、有意味な関連としては数年前に転倒して入院したことがあること、駒込病院では有意味な診断が下りず御当人はそれに不服のようにおもわれることなどを話し、よろしくお願いしたいと申し述べた。それではどういう診察の方針でゆくか先生方と相談してみますということで、神経内科で診察を受けることに定まった。理由としては、神経内科は患者の訴えをよく聴いてくれること、予備的な検査と診察については一通りのことはやってくれることであった。わたしは病気の人とその周辺の意志に従って、竹内好の日本医大への来診のときに、知り人と一緒に出迎えと見送りの挨拶をしただけでそのあと一切のことは手をひいてしまった。けれど心がかりな診断と治療の内容についてはその都度、知り人に聞きあわせて知っていた。

竹内好とはその折二度ほど雑談した。数年前、村上一郎のお通夜の席であったときにくらべると見るかげもなく痩せさらばえているのに内心愕然とした。けれど話し振りは元気そうであった。そしてなぜかわたしに丸山ワクチンの話を仕掛けた。丸山千里の啓蒙書を読んでみたが謙虚な記述の仕方で充分信頼できる。じぶんが癌になったら丸山ワクチンを使うねというような話であった。わたしもそうおもいますというようなことを返事した。なぜならその他の方法の無効性だけは確実にわかっているから、というのは口に出さなかった。わたしの印象では竹内好自身が、じぶんを癌にかかっていると内心でおもっていると判断された。けれどわたしは丁度その時に、竹内好は鬱病になっているのではないかとほとんどきめそうになっていた。たった二度くらい会って雑談を交わし、腰部や胸や背中に疼痛が走って、夜も眠れず食事ものどに通らないといった話を御当人からきいたくらいでどうして、鬱病という判断をしたのだといわれると確たる根拠はない。ただ竹内好から伝わってくる全体的な印象だというより外ない。わたしは今もってこの印象を訂正する気はない。こういう印象が確からしいかどうかはただ二十四時間つきあった竹内好の家族にしかわからないだろうともおもった。後から考えれば、竹内好は自分ハ癌カモ知レヌケレドモ、ダレモ自分ノイチバン奥深イ危惧ト不安ニ触レルマデ踏込ンデクレル者ハイナイという思いのなかで鬱状態になっていたのではなく、癌デアルという身体の現在状態が、竹内好の意識しない心的な領域の底をさらうようにして鬱状態をもたらしていたということになる。けれどわたしはそのとき竹内好が自分ハ癌デアルと内心でおもっているのは、たんなる杞憂にすぎまいとおもっていた。この先入見を抱いたことが残念である。竹内好がもっとも胸の奥底で危惧し、握りしめ、不安にさいなまれて孤独に、あるいは無意識にたたかっていたものに踏みこむことを、わたしのほうから閉ざして拒否したことになるからだ。

橋川文三は「竹内好さんの大きさ」という追悼文のなかで「死因は食道ガンということであるが、ガンということは最後までご存じなかったらしい。」と書いているが、わたしにはそんなことは信じられない。というよりも竹内好だけが自分ハ癌デアルとかんがえて危惧と不安にさいなまれていたのに誰もかれの心の奥に秘めた実感と孤独なたたかいに触れるものはいなかったとかんがえている。もちろん日本医大の診断も、一週間ほどの入院の範囲内でそれに触れることはできなかった。橋川が書いていることでもうひとつコメントをつけておきたいことがある。橋川は書いている。「後から思えば、竹内さんは昨年十月の作家の武田泰淳さんの死因となった病気に、ほぼ同じ時期に罹《かか》られたのではないかとも思うが、そのころはもちろんそんな疑問は誰しももってはいなかったし、第一、竹内さん自身が八月頃、そのからだの不調をあるいは魯迅訳の緊張に、あるいは数年前の酒場での打撲傷に原因するものとされていたらしい。それであるいはハリの治療に通われ、あるいは日本医大にムダな入院をされたらしいのだが、結局それらが致命的となった。」と。もし竹内好の癌が橋川のいうようなものであるとすれば、癌に罹る可能性をもつ人間としてのわたしの認識はまったくちがう。癌デアルコト（あるいは癌ニ罹ッタコト）自体が「致命的」だったので、ハリの治療に通ったことや、日本医大に入院したことが「ムダ」で「致命的」だったのではない。ましてそのあと症状の悪化をみて入院し、癌デアルコトが発見されたために「致命的」でなくなったわけではない。そうでなければ竹内好は癌デアルコトが発見されたために死なずに済んだはずではないか。わたしは竹内好が日本医大に診断をもとめるについて関与し、わたしの尊敬している無形文化財をわずらわせたものとして、これをはっきりと書いておく必要を感ずる。そして日本医大に診断を求めにきたときの竹内好やその周辺の精神状態は、すでに新しい人間関係が生み出されるのに耐えないという拒否的な陥ちこみの状態にあった。身体状態が精神に及ぼすこの異変について、かつて病者であった体験があるものなら誰でも判るはずである。わたしは竹内好が癌デアルコトは信じられなかったが、かれの精神が陥ちこんでいる状態はすぐに理解できた。いったい癌デアルコトのなかにおかれたものにたいして、現在、わたしたちに何ができるのだ？　また現在の医学は、患者をだますよりほかに何ができるのだ？　ただ〈嘘〉が医者と患者とその周辺のあいだをボールのように投げ交わされ、患者は、医者と周辺がじぶんにオ前ハ癌デアルといってくれないかぎり、自身は孤独な誰にも告げられないたたかいに入るだけである。周囲がぐるになって秘したら患者は、死ぬまでじぶんが癌デアルコトを知らなかったとかんがえる医者や周辺のものがいたとしたら、それは意識的であるにしろ無意識であるにしろ死をかかえこんだ人間の心身の状態の何たるかを知らないいい加減な連中に過ぎない。

　わたしはなぜこんなことを書きはじめたのだろう？　ひとつは竹内好が自分ハ癌デアルノデハナイカとかんがえているのを短い雑談のあいだに察知しながら、それにたいして頭から否定的な考えしかもてなかったじぶんにしこりを感じているからにちがいない。もうひとつは、じぶんの現存的不安の底に誰からも触れられず、また〈構え〉を直す余裕もなくて〈死〉に押しまくられてしまった竹内好が、いかにも可哀そうでならないからだ。せめてただ一度でも心身の決定的な打撃から〈構え〉を直す時間があったならば可哀そうだとはおもわなかったろう。けれどかれにはたぶんその余裕はなかった。橋川文三の追悼文も、増田渉の途中でぶっ倒れてしまった告別式のときの弔辞も日本医大の診断誤認に責任のひとつがあるようなことを述べている。けれど偶然にいささか関わりをもち、直ぐに引っこんだものにも言い分がある。思うに橋川や増田にそのような言葉を書かせたゆえんは、竹内好の周辺がそうかんがえていることの証左であろう。けれどそれはうわべだけ思想的いい子になって通りすぎようとするかれらの悪習とかかわりのあるよろしからぬことである。また体裁で他人の病いや死を担ぐことに不同意である。竹内好は、すくなくとも初期の竹内好はもっとも言葉の虚飾を嫌った思想家であった。

一九五〇年にいわゆるコミンフォルムの日本共産党批判があったとき、竹内好が書いた「日本共産党に与う」という文章は、どんなにわたしを驚喜させたかをおもいおこす。それはわたしに共同性にかかわる思考と行為をおこすときの不朽の規範であったし、いまもそうである。またじぶんの戦争体験と戦争期の思想的体験の遺産は〈無〉あるいは〈負〉であるかという内心の課題を処理しきれずにいたわたしから雲を払ってくれたものであった。

手をついてあやまるならば、コミンフォルムにたいしてでなく、日本の人民の前に手をつくべきであった。人民への謝罪なくして共産主義への忠誠はありえない。ところが、日共の態度は、まったく反対であった。終始一貫、人民へは尻を向けて、コミンフォルムの顔色を窺ってばかりいた。自分が日本の人民を代表しなかったこと（それが批判の眼目だ）を反省せず、相変らず人民の代表のつもりで、しかも被害者（批判によればである人民を道づれにしてコミンフォルムに詫び証文を入れている。救われぬドレイ根性、とコミンフォルムの批判者は思うにちがいないと思う。（評論集第二巻『新編日本イデオロギイ』）

コミンフォルムの批判がよびかけている日本の人民はどこにいるか。じつは、どこにもいないのである。コミンフォルムは架空の、眠っている人民によびかけているにすぎない。日共が、それを代表してコミンフォルムに詫びを入れているつもりの日本の人民とは、ほんとうの人民ではない。それは日共の手下であり、ドレイの子分であり、したがってこれまたドレイであるところのものだ。ドレイが人民であるわけはない。人民とは、自身のモラルをそなえた、革命遂行の担当能力ある自由な人間のことである。権威（共産主義を含めて）に媚びるドレイのことではない。そのような人間は、いずれはドレイから形成されるべきものであろうが、その形成作用は起っていない。なぜなら、もしそれが起っているなら、それが文化面にも反映して、あらゆる文化問題の論議において日本の革命が主題になるべきなのに、まだその兆候がないから。日本共産党のダラクを憤る声は、けっして私の周囲に高らかに響いてはいない。（評論集第一巻『新編日本イデオロギイ』）

わたしはこのごろ天才的な文学者や思想家というものは、かならず童話を書き、またたとえ自己矛盾とおもえるときでも自己を超えて〈正しいこと〉をむきになって書きのこすものだという感慨を深めるようになった。竹内好のこの思想的な提言もまた天才的な響きをもちつづけている。いいかえれば〈童話〉的であり、また〈正しいこと〉であるという性格をもっている。わたしのようにつねにいくばくかのためらいをもたずには〈正しいこと〉をいったことがないものにも、つねに他者への組織的な気兼ねなしには物をいったことのない連中にも、これは書くことができない言葉であり、また不朽の提言でもあった。それ以後、いく度、さまざまな戦後の者たちが竹内好のこの思想的な提言をよじ登ろうとして負傷し、死に絶え、すべり落ち、また這いあがろうとしてきたかわからないし、いまも人々は試みを課し、果たしえないでいる。けれどたれも竹内好の言葉が悪いとおもわないし、またそれを恨みるものはいない。けだしこの言葉は純正であり、且つまた童話的だからである。

竹内好がこういう言葉を導き出した背景とその体験は、わたしたちとそんなに隔たったものではなかった。かれはべつのところでマルクス主義者を含めた近代主義者たちは、敗戦後じぶんを被害者のようにおもいなして「血ぬられた民族主義をよけて通った」とも主張している。わたしには大衆の戦争体験を無化して戦後に佇とうとするものはたれも、先験的にじぶんが不具であるということを覚悟のうえで生きるべきであるという意味あいで受けとれた。もちろん同時に旧態の天皇制と旧態の支配者が何くわぬ顔で児孫を殖やして戦後にまかり通るとすれば、それらを永続的な負い目とする覚悟なしには戦後に佇つことは許されないという自己倫理の提言をも包括するとして受けとめた。この態度は労作「近代の超克」にいたるまで変わることも衰えることもない竹内好の思想的肉体であった。わたしはかれのこの思想的肉体が好きであった。

ところで天才的な文学者、思想家の宿命のようなもので、竹内好は、「魯迅」の追究を軸にしてはじめられた近代中国研究の領域でも、しだいに〈童話〉的に〈正しいこと〉をいうようになっていった。はじめは魯迅にならってきわめて非政治的に、いいかえればじぶんの言論の非有効性を手放さず、言葉の非有効性こそが唯一つの武器だというところで発言されていたものが、ついに啓蒙家の文体と着想に無限に接近してゆく危うさのようなものをもつようになった。そういう危惧を、わたしは表明することがあった。竹内好の中国像は〈童話〉的であり〈正しいこと〉であることとの宿命で、しだいに眼鼻ぱっちりの虚像、凡百のドレイ的な中国研究者や中国礼讃の政治的あるいは思想的な利権屋たちがふりまくでっち上げの中国像と似てきて、「玉の原石であるか、それともただのガラクタ石であるか」わたしには見わけがつかなくなるようにおもわれた。そういう危惧も、いくたび表明したことだろう。わたしはじぶんが中共の文化革命を否定的な表象によってしか視られなかったとき、わたしの絶望的な中国像を打ち破るような言葉を竹内好の文章から聞くことはできなかった。むしろかれはわが国のつまらぬ中国研究者や文学者たちを誘って、わたしの眼には虚像としかおもわれない中国像を流布したとおもう。絶望はたぶん相互的なものであったろう。わたしはじぶんの好きな思想家と相隔たる距離の遠さを、侘しく感じながらどうすることもできなかった。
わたしのひそかな推測では、毛沢東の死と前後してはじまった中共の愚劇は竹内好にとっておおきな絶望と打撃だったのではなかろうか。なんとなればそれはかつて一九五〇年にかれが日共に与えた天才的な提言にまったく反するようにおもわれるからである。あるいはすでに竹内好はその以前に絶望し尽していたかもしれなかった。その声はわたしには天才的というよりも、逆説的な響きの悲しさしか与えないが、六〇年以後の文章のなかにみられる。

中国と国交回復せよ。平和条約を結べ。これが中国問題の核心であり、全部である。というのが私の年来の持論なのです。私の言いたいことは尽きているのでそのほかには何もありません。（評論集第一巻『新編現代中国論』）

このごろの大学生に中国の印象をたずねると、エタイの知れない国、無気味な国という回答が相当多いということです。この話をきいたとき、私はドキッとしました。わが史上はじめて中国が未知の国になる兆候があらわれたからです。全部が全部、親しむべき国、尊敬すべき国と答えなくてもよろしい。そんなことは望みえないし、望むことはまちがっています。憎悪でもいいし、軽蔑でもいい。おのが先入主にしたがって判断をもつかぎりは、知的探究を放棄するよりはマシです。今となってはチャンコロ時代がなつかしい。

——いささか政治論の方向に筆がずれてきそうなので、これでやめます。政治は今や私にとって無縁なものですから。私は、中国に関する日本人のイメージ形成力がうすれたことへの個人的な感傷だけに筆を止めるべきでした。そしてもし必要ならば、自分は過去のイメージにしがみついて遺老となって生をおえることを悔いない、という心境を告白すればよかったのです。自明の理が自明でなくなったとき、何をすべきかについては、別に考えていることがないわけではありませんが、それはここでは触れないでおきましょう。むろん、経綸とは無関係なことであります。〈評論集第一巻『新編現代中国論』〉

もちろん天才的な片鱗がのぞかれないことはない。第一に思想家としての内面の悲しみを表白する率直さを保持していることである。それは思想の〈童話〉性の人格への反映に外ならぬからである。第二はわたし自身の体験に照らして、中国に対して「チャンコロ時代」よりももっと悪い無関心に襲われていることから、竹内好の悲しみのもつ〈正しさ〉を逆説的に感受できることである。けれども眼鼻ぱっちりの中国像と握手したり国交を回復したりするものは別にいる。無関心はむしろわたしにとって思想の倫理である。わたしはじぶん独りで告別式のやり直しをしたくてこの文章を書いた。できるならばもう一度、かれを日本医大に無理やりにひき戻して、知り人や北川太一などと協力して、納得ゆくまで治療させ看護したかった。無念である。

村上一郎

哀辞

1

村上一郎さん。こう呼びかけても、貴方は呼びかけること自体を信じていないだろう。死ねば死にきりである。親しく顔をつきあわせて文学の同行者であった時期も、著作を介してお互いの仕事を遠望してきた時期も、われわれが共感してきたことは、何よりもさきに書くことの態度であった。時勢はますますわれわれの態度に与せず、貴方の病いもまた最後には貴方の敵であった。貴方は、じぶんの態度の完成を、死に求めざるをえなかった。死は一切からの解放であるという声は、あの戦争に身をひたしたものに、ときとして訪れる誘惑である。貴方は、ふとそれを択ぶ気になった。優しかった貴方は、貴方の家族をも看護の労苦から解き放ちたいと思い遣ったかもしれないと想像すると哀しくなる。

ここ数年来、貴方の文学的態度は底をついていた。最後の砦を、戦中の深層体験に求めて、よく孤独にたたかっていたとおもう。瞋《いか》るということ、哭くということ、声調ということ、これら情念の初心を忘れているというのが、現在の文学と思想の全体にたいする貴方の批判であった。同意しがたいとおもったときも貴方の苦渋を推量することができたのが、せめてもの慰めである。いま、不意に、早急に、貴方は自刃した。現在の安物の文化の騒音から離れた一隅で、貴方の文学者としての態度に、王城の姿を描くことができる少数の人々と共に、貴方の死を受けとめる機会をもったことを誇りにおもう。なによりも貴方は、自己と他者を律する学芸と詩歌の規範力によって卓抜であった。貴方の日常生活は古典的範型であり貴方の文学は倫理の模範であり、われわれのやくざな心を戦慄させた。

村上一郎さん。率直にいって、少しのすきがあれば押してくる貴方の鋭い切っ先は、心を休ませてくれなかったので、傍にいるのが辛かった日々もあった。貴方の孤独な営みの行方にはらはらさせられたこともあった。

いま、また、たくさんの悔恨をわたしの心に落して貴方は去ったのである。これらのことをよく嚙みしめながら、なお、行けるところまで歩むことを赦して欲しいとおもう。さようなら、御機嫌よう。

昭和五十年四月一日

2

ひとつの死

三月二十九日、村上一郎が死んだ。もっと詳しくいえば、けい動脈を愛蔵の刀で切って自殺した。たぶん、直接の原因は、〈うつ〉病の自殺念慮、罪責念慮による突然の発作である。だが、つね日頃よく自殺の仕方を研究していたかれにとって、その死に方は突然の思いつきではなかった。そういう意味からは発作的な自死ではなく、覚悟の死といってよかった。

まだ、六〇年を過ぎて間もないころ、天性の教育者であったかれは、よく幼なかったわたしの子供を相手に、さとすように何かを語りきかせていた。わたしの子供が、ある時、片言で「村上一郎・文学者」と唐突にいうと、「ぼくのことを文学者と認めてくれたのは、多《さわ》ちゃんだけだよ」と、嬉しそうな貌をした。わたしは、そのときのかれの貌を、ずっと忘れないでいる。これからもまた。

雑誌ができると、手分けして小売店へぶらさげていった。ある小売店は、月二回の支払日に、売れた額の何分の一にも充たない額をよこして、残額については、次の支払日の前に残額の請求書を改めて提出するというシステムを固執した。専従者もなしに、そういうシステムに従うゆとりがないので、業を煮やしたわたしは、ある日、出かけてやっと店主を捕捉して、そういう支払い方法に従わなければならないのなら、労力的にも経済的にも存続できないから、雑誌を置くのをやめると申し入れた。店主は「うちは民主的出版物だからといって奉仕しているわけではない。取引をしているのだ。うちの取引相手をA・B・C級にわければ、お宅はC級だ。うちのシステム以外の特例を施すべき理由はない」といった。わたしは、「そんな事は当然だ。当方も、お宅を世間がいうような良心的な小売店だとも左翼小売店だともおもっていない。元来、頭に冠のついた小売店がありうるはずがない。ただの小売店があるだけだ。当方も存続しえない取引はできないといっているので、良心雑誌、左翼雑誌だから特典を与えよなどと、これっぽっちも考えたことはない」。店主は、店員を呼んで『試行』が毎号どの程度うれているかを訊ねたあと、少しかんがえて「では、半額だけ雑誌が運びこまれたときに支払い、あとの半額の支払いについては、うちのシステムに従ってもらうというのではどうでしょう」といった。わたしは、それなら何とかなるとおもって承諾すると、すこしいい気持になって引上げた。村上一郎にそう報告すると、かれは言下に、「それは駄目です。結局、半額支払いでいいと承諾したのとおなじです」という。わたしは、かれの言を肯定せざるを得なかった。確かに、おれはなめられてきたということになるな、と感心した。村上一郎は、わたしに代って、約束違反だと怒る店主と喧嘩して、取引をぶちこわしてくれた。わたしが、商学士としての村上一郎の見識を垣間見たのは、そのときがただ一度である。

　村上一郎の突然の死は、わたしに悔恨を置いていった。かれは、わたしが『試行』同人会の解散をもちかけたとき、黙ってすぐに承諾したが、ほんとうはその理由が判らなかったのではないかとおもう。わたしも説明しなかった。かれも不満をまったく呑みこんでしまった。「村上さんは、あのとき、立派だったわ」というのが、わたしの奥方の一貫した評価である。わたしは、たぶん、回想録のたぐいを生涯書くことはあるまいから、解散の理由を明らかにすることはないだろう。創刊前後の経緯についてもまた。

　村上一郎の死は、なぜか、わたしに湿気を感じさせない。その理由がよく判らない。なぜだろう。

　村上一郎が抑制してきた意識をぜんぶ解放できたのは、たぶん戦争期の軍人体験に還ったときであった。死の数年まえから、いかにも自在に、思うとおりのことを書いていた。

もし悲劇があるとしたら、かれの自己解放は自己解体と一致していたことであった。これは「日本人には西洋人とちがって、たけだけしさとたおやかさは行き交うている。このところを知らずに精神風土論なぞで名をなしている擬似思想者はわたしの敵である。さっさと西洋に流出してくれたらよい。」（「霊歌の歌忘るべからず」）という態度に要約される。それ以外の武器は、ぜんぶ棄ててしまったかの感がある。「わたしの刀はアメリカにとられ、いまは忠広を一本もっているのみだ。」（同前）というときの〈刀〉一本が、それを〈暗喩〉しているようにみえる。むしろ自己解体が〈刀〉のところでとどまらずに、〈素手〉までゆくか、〈観念の世界性〉まで極まれば、まだ生きられたのではないか。あとからの繰言にすぎないが、まだ、たたかう方法はあったのだ。

湿気でない〈死〉という、村上一郎の最後の置土産こそは、わたしにとって、宣長の「美濃の家づと」よりもはるかに優れた「武蔵の家づと」である。

三島由紀夫

重く暗いしこり

三島由紀夫の劇的な割腹死・介錯による首はね。これは衝撃である。この自死の方法は、いくぶんか生きているものすべてを〈コケ〉にみせるだけの迫力をもっている。

この自死の方法の凄まじさと、悲惨なばかりの〈檄文〉や〈辞世〉の歌の下らなさ、政治的行為としての見当外れの愚劣さ、自死にいたる過程を、あらかじめテレビカメラに映写させる所にあらわれた、大向うむけの〈醒めた計量〉の仕方等々の奇妙なアマルガムが、衝撃に色彩をあたえている。そして問いはここ数年来三島由紀夫にいだいていたのとおなじようにわたしにのこる。〈どこまで本気なのかね〉というように。つまり、わたしにはいちばん判りにくいところでかれは死んでいる。この問いにたいして三島の自死の方法の凄まじさだけが答えになっている。そしてこの答えは一瞬〈おまえはなにをしてきたのか！〉と迫るだけの力をわたしにたいしてもっている。しかし青年たちが三島由紀夫の自死からうけた衝撃は、これとちがうような気がする。青年たちは、わたしが戦争中、アクロバット的な肉体の鍛練に耐えて、やがて特攻機でつぎつぎと自爆していった少年航空兵たちに感じたとおなじ質の衝撃を感じたのではなかろうか？

　青年たちのうけたであろうこの衝撃の質は、この衝撃の質を、あざ嗤うものはかならず罰せられるような気がする。そして、この衝撃の質は、イデオロギーに関係ないはずである。どんなに居直ろうと、〈おれは畳のうえで死んでやる〉などという市民主義的な豚ロースなどの、弛緩した心情になんの意味もないのだ。〈言葉〉は一瞬世界を凍らせることができる。しかし肉体的な行動が、一瞬でも世界を凍らせることは〈至難〉のことである。青年たちの衝撃は、この〈至難〉を感性的に洞察しえているがためにちがいない。わたしが青年たちと、うけた衝撃の質を異にするのは、恥かしさや無類の異和感にたえて戦後に生き延びたことから、〈死〉を固定的に、つまり空想的にかんがえないという思想をもっているためである。

　三島由紀夫の割腹死でおわった政治的行為が、〈時代的〉でありうるかどうか、〈時代〉を旋回させるだけの効果を果たしうるかどうかは、だれにも判らない。三島じしんが、じぶんを正確に評価しえていたとすれば、この影響は間接的な回路をとおって、かならず何年かあとに、相当の力であらわれるような気がする。だが、かれ自身が、じぶんを過大にかあるいは過少にかしか評価できていなかったとすれば、まさに世の〈民主主義者〉がいうように、時代錯誤、ドン・キホーテ、愚行ということにおわるだろう。この問題はいずれにせよ、早急に結果があらわれることはない。

わたしがまさに、正体不明の出自をもつ〈天皇〉族なるもののために、演じた過去の愚かさを自己粉砕する方法の端緒をつかみかけたとき、三島はこの正体不明の一族にあらゆる観念的な価値の源泉をもとめるという逆行に達している。このちぐはぐさはどこからくるのか。かれは自衛隊の市ヶ谷屯営所の正面バルコニーで、一場の無内容なアジ演説を隊員にぶったあと、もっとも愚かしい〈天皇陛下万歳〉を叫んだ。そして、この最も愚かな叫び声のすぐあとに、もっとも不可避の衝撃力をもつ割腹、刎頸の自死の方法が接続される。潜行する衝撃の波紋と、故意にこの衝撃の深さに蓋をしようとしている大手新聞をはじめとするマス・コミの報道は、かれの自死の方法の凄まじさにだけは拮抗できないし、また、これを葬ることもできない。

肉体の鍛練に思想的な意味をもたせるすべての思想は駄目である。〈若者よ、からだを鍛えておけ〉という唱歌をつくった文学的政治屋が駄目なのは、そのはなはだしい例である。肉体を錬磨すること、健康を維持し、積極的にこれを開発すること自体にはそれなりの意味が与えられる。しかし、それは個体にとってだけだ。戦中派と称せられる世代には、これを錯覚して、肉体の錬磨に公的な意味をもたせようとする抜きがたい傾向がある。そのあげく、人工的にボディビルし、刀技をひけらかし、刀を振りまわしたりするところへつっ走る。もちろん、これとて個体の内部では意味をもつにちがいない。最小限に見積っても、飯《めし》が美味《うま》くたべられるとか、気分が爽快になるだとかいう有効性はある。しかし、刀が肉体をふりまわすに至ることだってありうるのだ。そして刀は肉体だけではなく、精神をもふりまわす。

愚行を演技したものにむかって、愚行だと批難しても無駄である。ご当人が愚行は百も承知なのだ。

〈三島由紀夫に先をこされた。左翼もまけずに生命知らずを育てなければならぬ〉という左翼ラジカリズム馬鹿がいる。〈三島由紀夫のあとにつづけ〉という右翼学生馬鹿がいる。そうかとおもうと〈生命を大切にすべきである〉という市民主義馬鹿がいる。三馬鹿大将とはこれをいうのだ。いずれも三島由紀夫の精神的退行があらかじめはじきだした計量済みの反響であり、おけらたちの演じている余波である。しかし、いずれにせよ、この種の反応はたいしたものではない。真の反応は三島の優れた文学的業績の全重量を、一瞬のうち身体ごとぶつけて自爆してみせた動力学的な総和によって測られる。そして、これは何年かあとに必ず軽視することのできない重さであらわれるような気がする。三島の死は文学的な死でも精神病理学的な死でもなく、政治行為的な死だが、その〈死〉の意味はけっきょく文学的な業績の本格さによってしか、まともには測れないものとなるにちがいない。

三島由紀夫の死は、人間の観念の作用が、どこまでも退化しうることの怖ろしさを、あらためてまざまざと視せつけた。これはひとごとではない。この人間の観念的な可逆性はわたしを愕然とさせる。〈文武両道〉、〈男の涙〉、〈天皇陛下万歳〉等々。こういう言葉が、逆説でも比喩でもなく、まともに一級の知的作家の口からとびだしうることをみせつけられると、人間性の奇怪さ、文化的風土の不可解さに慄然とする。

知行が一致するのは動物だけだ。人間も動物だが、知行の不可避的な矛盾から、はじめて人間的意識は発生した。そこで人間は動物でありながら人間と呼ばれるものになった。〈知〉は行動の一様式である。これは手や足を動かして行動するのと、まさしくおなじ意味で行動であるということを徹底してかんがえるべきである。つまらぬ哲学はつまらぬ行動を帰結する。なにが陽明学だ。なにが理論と実践の弁証法的統一だ。こういう馬鹿気た哲学を粉砕することなしには、人間の人間的本質は実現されない。こういう哲学にふりまわされたものが、権力を獲得したとき、なにをするかは、世界史的に証明済みである。こういう哲学の内部では、人間は自ら動物になるか、他者を動物に仕立てるために、強圧を加えるようになるか、のいずれかである。

ひとつの強烈な事件を契機として、いままで潜在的であったものが、誘発されて顕在化し、その本性を暴露するということがありうる。三島由紀夫の自死の衝迫力は、いままで知識人であったものから蒙昧をひきだし、いままで正常にみえたものから狂者をおびきだし、いままで左翼的な言辞をもてあそんでいたものから、右翼的言辞をひきだし、いままで市民主義をひけらかしていたものから、たんなる臆病をひきだし、いままで公正な輿論を装ってきたものから、狼狽した事なかれ主義の本性をひきだした。

死は、とくに自殺死は〈絶対〉的である。ただしその〈絶対〉性は〈静的〉である。わたしたちが〈自殺〉死にたいしてもつ、せん望や及び難さの感じは、〈死〉にさえ意志力を加えているという驚きと、〈死〉の唐突さに根ざしている。

なぜならば、黙ってほっておいても、人間はいつか〈死ぬ〉ものであるという認識は、ほんとうは疑わしい識知であるにもかかわらず、一定の年齢に達した以後の、すべての人間を先験的に捉えているからである。しかしながら、ある個人の〈死〉に加えられた本人の意志力は、まったくその本人の意志と、私的事情に属するとともに、本人が意識すると否とにかかわらず、ある〈共同意志〉からやってくる。そして〈共同意志〉なるものは、人間の観念の生みだしたもののうち、もっとも不可解な気味の悪いものであり、それは人間だけが生みだしてきたものである。そして、同時に、人間は個人として、具体的に〈共同意志〉に手で触れることもできなければ、眼でみることもできない。だから、〈自殺〉死は〈絶対的〉であるとともに、どこか〈静的〉にしかみえない。

青年がとくに〈自殺〉死にたいしていだく〈先をこされた〉とか〈及び難い〉とか、〈あとにつづかねば〉という感じと焦燥は、〈自殺〉死のもつ〈絶対〉の〈静止〉を、〈動的〉なものと錯覚するからである。つまり、〈死〉は自殺であろうが、他殺であろうが、自然死であろうが、また逆に〈生命を粗末にするな〉とか〈生命を尊重せよ〉とかいう〈反死〉であろうが、いつもたれにとっても可能のある世界で、これは臆病だとか勇気だとかに無関係であるということが、青年期には判らないように、人間はできている。人間の存在の仕方と、認識の在り方の〈動的〉な性質は、年齢によってはよくのみこめないのである。きみが臆病であろうが、勇気があろうが、〈死〉だけはきみの体験や意志力の〈彼岸〉からきみにやってきうる無責任さと可塑性をもっている。

サルトルを研究すればサルトルにかぶれ、メルロオ＝ポンティを研究すればメルロオ＝ポンティにかぶれる。毛沢東を研究すれば、毛沢東にかぶれる。そしてもしかすると、天皇制を研究すれば天皇制にかぶれる。サドを研究すればサディズムにかぶれ、バタイユをよめば〈死〉と〈エロス〉のつながりとやらにかぶれる。これは〈空間〉的なかぶれである。

したがって〈時間〉的かぶれというのもある。古代を研究すれば古代主義にかぶれ、武士道を研究すれば〈サムライ〉にかぶれて、比喩でもなんでもなく〈サムライ〉気取りになる。これこそが日本の文化的悲喜劇である。

ところで、人間的悲喜劇というのもある。肉体を鍛練すれば肉体主義にかぶれ、武器をもてあそべば武装主義にかぶれる。そのあげく〈自衛隊〉などに肯定、否定にかかわらず過剰な意味をつける。なるほどそれは巨きな武装力をもち、いつでも〈命令一下〉武器を爆発してわたしたちをも、仮想敵をも殺りくできる存在である。しかし、武器をもてあそび、それに至上の価値を与える者ほど〈人形〉にすぎない、ということを忘れるべきではない。それらは〈命令一下〉どんなもったいないほど税金をしぼってつくった武器でも、屑鉄のように捨ててしまえる存在である。

そのあとには〈人形〉、〈御殿女中〉しかのこらない、あるいは貧しい〈サラリーマン〉しかのこらない。〈自衛隊〉に反戦や反乱の拠点をつくれという発想も、〈自衛隊を利用せよ〉という発想も、シビリアンコントロールによる〈自衛隊〉の国軍化という発想も、〈自衛隊〉に拮抗しうる軍事組織をつくれという発想も、〈自衛隊をつぶせ〉という発想も、中途半端に威かくされたり、なんの役にもたたない刀などをふりまわしたりした経験のある者の、考えそうな頓馬な〈空想〉である。〈自衛隊〉をどうするかなどという発想には、〈政治〉的にも〈階級〉的にもなんの意味もない。

これらの発想は三島由紀夫の政治的行動のうち、もっとも劣悪な側面が誘発した劣悪な反応であり、また余波である。

三島由紀夫の〈死〉にたいする観念には、きわめて〈空想〉的な部分がある。それは、かれが〈法〉に抵触した行為をしたときには〈死〉ぬべきだ、とおもいつめていたところによくあらわれている。このおもいつめは、もともと本質的な〈弱者〉であり、本質的な〈御殿女中〉である封建武士が考えだしたものである。〈サムライ〉なる江戸期の体制べったりの徒食者層が、恥をかくとやたらに腹を切ったのかどうかはしらない。しかし、この体制的徒食者層の教養が、事物の〈過程〉にあるみじめさや、屈辱や、日常のさ細さに耐えきえないで、〈跳び超したい〉という、生活的弱者や空想家の願望に根拠をもっていることは確からしくおもわれる。

三島由紀夫は座談集のなかで、安田講堂にこもった全共闘の学生指導者は自死すべきであるのに、ひとりもそういう行為に出たものがいないのに、落胆したという意味のことをのべている。また、安田講堂事件のとき、機動隊に排除されてゆく学生たちの姿を指を銜《くわ》えて傍観していた戦中派教授が、〈なんだひとりくらい飛び下り自殺でもするかとおもった〉と冷笑したという風評を当時耳にしたことがある。これらの発想は、一様に〈死〉についての〈空想〉家のやる発想にほかならない。

なんべんでもいうが、〈死〉は、どんな死に方でも〈空想〉ではないかわりに、どんな死に方でも、傍観教授や〈畳の上で死んでやる〉という市民主義ボスをも不可避的におとずれる可能性があるものである。そして人間は、不可避的にか、あるいは眼をつぶった〈跳び超し〉以外には、どんな死に方も可能ではない。可能でないところでは死ぬことはできないし、死なぬほうがいいのである。

三島由紀夫の〈天皇陛下万歳〉は、これを嗤うこともできるし、時代錯誤として却けることもできる。また、おれは立場を異にするということもできる。しかし、残念なことに、天皇制の不可解な存在の仕方を〈無化〉し、こういうものに価値の源泉をおくことが、どんなに愚かしいことかを、充分に説得しうるだけの確定的な根拠を、たれも解明しつくしてはいない。したがって三島の政治行為としての〈死〉を、完全に〈無化〉することはいまのところ不可能である。根深い骨の折れる無形のたたかいは、これからほんとうに本格的にはじまる。ジャーナリズムにやたらにあらわれた三島由紀夫の自称〈好敵手〉などは、このたたかいの奥深さとは、なんの関係もない存在である。それらは、三島由紀夫の同調的または非同調的なおけらにしかすぎない。そうでなければ、もともと三島の思想とは無縁の、すれちがいのところで思想的な営為をやってきたものにしかすぎない。

才能ある文学者には、才能あるものにしかわからぬ乾いた精神の砂漠や空洞があるかもしれぬ。わたしにはそれがわからぬ。

三島は生きているときも大向うをあてにして、ずいぶん駄本をかいてサービスしている。そして〈死〉にいたるまで大向うにたいする計量とサービスを忘れなかった。これは、充ちたりた分限者か、成り上った苦学生のつかう方法である。ほかのどこが似ていても、三島由紀夫と二・二六の青年将校たちとはこの点で似ていない。あの将校たちの背後には、飢饉で困窮した農民たちの現実的な姿があり、その姿はかれらの部下の兵士たちの故郷の平野の中にあった。三島の思想にも政治的行為にも、そんなものはひとかけらもない。いわば〈宮廷革命〉的な発想である。比喩的にいえば、〈蘇我氏〉にたいする〈物部氏〉の反動革命などになんの意味があるか。わたしたちが粉砕したいのは、それら支配のすべてである。

三島が〈日本的なもの〉、〈優雅なもの〉、〈美的なもの〉とかんがえていたものは、〈古代朝鮮的なもの〉にしかすぎない。また、三島が〈サムライ的なもの〉とかんがえていた理念は、わい小化された〈古典中国的なもの〉にしかすぎない。この思想的錯誤は哀れを誘う。かれの視野のどこにも〈日本的なもの〉などは存在しなかった。それなのに〈日本的なもの〉とおもいこんでいたのは哀れではないのか？

神話や古典は大なり小なり危険な書物である。読みかたをちがうと、それをあつめ編さんし記した勢力の想像力の軌道にしらずしらず乗っかり、かれらの想像力の収斂するところに〈文化的価値〉を収斂させることになる。これはある意味では不可避の必然力をもっている。こういうときには、神話や古典時代のわれわれが、竪穴住宅に毛のはえたような掘立小屋で、ぼろを着て土間にじかに起居していたのだということを思いだすのも、けっしてわるくはない。小唐帝気取りだった初期天皇群は、衣・食・住のすべてにわたって、等級と禁制を設けて、中国の冊封体制に迎合した。文学者がさわりだけで神話や古典をいじるのはあぶない火遊びである。

閉じられた思想と心情とは、もし契機さえあれば、肉体の形まではいつでも退化しうる。これはどんな大思想でも、どんな純粋種の心情でも例外ではない。

わたしはこの同世代の優れた文学者を、二度近くで〈視た〉ことがある。一度はもう二十年ほども前、知人の出版記念会の席であった。もう一度は去年の夏、伊豆の海からの帰り、三島駅から乗った新幹線のおなじ箱に、熱海駅から乗りこんで、わたしの席の四つほど前に座ったのをみた。これが因縁のすべてであるといいたいが、かれは一度、編集者の求めに応じて、わたしの評論集に、親切な帯の文章をよせてくれた。かれは嫌いながらも、文士や芸術家や芸能人たちによくつきあい、わたしは嫌いだからつきあわないで、一度も言葉をかわしたことはなかった。これは幸いであった。わたしにかれの死が〈逆上〉も〈冷笑〉ももたらさないのはそのためである。ただ、かれの〈死〉は重い暗いしこりをわたしの心においていった。わたしの感性にいくらかでも普遍性があるとしたら、たぶんこの重い暗いしこりの感じは、かれが時代と他者においていった遺産である。

（45・11・25―46・1・13）

三島由紀夫

「檄」のあとさき

昭和四十五年（一九七〇）十一月二十五日の昼ごろ、ひとつの建物の二階バルコニーで「楯の会」の制服姿の三島由紀夫がなにか訴えている姿がテレビに放映された。建物のまえで自衛隊員らしい制服姿があつまって、口々に弥次をとばしている。あまり弥次が激しいので、なにが語りかけられているのか、まったくききとれない。しばらくすると諦めた表情で演説をやめると三島由紀夫はバルコニーから姿を消してしまった。このときの印象をひと言いえば、三島由紀夫が不意に自衛隊のなかでなにかを始めたなということだった。そして意外だったのは、自衛隊員の弥次がとても激しいことだった。わたしなどの印象では自衛隊の存在を認め、親和感をもち、体験入隊のかたちで軍事訓練に参加したりしていたのは、三島由紀夫と「楯の会」の隊員だけで、自衛隊など市民社会では日蔭者的な存在とおもわれているだけだった。せっかくまれな同調者が語りかけているのに、聞くだけ聞いてやるのが礼儀なのにとおもえた。

三島由紀夫がそのとき自衛隊員に訴えかけた「檄」の内容は、いまではよくわかっている。
(1)「楯の会」のメンバーが自衛隊で訓練をうけたのは、自衛隊を国軍にする機会がやってきたら、そのためにさきがけとなって命を捨てようと決意してのことだ。その機会とは二つある。ひとつは議会の承認をへて憲法(第一条、第九条)が改訂されることだ。それができなければ治安出動の非常事態がやってきて、強制的に「天皇を中心とする日本の歴史・文化・伝統を守る」ための国軍に転化されることだ。
(2)ところが昭和四十四年十月二十一日(一年前)の首相訪米前の新宿における学生・市民の街頭デモをみていると、「憲法改正」も「治安出動」もなしに警察力だけで鎮圧してしまった。政権も維持できることが、わかってしまった。それでは自衛隊が「日本の歴史・文化・伝統を守る」国軍に転化する機会は、ほとんど絶望的になくなって、自民と社・共のような公党を両極の合意者にした「護憲の軍隊」におさまりがついてしまった。
(3)それ以後、三島由紀夫と「楯の会」は、自衛隊が「自らを否定する憲法を守れ」という屈辱的な命令をはねかえして立ち上がる日を待っていた。だが自衛隊は魂が腐って死んだ「巨大な武器庫」になり下がってしまった。三島由紀夫と「楯の会」は自衛隊の決起を四年待った。最後の一年は熱烈に待った。しかしもう待てない。あと「最後の三十分」待つから「共に起つて義のために共に死」のうじゃないか。「自由」や「民主主義」を守るためじゃなく「愛する歴史と伝統の国、日本」を守るために「これを骨抜きにしてしまつた憲法に体をぶつけて死ぬ奴はゐないのか。」

これがそのときの「檄」の内容だ。三島由紀夫が市ヶ谷駐屯地に乱入して、バルコニーから訴えかけ、弥次のため、ききとれなかった要旨はこれだった。

この「檄」の訴えは、そのときもそうだったが、いまも異様な感じをあたえる。その印象をひと口に言ってみれば、戦後の文学者のうち、もっとも知的な作家が作品に実現した複雑な心理主義の体系は「義」「武士の魂」「男の矜り」「天皇を中心とする日本の歴史・文化・伝統」といった少数のキイ・ワードの継ぎはぎで言い尽くされてしまう場所にまで退行している。これは異様なことではないのか。もうすこし言えば、わたしなどは、あの太平洋戦争でこりごりしている〈天皇〉〈軍隊〉〈伝統〉といった概念が、死とひきかえに奪回され、恢復されるべき実体のように呼号されている異様さだ。もうひとつあった。情勢判断の異様さだ。かれは「銘記せよ！　実はこの昭和四十五年十月二十一日といふ日《ママ》は、自衛隊にとつては悲劇の日だつた」（「檄」）と訴えている。この日の学生・市民主義者による新宿デモと、それにたいする一般市民の反応が、警察に鎮圧されたことが、自衛隊の出番（治安出動）を決定的に無化し、「憲法改正」の好機をなくさせたと考えられている。わたしなどの判断は、当時まるでちがっていた。すでにそれより十年もまえ、六〇年反安保の学生・市民のたたかいが敗退したときに、日本の資本主義社会はひたすら繁栄の軌道を確定した。わたしたちはただこの第二の敗戦処理に心身をかたむけるほかないと見做していた。昭和四十四年十月二十一日の新宿デモには地殻を揺さぶるような意味などあろうはずがなかった。わたしはそれを繁栄の過熱現象のひとつとしてしか見てはいなかったとおもう。

いまここで、できるかぎり三島由紀夫の「檄」とその直後の割腹自殺の意味を理解しようとつとめてみる。そうしなければならない義務もないし、それを避けて通ったらわたし自身の思想が未来へいけないとも考えてはいない。ただかれの知行一致の場所の異様さと、あの異様な退行でしか知行の一致の場所が得られなかったかれの傷ましさが、他人ごととはおもえない気がするのだ。

かれはじぶんのつくった「楯の会」の性格について、つぎのように説明している。

(1)「楯の会」は百人隊だ。
(2)「楯の会」はつねにStand byの軍隊だ。
(3)最後のギリギリの戦い以外のなにものにも参加しない。

(4)三島由紀夫は、「楯の会」については全責任を負っている。それは自分で引き受けたものだ。会員が皆死んでじぶんが生き残ることはない。
(5)資金はすべて三島の印税から出ている。
(6)じぶんは知識人とは、あらゆる conformity に疑問を抱いて、むしろ危険な生き方をするべき者ではないかと考える。
(7)文士としてじぶんの信ずる言葉は、文学作品の中の、完全無欠な仮構《フィクション》の中の言葉だけであり、文学というものが、戦いや責任と一切無縁な世界だと信ずる者だ。これは日本文学のうち、優雅の伝統を特にじぶんが愛するからだ。
(8)じぶんは言論を以て言論を守るとは、方法上の矛盾であり、思想を守るにはじぶんの肉体と武技を以てすべきだ、と考える者だ。
(9)日本人は十九世紀以来、民兵の構想をもったことがなく、
(10)日本人は不正規戦という二十世紀の新しい戦争形態に対して、ほとんど正規戦の戦術しかもたなかった。
（「『楯の会』のこと」から抽出）

この「楯の会」の骨組のうえに「檄」の内容になった〈天皇が栄誉大権をもつ自衛隊の国軍化〉をのせてみる。すると〈天皇を中心とする日本の歴史・文化・伝統を守る〉国体と軍隊をつくるため、治安出動によって、「憲法の改正」を実行するという位置づけがで

きあがることになる。ここでただひとつ注意すべきことがあるとすれば、文学者としてじぶんが信じている言葉は仮構《フィクション》のなかの言葉だけで、行動はじぶんのなかの文学の言葉と別なところで成り立つといっている個所だ。もっと別ないい方をすれば行動に関与する言葉があるとすれば、文学作品をつくる言葉ではなくて、肉体や筋肉の動きが（から）表出する言葉だし、また肉体や筋肉の動きそのものが言葉であるような言葉だけだということになる。これは特異な言語観だが、この言語観がどこからやってくるのかは、三島由紀夫の述べていることから、もうすこし探ってみることができる。

つらつら自分の幼時を思ひめぐらすと、私にとつては、言葉の記憶は肉体の記憶よりもはるかに遠くまで遡る。世のつねの人にとつては、肉体が先に訪れ、それから言葉が訪れるのであらうに、私にとつては、まづ言葉が訪れて、ずつとあとから、甚だ気の進まぬ様子で、そのときすでに観念的な姿をしてゐたところの肉体が訪れたが、その肉体は云ふまでもなく、すでに言葉に蝕まれてゐた。

（「太陽と鉄」）

これは誇張として受けとらなくてもいいとおもう。ふつう言う早熟の才能という意味とすこしちがっている。そのすぐあとで言葉の芸術は、エッチングにおける硝酸による金属版の腐蝕とおなじで、言葉という硝酸で、現実を蝕んでゆくことだと述べている。これは不吉な文学観だと言っていい。そう言ってよければ、まだ言葉をもたない乳胎児期を、じぶんは欠いていたというのにひとしい。それが肉体の記憶よりも言葉の記憶のほうが遠くまで遡れると言っている意味だとおもえる。かれは乳児のとき母親から無理にひき離され、祖母の独占的な囲いにおかれた。十三歳のときまで母親もこの囲いを破ることができなくて、病的な祖母と葛藤した。十三歳のときはじめて祖母の囲いから解かれて母親と同居できるようになる。そしてその十三歳のときから、小説を発表するようになる。これは早熟の言葉の才能に違いないとしても、そうとだけ言うには母親と祖母の葛藤からくる因果の束縛に締めつけられすぎている、とおもえる。

言葉よりさきには肉体の記憶がないということは、肉体による行為にたいして、言葉によって意味を与えようとしても、その意味がまったくわからないで戸惑ってしまうことを意味する。かれの作品やエッセイのなかに、祭りの御輿をかついで青空に顔をむけている町内の若衆の恍惚とした顔をみて、あの若衆はいまその瞬間なにを感じなにを考えているのか、まるでわからないで、しきりに知りたかったとなんべんも繰り返して書いている。そして後年、肉体を人工的に観念の鎧にしてしまって、精神をおおいつくそうと意図しはじめて、肉体の錬成にあたるようになる。そしてはじめて御輿をかついでみて、若衆はなにも考えたり感じたりしていなかったことがわかったと述懐している。これもまた誇張なしに受けとれば、悲惨だと言うよりほかないとおもう。誰でもが何気なくやっていることが、みんな鉛のように重たい意味としか感じられてないからだ。
肉体にも固有の論理があり、固有の思考があり、また肉体に特有の饒舌の言葉があるかもしれないとかれが言うとき、ひどい絶望をくぐったあとの言葉のようにおもえる。かれは肉体よりもさきに言葉の記憶があったという乳胎児期の不在を、まったく逆転しようとする。ふつうわたしたちはかれのように考えない。肉体という枠組に固執するかぎり、言葉はあまり遠くまでいけない。またすでに遠くまでいった言葉は肉体の輪郭まで退行して戻ってこなくてはならないと考えるだけだ。かれは肉体の不在からじぶんが発生したことを不具のように意識している。そして肉体と言葉とのあいだに倒錯が起こったようにおもえる。

英雄主義の内面的理解の緒を、私はたしかにつかみつつあると感じてゐた。あらゆる英雄主義を滑稽なものとみなすシニシズムには、必ず肉体的劣等感の影がある。英雄に対する嘲笑は、肉体的に自分が英雄たるにふさはしくないと考へる男の口から出るに決つてゐる。そのやうな場合、普遍的一般的に見せかけた論理を操る言語表現が、筆者の肉体的特徴を現はさないことは、（少くとも世間一般からは、現はさないと考へられてゐることは）、何といふ不正直なことであらう。

（「太陽と鉄」）

苦痛を引受けるのは、つねに肉体的勇気の役割であり、いはば肉体的勇気とは、死を理解して味はうとする嗜慾の源であり、それこそ死への認識能力の第一条件なのであつた。書斎の哲学者が、いかに死を思ひめぐらしても、死の認識能力の前提をなす肉体的勇気と縁がなければ、つひにその本質の片鱗をもつかむことがないだらう。断わつておくが、私は「肉体的」勇気のことを言つてゐるのであり、いはゆる知識人の良心だの、知識人の勇気などと称するものは、私の関知するところではない。（「太陽と鉄」）

しかし私の夢想はいつか私の筋肉になつたのだ。そこに出来上り、そこに存在してゐる筋肉は、他人の想像力ならいくらでも許すだらうが、もはや私自身の想像力の容喙を許さなかつた。私は見られる人間たちの世界を急速に知るにいたつた。

他人の想像力の餌食になり、自分は一切想像力を持たないことが筋肉の特質であるなら、私はそれを一歩進めて、自他共に想像力の余地を残さぬやうな純粋行為を、剣道のうちに求めてゐた。（「太陽と鉄」）

これらは異様な宣明だが、たしかに肉体についての一個の思想がここに発生したことを語っている。そのことは同時に、かれの肉体が理念として人工的にこしらえなければ、ついに言葉よりさきに存在せず、また言葉の基体としても存在できなかった悲劇をも語っている。そんなことはありうるだろうか。これは誇張によって思想らしい装いをつくっているだけではないか。そんな疑念が起こらないでもないが、しかしぜんぶを疑うべき根拠がない。ここに一個の異様な言葉の芸術家がいて、かれが言葉の芸術である文学作品に固執するかぎり、言葉よりさきに当然あるべき肉体が存在しなかったということだ。そして何とかして肉体を存在させようとして太陽を浴び、同時に鉄の亜鈴を筋肉に埋めこんで人工的に肉体を造りあげるため、肉体の練磨にはげんだ。かれは一九四五年の太平洋戦争の敗戦の夏の太陽が、人間の悲しみにも人間世界の激変にもかかわりなく、さんさんと照りつける異様な体験を保存した。そして一九五二年のはじめての海外旅行で、ふたたび太陽と和解したと述べている。

ハワイへ近づくにつれ、日光は日ましに強烈になり、私はデッキで日光浴をはじめた。以後十二年間の私の日光浴の習慣はこのときにはじまる。私は暗い洞穴から出て、はじめて太陽を発見した思ひだつた。生れてはじめて、私は太陽と握手した。いかに永いあひだ、私は太陽に対する親近感を、自分の裡に殺してきたことだらう。

（「私の遍歴時代」）

戦争期に少年のかれは太陽に背き浪曼派風の夜の思考にひたることが反時代的におもえ

て、そう振舞った。ところが、敗戦後は戦後派的な夜の思考が時代を支配するようにおもわれてきた。夜の思考にはいりこんだものは例外なく「粉っぽい光沢のない皮膚」をしていて、衰えた胃袋をもってることに、だんだん感覚的な嫌悪をもつようになる。そして臓器感覚的な夜から明るい皮膚につつまれた筋肉のもりあがり、よく太陽に灼け、光沢を放つ皮膚をもち、敏感に隆起した筋肉をもたねばならないとおもいはじめる。思考の訓練よりもさきに肉体の訓練が大切だとおもわれて、ジムに通うようになる。こういう肉体の決心とその実行について、三島由紀夫の文学的大才がなんの意味ももたなかったことに、わたしたちは賛嘆する。なにを誰にむかって賛嘆するのかと問われたら、人間という存在の出来の悪さにたいしてと答えるよりほかすべがない気がする。そう決心したらそういくほかに誰も道を択ぶことはできない。資質の無意識が宿命としてどれだけかれの道すじを左右するか、やってみなければ決められないからだ。

　こういうかれの思想のはてが、夜に属する厭世や無気力とではなく、肉体と精神の充溢に結びついた「死」を招きよせるようになるのは当然のような気がする。そして男性が自分の行為によって肉体を客観的な美になしうるのは、その行動が悲劇的な「死」と結びついたときだという英雄主義までゆきつくのは必至だったと言ってよい。だがこの理念の普遍性からは〈天皇〉〈民族〉〈伝統〉といった文化原理の特殊性はどうしてもやってくるはずがない。かれの行動思想の最上の結晶である「太陽と鉄」には、こういった特殊性にたいする考察は、まったくあらわれないことに注意すべきだ。この「太陽と鉄」の場所から言えば、〈天皇〉が栄誉大権をもった国軍に自衛隊を昇格させて〈天皇〉に収斂していく「みやび」の文化と伝統を守るという「檄」の主旨は、まったくの付け足しにすぎなかったようにおもえる。だが「死」の瞬間に、行動する肉体が客観的に美と英雄主義的な悲劇に合致するという理念が、〈天皇〉の統治する民族伝統の「みやび」の文化と連結していなければ、かれの「檄」の思想はどうしても完結しなかったはずだ。わたしにはその契機が柳田国男の影響でこしらえた「文化」という概念にあるようにおもえる。

三島由紀夫によれば、日本文化は行動様式自体を芸術作品化する特殊な伝統をもっている。武道みたいなものが茶道や華道とおなじように、日常の立居振舞いの芸術化にあたっている。また日常の生活のあいだの「義」や「理」が武士道のような倫理と美の融合に抽象されていく。能や歌舞伎のような伝統芸能の形が鑑賞を日常生活として人々に世襲させる。近代小説でさえ詩歌とおなじで、フォルムなきフォルムをつくって、反復をやさしくする。行動様式はやめば消えてしまうように、文化様式もまたオリジナルが消えてしまってもいいように、コピーが繰り返し推奨される。かれは伊勢神宮が二十年毎にコピー化されて造営される例や、古典和歌における本歌取りが創造の本道になっている例をあげている。〈天皇〉もまたおなじで、神話の天照大神がオリジナルとすれば、各時代の〈天皇〉は文化的なコピー、あるいはコピーでありうる点だけが文化概念として永続できる〈天皇〉の本質的な部分だということになる。ここに行動様式が文化概念としての〈天皇〉と結びつくいちばんの緊密なきずながある、とかれはみなしていた。そこに〈伝統〉とか〈民族〉とかいう概念が周辺からまとわりついてくる根拠があった。かれは生涯の自分の資質の悲劇を、乳胎児期の不在と欠如からくる無意識にゆだねることを潔しとしないで、どこにも隙間のないよう全身に論理の鎧をつけようとした。その結果、かれはじぶんの宿命をもてあそんだのか、宿命からもてあそばれたのか不分明になるところまで、徹底して生涯を意識化していったとおもえる。

岩淵五郎

現存するもっとも優れた大衆が死んだ

1

岩淵五郎が死んだ。こう書いただけで、わたしにはじぶんのこれからの生が半ぶん萎えてゆくのを感ずるが、おおくのひとびとにはどこのだれとも知らないひとりの死としか受けとられないにちがいない。いくらかのひとびとは、二月四日の全日空機の遭難で難死した春秋社の編集長岩淵五郎の名を記憶しているだけだろう。しかし、かれに日常接していたひとびとは、岩淵五郎の死が、じぶんの生のある貴重な部分を突然奪っていってしまったという思いを疑いえないにちがいない。すくなくともわたしにとってはそうである。

わたしが岩淵五郎にはじめて接したのは、物書きのごたぶんにもれずひとりの編集者としてであった。物書きのほうからみえる編集者にはおおよそ三つのタイプがある。ひとつはじぶんも物書きであるか物書きの候補者のにおいをもったものである。もうひとつはじぶんが所属している出版社を背光にして文壇的にか政治的にか物書きを将棋の駒のように並べたり牛耳ったりしてやろうと意識的にあるいは無意識のうちにかんがえているものである。あとのひとつは、他の職業とおなじような意味で偶然、出版社に職をえているといった薄ぼんやりしたものである。わたしに言わせれば、いずれもわざわざ因果な商売をしていることが嫌らしくて付き合いかねるタイプばかりである。

岩淵五郎も、いずれこの三つのタイプのどれかに属するはずであったにちがいない。しかし何かがかれを編集者のタイプから隔てていた。かれは物書きの虚栄心をくすぐったり、それにつけこんだりすることもなければ、嫌らしい劣等感を背光にある出版社の看板に移譲して偉ぶることもなかった。また、薄ぼんやりした幼稚さもなかった。まぎれもなく現在のジャーナリズムでは第一級の編集者の敏腕をもっていたが、どんな作為もけっきょくわたしのような気むずかしい物書きを動かしえないことを熟知しているようにおもわれた。

わたしは、いつのころからか物書きと編集者という立場を意識せずに、もっとも信頼するに足りるひとりの人間としてかれに接するようになっていた。そうするうちに、この自己について語りたがらない人物が、どこかでいつか〈放棄〉したにちがいない生の構造がおぼろげながらわかるようになった。岩淵五郎は、どんな理由で、なぜそうしたかは知らないが、過去のある時期にじぶんの人生を棄てたにちがいない。じぶんの人生を棄てるとはどういうことか？　それを確かな言葉でいっても仕方がない。わたしはそれがわかったときからこれからの生涯で二度と出遇うことはあるまいとおもわれる知友をかれに感じた。かれにもわたしの〈放棄〉の構造はみえていたはずである。かれの思い遣りは、だから透徹していて湿気がなかったが、ほとんどどんな事態にも手が届いていた。わたしは何度も、いつの間にか、かれの手がわたしの危機の構造にとどいている気配を感じて、内心でおもわずうなったのをおぼえている。

わたしは物書きとして多くの敵をもっているが、物書きである敵などはいずれもたいした敵ではない。しかし岩淵五郎のような自己を放棄した敵がこの世に隠れているとすれば、現在のわたしはとうていそれに抵抗できないだろう。かれの存在をおもうたびに、わたしはいつもじぶんの書く物の届きえない存在がこの世にあるのを感じた。この世でわたしの書くものをひそかに肯定したり、わたしの書くものに微笑して激しい敵意を燃やしたりしてくれた存在を、いま、喪ったのである。

生きてゆくことは辛いことだなあという、何度も何度も訪れたことのある思いが、こんどは肉体までそぎとってゆくのを覚える。

2

立山の弥陀ケ原を眼の上にみあげる称名の平場に、称名ホテルという宿屋があった。ホテルとは名ばかりで、旅館というにさえそぐわず、またひとおもいに山小屋とよぶには大きくととのいすぎ、旅館とか宿屋とよぶのが丁度よくみあっているといった造作であった。魚津市に徴用動員でいたころだから、たしか昭和二十年の初夏のことである。五、六人で立山に登るつもりでこの宿に泊った。

宿はひっそりとして五十がらみの主人とその奥さんの二人しかいなかった。宿の主人は額はもう禿げあがっていたが、がっちりした体軀の顔のつやつやしたちょっと気圏のちがった風貌をもっていた。奥さんは屈たくのなさそうな、まめに働き、声をたてて笑う山家つくりのひとだった。山菜の夕食後、わたしたちをいろり端に案内し、主人は薪をくべ、奥さんは茶を汲んでもてなしながらとりとめのない話をきかせてくれた。山の中で夫婦二人きりでくらしていればこうなるよりほかないとおもわれるように、今日ついたばかりの眼にもふたりの間が温かくすっきりと疎通していることがすぐにわかった。当時、わたしは、いろいろな剰過観念に悩まされていて、われながら心の中は暗く濁ってくすぶっているような気がしていたので、この夫婦のたたずまいがうらやましくてならなかったのを記憶している。そして高地のせいか夫婦のどちらにも粘着するようなものはなく乾いてさばさばしているのも、わたしの眼には愉しかった。息子は出征していて、いまはこの宿の並びに畠をつくって自給しているといったことが、その夜のいろり端できいた夫婦の身上であった。この夫婦は忘れがたい印象を弱年のわたしにのこした。

いろり端には、ときどき鼠がちょろちょろ出てきて、うろうろと餌になるものをさがしている様子だったが、驚いたことにわたしたちがいてもすこしも怖がらず、夫婦も追い払おうとしなかった。〈こんな山の中ですから鼠も家族みたいなもので〉といいながら、丁度飼い猫にいうように奥さんがときどき〈すこしあっちへいっておいで〉と鼠のほうへ声をかけ手で追うしぐさをする。奥さんにしいて追いはらうつもりがないので、鼠のほうも逃げる気はないらしい。どこかへ引っこんでは、またちょろちょろとあらわれるのだった。

ああ、この夫婦はいいな、この主人の声はすんでいていい声だ、この奥さんは親しそうでいて粘りっけがなくていい。こういう夫婦もこんな山の中だからこそ在りうるのだな。おれたちはどうせ戦争で駄目だが、こういう夫婦に偶然であったことは、おれにはどんなにこの世の土産になるかしれない、わたしはしきりにそんなことばかりかんがえていた。

わたしは、動員先にいるあいだ、〈称名のあの宿の主人夫婦はいいな〉とおもいだしたように仲間に口走ってかれらを苦笑させたのを覚えている。

岩淵五郎の風貌や立居振舞をおもいうかべると、称名の宿屋の主人の貌が自然におもいだされる。あれは戦争のただ中にあって、ほんの少しの余暇のあいだに出会ったまま二度と出会うことのなかった人物の印象であった。しかも、こちらは人との偶然の出会いを昇華して大切にしまっておかなければいられない情況と年齢であった。岩淵五郎との出会いは、もう〈戦後〉自体がくたびれかけ、あらゆることがただ煩わしさと無為に腐蝕しかかっている時期からはじまった。そして、ゆるやかに長く交渉はつづいた。わたしたちのつきあいは、おたがいに畳の上でしか死ぬことはあるまいというたるんだ気分も心のどこかにあって、会おうとおもえばいつでも会えるのだと油断していたかもしれない。しかし、人間と人間との交渉などは、そんなおあつらえむきのものではない。

岩淵五郎は、こちらのそんな油断を見すましていたかのように忽然と遭難死してしまった。〈まだ北海道は寒いでしょうから、風邪をひかないようにしてくださいよ、もっとも暖房設備はととのっているのでしょうが〉、〈いや、何から何までゆきとどいている招待旅行だから大丈夫ですよ〉というような会話を戸口でさりげなく交して別れたまま、翌日発った北海道旅行からもうかえらなかったのである。ほんらい戦争のさ中で航空機を駆って特攻死すべき運命にありながら偶然がかれを死なせず、戦後は日本共産党にあって、つぎに離党して革命死をのぞみながら必然がかれを死なしめず、ついに偶然が東京の街の灯を間近かに俯瞰しながら二月四日全日空機でかれを難死させたのはどういう意味があるのだろう？

わたしにとっては、よき生き場所とよき死に場所を戦後に心ひそかにもとめつづけ、それゆえに献身と思い遣りと自己の存在を埋没させようとする悲劇的な衝動とをつらぬきとおしたひとつの生涯の、突然の切断とおもえる。かれは、たんに信頼すべき存在というにとどまらなかった。この戦後という薄ぼけた時代、戦争を狡さだけでやりすごしてきた人間の思想的系譜が、まやかしを身上として文化の世界に空前の氾濫をとげている時代に、おそろしい存在もまだいることを身をもって立証してくれたかけがえのない存在であった。かれの死はあたかもこのような存在の全終焉を象徴するかのようなひとつの事件を意味している。

戦後を、まるで仮りの旅宿のように、ただ他者への献身だけで貫き、家族を愛し、他人に対してはおもいも及ばないような秘された手をさしのべ、それでいてどんな親しい家族にも自己の来歴について語ろうともせずに沈黙のまま生きた、わたしにとって思想的にも生活的にもかけがえのない存在は、あの日、突然、この世界から消えてしまった。かれの残像は、いまもわたしの思想的営為のなかに、家族のあいだに、戸口のところに佇ったまま消えようとしない。

いったい死者を悼む文章をかくのにどんな意味があるのか。ことに岩淵五郎のように自らは文章をかくことも、自分を押し出すこともしなかった存在の死をなぜどうかかねばならないのかをしらない。エンゲルスはマルクスの死にさいして「現存する世界最大の思想家が死んだ」とかくことができた。そして、わたしは岩淵五郎の死を〈現存するもっとも優れた大衆が死んだ〉とかくべきだろうか。わたしが大衆とはなにかとかんがえるとき、父や少年時の私塾の教師といっしょに岩淵五郎のことを個的な原像としておもいうかべていたのはたしかである。わたしは思想の力によってこれらの原像にうち克ちたいという願望を手放さないできた。それが叶わぬうちにかれはこの世界から消えてしまった。かれはわたしが思想的に解かねばならぬ、そして解きがたい存在の象徴として、永続的にわたしの前から去ったのである。

葬儀の日、も一度かれの貌をみたくて、出棺の間際に、棺の間近かにつめ寄った。かれの躰に手をさしだし、〈さようなら〉とひそかにつぶやきかけた。しかし、その躰は冷たく硬く別物になっており、おもわずはっとして胸中の言葉はそのまま途中で凍りついた。これはいかん、無機物になってしまっているという思いが、わたしの沈黙の弔辞をおしとどめた。つい最近、徐々に温もりが消えてゆく兄の死に立会っていたわたしは、無意識のうちに岩淵五郎の死をおなじように錯覚していたのだった。

〈死ねば死にきり　自然は水際立っている〉という詩人の言葉はこういうことなのか。わたしは何もかもわからないという気がする。

岩淵五郎よ、安かれ。あなたが、これからも永続的にわたしにとって生きつづけるとしたら、わたし自身さえも気付かないわたしの中においてである。

岸上大作

『意志表示』

詩人岸上大作の短い生涯の詩は、日本の過途期が、どんなに深く苛酷であるかを鏡のように映している。岸上君はみずから鏡を破り、わたしたちの鏡は撓む。

岸上大作

時代の風圧の証し

岸上大作と最初に出会ったのは、六〇年の何月であったか。記憶は定かではない。わたしのほうに記録とか記憶とかを信用しきれないところがあり、投げやりであるため、記憶のほうもまた逃げてしまうといった関係があるのかもしれない。また、ある意味で、ある程度まで、人間は極端に都合のいいことと、極端に都合のわるいことを、まったく〈都合〉の構造にしたがってしか記憶しないようにできあがっている。つまり記憶は現在の別名にしかすぎないともいえる。

その頃、岸上大作は、国学院大学短歌研究会のメンバーとして、講演を依頼したい旨の手紙をよせてきた。この種の依頼には、いつも消極的にしか応じないのだが、ちょうど〈安保闘争〉の敗退したあとの大雪崩のなかで、じぶんなりに〈情況〉のある部分をひき受けようと意志していたので、たしか、承知した旨の返事をかえした。ところが、しばらくたってから、せっかくの受諾をいただいたのに、短歌研究会担当教授から、さしとめられた、理由は〈建学の方針〉みたいな学是があり、それに背反するというものである、じぶんは短歌研究会のメンバーとして、その不当さとたたかうつもりである、という来信があった。すまなさ一杯といった心事があふれていて、わたしのほうがむしろ恐縮した。早速、返信して、そういうことに割合に慣れているし、また、もともと人前でのお喋言が苦手なので、中止が幸いといった気持だから、気にする必要はないから、という主旨のことを申し述べたと記憶している。岸上大作のほうでは、それではおさまらなかったらしい。ふたたび返信があって、短歌研究会の人たちが、一緒にたたかってくれないので、どうすることもできない、じぶんは研究会をやめるつもりでいる、というようなことが書かれてあった。

さて、そのあとはほとんどじぶんの記憶を信ずることができない。ある日、岸上大作がわたしの家を訪れた。わたしのほうが、そんなことはどうでもいいんだ、暇なときに一度、遊びにきて下さいと返信した結果の訪問であるのか、岸上大作の自発的な訪問であったのか、それも定かではない。また、このときが最初の対面であったのかどうかも、このあとに第二、第三の訪問があったのかも、しかと覚えてはいない。

こういう定かでもない記憶をたよりに、岸上大作との小さな交渉を書きはじめたのは外でもない。そのあと、しばらくして〈突然〉（わたしにはそう感じられた）、岸上大作の自殺の報が耳を打ったからである。わたしは、一瞬、講演中止について〈過剰〉にすまながっていた岸上と、むしろ中止のほうが勿化《もっけ》の幸いだくらいに〈過少〉にかんがえていたわたしの、ちぐはぐさの〈感じ〉に、かれの自殺を結びつけた。〈おれはもしかすると、あの学生歌人の必死な思いを、読みきれなかったのではないか。それが全部の原因とかんがえるのは傲慢だとしても、原因の一部ではないのか。おれが、講演を依頼してきた学生一般のひとりとかんがえていても、相手のひとりひとりは、固有の思いと事情を持っているかもしれないではないか〉。

この思いは、わたしの安保体験の〈狃《な》れ〉や〈事件ずれ〉の退廃に喰いこんで、はっと内省の光線が射しこむのを〈感じ〉た。〈おれは無意識のうちに少し駄目になっているな〉と思わずにはいられなかった。だが、どうすればいいのかについて、応急な処方箋が得られたわけではない。岸上大作の遺書「ぼくのためのノート」が公表されたのを読んで、さらに愕然とした。そこには、わたしに関する記載がある。

〈遺書〉をよんで、まっさきにわたしを通過したのは、言葉にならない一種の〈かたまり〉のようなものを呑みこんだ思いに似ていた。この〈かたまり〉の内容は、たやすく分析することができる。〈まったく面識のない学生歌人が、講演依頼に関連して二、三度訪問してきた。かれは、もの静かで大人しく、問われると、とりとめのない話題について、口数のすくない会話を交わすほどで、いつも帰っていった。わたしのこの印象にまちがいがなければ、それだけの私的交渉からは、あまりにもおれは立ち入られすぎている。こういうことがありうるのだろうか〉という思いに尽きている。ここでも何かが〈ちぐはぐ〉である。たぶん、この体験は〈もの書き〉にとっては、大なり小なり普遍的な体験にちがいない。岸上大作の遺書は、わたしに、この〈ちぐはぐ〉さの意味をかんがえつめることを、ほとんど強制したといってよい。あるいは〈書く〉ことの恐ろしさ、重さを、これをみろというふうにつきつけられたといいかえてもよい。〈言葉〉は〈凶器〉であるのか。〈書かれたもの〉を公開するということは、いったい何を意味するのか。

わたしの得た一応の結論はこうである。

〈書かれたもの〉を公開するかぎり、読んだ者から過剰に〈立ち入られ〉ても耐えるべきである。過剰な評価も、過少な評価も、感情的な評価も許容すべきである。いささかの弁解も、誤解を正すことも、すべきではない。なぜならば、〈書く〉という行為が、純粋に自己にたいする行為であれ、他者の注文に応じた行為であれ、書く者にとっては自足した行為であることにかわりはない。そこでは、書く者の世界が、よくもわるくも完結した世界を閉じている。しかし〈書かれたもの〉が公開されるのは、まったく別個のことで、書く者にとって余計な〈露出〉であることにかわりはない。この余計な〈露出〉が、たぶん、読む者に過剰な〈立ち入り〉や恣意的な評価を強いる根源ではないだろうか。そうだとすれば、どんな結末がふりかかっても、それをひき受けるべきではないだろうか。

〈書く〉という行為と、それを公開するという行為のあいだで完結される表現者の位相について、岸上大作の自殺は、わたしに最初の内省を強いたといっていい。だが、わたしの得た結論がどうであれ、おなじような出来事は、そのあとも幾度かつづいた。そして、わたしはその都度、無類の思いで耳をとぎすまさねばならなかった。

しかし、岸上大作のばあい、わたしには救いがあった。かれの〈死〉のなかに、かりにわたしの〈書かれもの〉が介在していたにしても、かれは歌人として、優にその存在を主張するだけの力量をもっている。かれとわたしとの接点が、どんなに重く速やかだったと想定しても、かれはじぶんの軌道をそのまま〈自死〉までたどっていった、といってよかったからである。

わたしが自殺者の近親者からうけた非難は、いつも〈おまえの書いた変な書物をよまずに、まともに学業にはげんでいれば、こうはならなかったものを〉というパターンをもっていた。だが岸上大作の近親者からは、おそらく、そういう非難をきくことはあるまい。それに〈遺書〉のなかで、じゅうぶん、わたしの著書に復讐している。

呼びかけにかかわりあらぬビラなべて汚れていたる私立大学　（「意志表示」）
美化されて長き喪の列に訣別のうたひとりしてきかねばならぬ　（「しゅったつ」）
欺きてする弁解にその距離を証したる夜の雨ふらしめよ　（「しゅったつ」）

ほぼこれが、岸上大作とわたしが、はじめて会った一九六〇年秋ごろの岸上の場所であったといっていい。あるいは、六月十五日の国会構内の抗議集会のどこかで、すれちがって出会っていたのかもしれない。そして、誰もとおなじように、かれもわたしも窒息しそうで、他人をかえりみる余裕もなく、門外におし出されていた。フィルムを逆にまわしてみなければならないが、その直前の岸上大作は、いったいどこでなにをしていたのだろうか。よくわからないところがあるが、たぶん岸上は、母親に育てられた貧困な生活から必然的にやってきた心情的な社会主義感に、理論的な支えを獲得しようとして、社会科学や経済学の勉強をはじめていた。すでに短歌の創作で早熟な才能をしめしていた岸上大作には、これは、まことに不得手な格闘であったようにおもわれる。「いま、僕にとって急務はマルクス主義による理論武装であることは、はっきりわかっていながら、実際はデカダンスな毎日であった」（高瀬隆和宛一九五九年四月二日付書簡）と書いている。

なぜかわたしには「マルクス主義による理論武装」というときの岸上の努力が痛々しく感ぜられる。この感じは、すでに〈歌人〉として早熟な自己確立をとげているのに、みすみす孤立の道へ一歩ずつ近づいてゆくときの岸上の弱々しさからやってくるのだが、その上に、また戦後マルクス主義の破産か否かが、問われる刻限に近づいている〈情況〉のなかで、はじめて「マルクス主義による理論武装」の問いに迫ろうとする岸上の〈処女〉性が、痛々しさをもたらすものだといってよい。だが、青年をはじめてとらえる内的な、また外的な課題は、はたからはどうすることもできないものである。かれは時代の不幸をじぶんの不幸に、うまく重ねあわせようとする。しかし、うまくゆくかどうかは誰にも、また、おそらく本人にもわからない。かれは自己の資質と自己の課題のあいだで、孤独な格闘を、矛盾を、手に持ちなおすよりほか術がない。

すでに父親は戦争で死に、あとは母親の手で一家の生計が支えられている。

人恋うる思いはるけし秋の野の眉引き月の光にも似て
悲しきは百姓の子よ蒸し芋もうましうましと言いて食う吾れ
恋を知る日は遠からじ妹の初潮を母は吾にも云いし
ひっそりと暗きほかげで夜なべする母の日も母は常のごとくに
白き骨五つ六つを父と言われわれは小さき手をあわせたり

（「高校時代」）

貧しく静かで、内に襲った母子三人家族の生活はこんなふうに描かれている。たぶん、この時期の歌は啄木の影響をおおきくとどめている。母親は、息子を大学に通わせようとしている。そして、できるなら実業的な科目をえらび、ゆくゆくは、一家を支えてもらいたいと願っている。息子は大人しく母親おもいであるが、できるなら、文学的な仕事を専門にしたいとおもっている。説得すれば、母親は自分の志望を肯定しないまでも、赦してくれるだろうとかんがえている。これは、どこにでもみられる貧困な母子家庭の生活で、そのうちでは岸上の家族は、葛藤のすくない平穏な家庭に属しているかもしれない。けれど息子には、どうしてよいかわからない岐路がやってくるのが、眼にみえている。母親を棄民するか、自己を座礁させるか、そのいずれかを択ばなければならない日が。もっとも短歌の創作は、金銭と結びつかず〈余技〉という性格をもっているから、抜け道はあるかもしれない。一家の生計を支えながら〈歌う〉こともできるかもしれない。

岸上大作は、たぶん、この岐路の予感をまえにして、即物的な貧困と、心情的な社会主義との相互反撥を、ある〈構成〉を媒介にして、ひとまず切り離したいとかんがえた。それは初期に多くの人が惹かれた体験をもっている啄木の影響からの離脱であり、また、一挙に現代性まで、歌作を跳躍させる欲求でもあった。

その背後〈家〉負うことば母の愛ある時つねに放れて　淫乱
接吻《くちづ》くる母の昧《くら》き瞳みたる頰埋めんにむしろ負担にて　雪の白
愛などにもはや哭き得ぬ母の裡荒野ありそこ耕やさん　誰
過去断てば華麗のかたち母のため設計しているわたくしの家

（「四角い空」）

この〈構成〉の媒介によって、父親の戦死後に〈女手ひとつ〉で子を育ててきた貧困な母の像は〈変容〉する。母親は亡夫の残像と貧困に制約されながらも、〈放たれた女〉として岸上の短歌の世界に登場する。いずれが実像に近いのかを問うことはいらない。この〈変容〉は、母親から〈母〉を棄民し、〈女〉を拾いあげたための〈変容〉である。また、短歌のうえでは、啄木の影響の大きかった初期から、一挙に現代短歌まで跳躍したための〈変容〉であるといってよい。

岸上大作の感性が、この〈構成〉をつらぬきとおすだけの冷たい眼をもっていたら、危機は煮つめられた形ではやってこなかったかもしれない。けれどこの〈構成〉は、短歌的にいってもきわめて不安定であり、また感性的にいっても岸上大作の持続できるものではなかった。貧困だけがあり、無惨な家族であったら、かえって、それも可能であったかもしれないが、貧困はそのまま母子家族の小さな温味のある調和とも結びついており、とてもその吸引力の圏外に跳び出したままでいることはできにくかったにちがいない。さればといって、軌道はもとにもどれないヒステリシス現象を呈する。前後する時期の「風の表情」は、また、べつな母親の像で、その間の機微をあかしているようにみえる。

母にやるわれの言葉を運ばんに風はあまりに乾きていたり
坂はすでに影を映さぬ時刻にて母はあまりに遠くに病めり

母はすぐゆくえ知られず去りしゆえ残されて母の病いは重し
ある時は母の言葉をはなちつつ坂を転がる風の表情　（「風の表情」）

「風」が乾いているという表現は、ここでいう〈機微〉に触れている。「風」は吹かなければよかったし、また、吹くならば乾いていなければよかったのだが、岸上がすでに佇っているところは、そのいずれからも拒否された場所だったのである。
わたしが、一九六〇年秋ごろから巻きもどしてきたフィルムは、たぶん終わりに近くなっている。岸上大作は、既成の前衛から離脱して急進化していった一群の学生運動の熱気のなかに、しだいに跳びこむようになった。同時にその渦中で、ひとりの女性に惹かれていった。岸上には、その女性に惹かれていったために、新左翼の学生運動の渦中に入ったのか、少年期からの貧困の体験から獲得した心情的な社会主義感に、現実的な機会を獲ようとしてその渦中に入っていったのか、あまり定かではなかったにちがいない。安保闘争の座礁から、指導部が四散したとき、すでに孤立した焼けのこりの杭がとりのこされ、風に吹き晒されて、文字通り孤立のうちにこの風圧に抗わねばならなくなった。この〈情況〉のなかで、岸上大作もまた、その場所で孤立した焼けのこりの棒杭のように、風圧をまともにうけなければならなかった。岸上は、ふたたび、マルクスやレーニンの著書にとりつき「しゅったつ」の決意をしめした。どのような具体的な事情が介在したかわからないが、安保闘争の渦中で出会った女性との恋愛を同時に失った。たぶん、白けきった〈情況〉のなかで、誰もが大なり小なり体験した白けきった情緒の喪失がやってきたのだ。岸上大作は、その風圧に耐ええなかったとき、時代の風圧の証しとして自殺した。かれは〈遺書〉のなかで、失恋だと書いたり、弱かったのだと書いたり、また故意に道化てみせたりしているが、もっと奥深いところからかれを誘って死におもむかせたのは、かれの〈遺書〉の裏側を流れている巨きな、時代的契機であったような気がする。わたしは岸上大作の死に〈立ち入り〉すぎたかもしれない。ただ最初に出会った時までの、岸上のおよその軌跡を、わたしなりに納得してみたかった。もはやここで筆をおくべきだろうか。岸上の霊よ安かれ。

吉本政枝

姉の死

無類に哀切な死を描き得るのは、無類に冷静な心だけである。転倒した悲嘆の心では如何《どう》しても死の切実さは描き得ない。是のことは書くという状態に付き纏う逆説的な宿命である僕には恐らく姉の死を描くことは出来ないし、況《ま》して骨髄に感得することなど出来はしまい。

姉は哀しもうとすれば無限に哀しいような状態で死んだ。一月十三日既に危ない病状を悟って電報を寄せた。母に看護を頼んだのだ。

その夜病勢が革《あらた》まり、母が翌朝駈け付けた時には最早空しかった。氷雨の降る夜、母の面影を追って唯独り暗い多摩の連丘を見ようとしていたのかも知れぬ。僕にはもう判らぬのだ。だが判らぬままに、悲しみとも憤りとも付かぬ強く確かな感じが僕をおしつけて来る、近親の者が死んだとき必ず僕にやって来るあの感じが。昔はその感じに抵抗し、藻掻いた、けれど今はそれに押し流されるままでじっとしている。僕の心の鐘が曇ったのかも知れぬ、或はそうでないのかも知れぬ。

僕は十四日姉の相にもう一眼会いたくて多摩の小道を歩んでいた、丘辺の療養所の赤屋根が、樹々の陰にちらちらする頃氷雨が上がり落日が血のように赤く雲の裂け目を染めていた。突然明日は晴れるに違いないという意識がやって来て、この天候がもう一日早かったら姉は死なずに済んだのにと思った、何故そう思ったのか今でも判らぬ、けれど確かに僕は信じたのだ。薄く化粧していた姉は美しかった、清潔であった、僕が想像し、そして最後の訣れがしたいと欲していたその面影よりは隔絶して美しかった。僕は大層安らかな心になった、僕が姉の死について書き得る、今はこれが全てである。

姉の短歌は丁度これから腰を据えようとしていた時期にあった、哀しいと言わなくてはならぬ、僕と異って素直で美しい心情であった姉は、自らに固有な不幸を胸中に温めて、その性来を徐々に磨いていった、随分苦しんだが、如何なる空想も思想も案出しようとはしなかった、常に己れの現実に即して思考したと言えようか、丁度短歌の発想がそうであるように。僕は確信を以て指摘する訳にはいかないが、短歌こそ姉の熱愛し得た唯一の表現形式であったと思う、僕が詩稿の空白に書き散らした短歌を時折二つ三つと送ると、まるで知己を得たように喜んでいたがいまはもう全てが空しくなった。

姉が心臓の疲弊で苦しんでいた頃、僕は二、三日前読んだマルセル・プルーストの一節を心の中で繰返したりしていた、何という不様なことだろう、僕には幸福とも不幸とも思えぬ平凡な家庭を、姉は死ぬ程恋しがっていた、何という相違だろう、やがて姉の死と同時に、あれ程深い印象を刻んでいたプルーストの『失いし時をもとめて』のカデンツアが僕の心から遠退いていった。姉の死が代って僕を領したからだ、人は語り得る部分よりも沈黙のうちに守っている部分を遥かに多く蔵《しま》っている、殊に他人より一層そのようであった姉のために、僕がこれだけ語る機会を得たのは慰む思いがする、服部忠志氏の御好意がなかったら姉は肉親の思いのうちに生きつづけるだけだったろう。

やがて姉は長い長い間の願いであった懐かしい我家に骨になって帰宅した。

『龍』昭和二十三年新年号〔最後の歌〕

吉本政枝

遠くより雨をともなひ来る雲のここに至りてためらひ長き

夕星の輝きそめし外にたちて別れの言葉短く言ひぬ

一ひらの雲もとどめぬ天にむき嘆かふものか直眼をぞ欲り

あとがき

その人間の死が仕事の中絶につながっていて、その全体像から痛切（切実）な実感を与えられたとき、死を悼む即興にちかい文章をのこしてきた。自発的に書いたばあいも、書きたい気持と雑誌や新聞からの依頼がちょうど折合って書いたばあいもある。また依頼があったから書いたこともあった。ただ依頼があっても、そんな気もないのにいやいや書いたことは、一度もなかった。またわたしの特性かもしれないが、追悼の文章であるべきものがむきだしの批判になっているばあいもある。もちろん、私的な思いばかりが痛切（切実）で、その死にさいして文章など書くことがかえって空ぞらしくおもえて、じぶんの胸のなかだけで悼んだり、死の儀式だけに加わったりした、隠れた痛切（切実）な死もたくさんある。それはここには含まれるようすがもないわけだ。また追悼の文章を書き、一本の花を供えて下さるよう遺族に私信をおくって、葬儀に参上しなかったこともある。こんなことをかんがえはじめると、その死に出会って追悼の文章を書くとはどういうことか、またそうして書かれた文章は何なのか、あらためてじぶんに問わなくてはならなくなってくる。

こんどこの類いの文章をひとつに集めて一気に読むことができた。そしてこういった文章で何を言おうとしているのか自問してみた。第一にわたしがたんなる哀しみや愛惜のところで追悼していないことがとてもよくわかった。極端なばあい一方的な批評をうけたまま その死に出会って、憤激をあからさまに書いている文章も、できるだけ憤激を抑えようとして書いている文章もある。またその人物像にたいし、どこかにしこりをもっていることが、死を悼む文意のあいだからあらわれてくるような文章もある。もちろんその生前への讃歌と死への愛惜がためらいなく述べられているばあいもある。ようするに死者の死にさいしてのわたしの感応の仕方は、死者にたいする儀礼的な愛惜や、敬虔な気分という意味を逸脱していることを、あらためて実感させられた。いったい死者を悼むために書かれた文章のなかで、わたしは何をしようとし、どうなっているか、腕をこまねいてかんがえこまざるをえなかった。そのあげくいくつかのことに気づいた。もしこれらの追悼の文章に共通項があるとしたら、死を契機にして書かれた掌篇の人間論というほかないということだ。そしてただの人間スケッチの断片とちがうところを強いていえば、痛切（切実）がモチーフになっているということだ。だがこの痛切（切実）ということにも偽感情がまじっていないことはない。これはわたし自身にもわかるくらいだから、読む人はなおさらそう感ずるにちがいない。でもこの偽感情はわたしの人格からくるというより、よりおおく死者にたいするわたしなりの礼節からきている。それで赦されているような気がする。そして赦されていることのなかには、ひとつの本に集約することも入っているとおもえた。その特異なことをおもい立ったものだが、ここにはわたしのいちばん赤裸なこころばえと、いちばんいい人間論が両方とも含まれている気がしている。

現在でも、ひととひととの関係は、あるばあい痛切（切実）でありうる。だが痛切（切実）な言葉がその関係を媒介することはありえない。それは言葉がイロニーや羞かしさを伴わないでひととひとのあいだの痛切（切実）に割りこむことが不可能になっているからだ。別の言い方をすれば、現在では言葉はその程度の信用度しかなくなっている。言葉がまったく信じられると思いこんでいるものも、言葉をまったく信じているふりをしているものも、あとを断たないが、それこそ真っ先に消失しなくてはならない倫理のひとつだとおもえる。死の痛切（切実）はいよいよ瞬間的になってゆき、すぐに忘れられ、土砂を被せられてしまう。せめてここに集められた痛切（切実）が、すこしでも永らえるようすがになれば、これに過ぎることはない。この本の成立に終始労力とこまかい配慮を与えられたのは、ＪＩＣＣ出版局の小川哲生さんだ。感謝のこころを披瀝して、あとがきをおわりたい。

一九九三年一月五日

吉本隆明記

増補版のためのあとがき

いままで『追悼私記』におさめられなかった文章を加えて増補版が出されることになった。誰の死や喪失もみな哀しみや悲しみをともなう。今度増補版に収められる文章を改めて読んで、すぐにひとつのことに気がついた。死や喪失に出会った人たちが、だんだんわたし自身の同世代の、同年齢の知人や友人たちにさし迫ってきたことだ。宮田勘吉の場合のように文字どおり、私が悼まれるべきところを、ほんの偶然から悼む側にのこされたという場合も含まれている。死者の側にまわることと生者の側にのこることとは、ほとんどおなじことなのだなあ、という感慨が、この増補版を校正しながら、とくに切実にやってきた。

死者は誰でも悼まれてよい重さを生者の側にのこして立ち去る。ただそれが文章の表現にのこされるかどうかは、偶然の契機がおおいのだとおもえる。文章にする機会に出遇って、わたし自身の心のなかでは、いっそう印象が深く刻まれたことはたしかだ。わたしの文章にはそれだけの力はないのだが、この印象の深さが、わたし以外の人々にもひろがってくれれば、これに過ぎることはない。増補版が出来る機会にこれだけのことが言ってみたかった。増補版を手がけられたのも洋泉社の小川哲生氏で、御遺族との交渉などから、すべてにわたって小川氏が労をとられたことを銘記したい。

吉本隆明記

一九九七年五月三十日

文庫版あとがき

旧著『追悼私記』が今度文庫版として出版されることになった。たくさんの先達や友人たちの鎮魂のために書いた文章と、告別のときに音声に出して読んだ文章とからできている。死者は平等であるという思いと、文言は帰するところ自他の鎮魂を基底とするという思いとがこれらの文言をささえたわたしの思想だった。生前の風貌のイメージに生涯がこめられて在るようにと念じながら、この本の文言を書き記したと思っている。

この文庫版の出版に連絡の労をとられたのは間宮幹彦氏である。筑摩書房の方々と間宮氏にお礼を申上げたい。

平成十二年六月二十八日

吉本記

乱暴で贅沢な時代

著者に代わって読者へ

ハルノ宵子

懐かしい顔ぶれが並んでいる。

島成郎さんは、私が幼ない頃の〝お嫁さんになりたい人〟No.1だった。とにかくエロかっこいい！　カリスマ性を持つ、男が惚れる男だ。

父の読者の中には、頭が熱くなりすぎて、興奮してうちに押しかけ、錯乱したり、父にからんで居座ったりする人がよくいた。そんな時父は、精神科医の島さんに応援を求めた。島さんは夜中でも駆けつけ、読者をなだめ、鎮静剤をプスッと注射して寝かせると、「強い酒一杯ください」と、ウィスキーをあおり、その人の隣で寝てしまうという破天荒な人だった。今なら間違いなく問題となるだろうが、乱暴な時代だった。

梶木剛さんは、残念ながら私にとって〝No.2の男〟だったが、地にしっかりと足をつけた生き方をしている二人の娘さんの姿は、梶木さんを彷彿とさせる。

島尾敏雄さん一家も、何度か訪れた。親たちが談笑している間、娘のマヤちゃん（私はニャンコ姉さんと呼んでいた）と、〝おままごと〟をして遊んだ。マヤちゃんは心因性の失声だった（そりゃ～ご両親が、あれだけ複雑では無理もない）。遊んでいる時にマヤちゃんは、「これでいいの？」と、密やかな声でささやいた。「えっ？　声が出ないはずじゃ……」と驚いたが、もしかするとそれは気のせいで、少女の間だけで通じるテレパシーだったのかもしれない。

「村上一郎・文学者」は、おそらく父が他の客と、そんなことをしゃべっているのを聞いたのだろう。しばらくは、「村上一郎文学者～！」が、我家で流行った。

妹が産まれた時、江藤淳さんが「いいなぁ……女の子、いいなぁ」と、寝ている妹の頭をなでながら、うっとりとつぶやいていたのを覚えている。

三浦つとむさんは、脳梗塞を起こすまで、私が幼ない頃から途切れることなく足しげく我家を訪れた。幼ない頃は、三浦さんの大きな背中を滑り台にして遊んだ。私が高校の頃、池袋発のバスでの帰り道、うちに来る途中の三浦さんと、乗り合わせることがあった。「うちにいらっしゃるとこですか？」「はい」で、会話は終了。話題を振っても「はい」「いいえ」「そうですね」と、女子高校生とはずむ話題は持ち合わせていない。寡黙で照れ屋で不器用な人だった。

私が幼ない頃の、奥野健男さん一家との集合写真は、どれも奥野さんの娘の由利ちゃんが、ベソをかいている。どうやら私がいじめるらしい。何度か父と、恵比寿の奥野邸に、おじゃましたことがあるが、その時も由利ちゃんと遊んでいて、（なーんでか）大泣きさされたことを覚えているので、たぶんそうなのだろう。由利ちゃんが日本画家としてデビューし、初の個展をやるというので見に行った。会場には、よほど嬉しかったのだろう。ウィスキーの瓶をかかえて、ベロンベロンになった奥野さんがいた。奥野さんは、しきりに娘の自慢話をしていた。子煩悩で太っ腹な人だった。

岩淵五郎さんは、私たち姉妹をとてもかわいがってくれた。何かしら小さなおみやげを買ってきてくれたり、まだ一、二歳位だった妹も遊んでもらっていた。

私が小学校低学年の時、あの「羽田沖全日空機墜落事故」が起きた。父に何か思うところがあったのだろうか。私は生まれて初めて、親戚以外の人の葬儀に連れて行かれた。斎場で岩淵さんの奥さんは、「多子《さわこ》ちゃん？　あなたが多子ちゃんなのね！　岩淵はいつもいつも、あなたのことを申しておりましたのよ」と、私にすがりつき号泣された。びっくりしたのか、奥さんの悲痛に共鳴したのか、私もつられて大泣きしてしまった。ただ初めて味わう深い喪失感が襲ってきた。岩淵さんの背広のポケットには、私へのおみやげと思われるアイヌ織物の髪止めが入っていた。

思えば贅沢で豊かな幼少時代を過ごした。

この本に登場する、どの人と話している時も、たとえ本気の論争をかわしていても、父は心の底から笑っていた。時には酒を酌み交わしながら（あるいはまんじゅうを食べながら）。

近年になって、一人また一人と彼等を見送るごとに、父から本当の笑いが消えていったことに、うかつな私は気づかなかった。改めてこの『追悼私記　完全版』を読んでみて、そのことを思い知らされた。その父も、もういない。この本の中に生者は誰もいない。『追悼私記　完全版』をもって、〝戦後〟という巨大な石棺の蓋が閉じられる。

（ハルノ宵子・吉本隆明　長女）

もう一つの追悼私記

高橋源一郎

いままでいくつかの追悼文を書いたことがある。どれも、書かなければならないと思って引き受けたものばかりだった。吉本さんが亡くなったときにも短い追悼文を書いたように思う。けれども、書ききった気にはならなかった。書くとするならわたし自身のことをたくさん書く必要があるように思えたのだ。だが、そんな私事を書き散らすのは失礼ではないか。そんなふうに思った。

今回、もう一度だけ、吉本さんの追悼を書いてもいいと言われたような気がした。吉本さんへの追悼文だけではなく、このような形で追悼文を書くことは、もうないだろう。そう思っている。

わたしが「吉本隆明」に触れたのは、中学一年の終わり頃だった。わたしが、文学や芸術というものに初めて触れた頃でもある。

わたしが通っていた進学校の、早熟な子どもたちの、その周辺にわたしはいた。彼らが話すことば、彼らの会話に出てくる作家や詩人や思想家たちの名前は、どれ一つ聞いたことのないものだった。ランボー、ロートレアモン、トラークル、トロツキー、モウタクトウ、ルカーチ、カミュ、サルトル、コバヤシヒデオ、ハニヤ、ゴダール、ロブグリエ、アユカワノブオ、ガン、等々。そもそも、それらの名前が日本人のものなのか、それとも外国人のそれなのかすら、わたしにはわからなかったのだ。わたしは、自分がまったく無知であることを初めて知った。だから、そこは、わたしにとって、ほんとうの意味での最初の「学校」でもあったように思う。

その場所で、もっとも深く敬意をこめて発されることばがあった。「ヨシモト」あるいは「リューメイ」ということばである。もちろん、それが人の名前であることははっきりしていた。やがて、その「ヨシモト」あるいは「リューメイ」ということばの主は、詩人であり思想家であることがわかってきた。それもまた、わたしには意味のよくわからないことだった。

中学一年の終わり頃だから、おそらく、一九六四年のことだと思う。わたしは、その早熟な集団の中心メンバーだったTくんに連れられて、大阪にある小さな本屋に行った。そこに置いてあるのは、ふつうの本屋にはない、詩集や文学書や思想書ばかりだった。それぐらいはわたしにもわかったのである。Tくんは、棚にさした本の背を見つめ、お目当ての本を探しだしてレジに持っていった。『吉本隆明詩集』という本だった。Tくんは千円を出し、五百円のお釣りをもらった。そこにはきっと、「ヨシモト」あるいは「リューメイ」という名前の人が書いた詩が載っているのだろう。わたしはそう思った。その本は眩しく、そして、遠く見えた。

その頃には、見よう見まねで、彼らが読んでいるものをわたしも読むようになっていた。たとえば、「現代詩手帖」というような雑誌も。そこに、「現代詩」というものが載っており、わたしには一行も理解できなかったが、彼らの手前、わかっているようなふりをした。Tくんは、そこに投稿をしていて、大きく掲載されたこともあった。

「ヨシモト」あるいは「リューメイ」の本はまだ読んではいなかった。わたしにはまだ早いような気がしていたからだ。

それは、『吉本隆明詩集』が買われるのを見て一年ほどたった頃のことだったと思う。Tくんと並ぶメンバーのもう一人の中心であったNくんと、放課後、小さなそば屋に出かけた。夕方で、外はすっかり暗く、店の中も閑散として少し寒かったように思う。わたしたちは一番安いかけそばを頼んだ。食べ終わり、少しの間、わたしたちはぼんやりしていたように思う。不意に、Nくんがカバンの中から本を取り出した。『吉本隆明詩集』だった。Nくんは、頁を開くと、朗読しはじめた。

「異数の世界へおりてゆく　かれは名残り
おしげである
のこされた世界の少女と
ささいな生活の秘密をわかちあわなかったこと
なお欲望のひとかけらが
ゆたかなパンの香りや　他人の
へりくだった敬礼
にかわるときの快感をしらなかったことに」

それが「異数の世界へおりてゆく」という詩であることを、わたしは、もちろん知らなかった。現代詩が朗読されるのを聞くのも（もしかしたら、そもそも朗読ということを体験するのも）初めてだった。記憶は鮮明で、暗い店を背景にして、陰鬱で静かな調子で、中学二年生の口からあふれてくることばに、わたしはただ驚いていた。

その瞬間に、わたしは、それから何度も立ち返るのだが、そのときのわたしの気持ちを正確に言い表すことは難しい。けれども、一つだけ確かなことがある。その朗読を聞く前と、聞いた後では、わたしは異なった人間になっていたのである。

それまであった世界は壊れ、新しい世界にわたしはひとりで立っていた。彼らと付き合い初めて、わたしは、「無知」であることを知ったが、今度は、生れて初めてなにかを「知る」という経験をしたのである。

冒頭の「かれ」は、これを書いた詩人であり、また同時に、わたし自身でもあった。あるいは、ほんとうの孤独を抱えるあらゆる人びとであった。つまり、あらゆる人びとであった。そのような存在の人間として、わたしも生きていたのである。

そんなことをわたしは感じた。いや、もっと何か違ったことを感じていたような気がする。閉じていた世界との通路が初めて開かれ、そこから、新鮮な空気が流れこんできたのだ。

「秘事にかこまれて胸を　ながれる
のは　なしとげられないかもしれない夢
飢えてうらうちのない情事
消されてゆく愛
かれは紙のうえに書かれるものを恥じてのち
未来へ出で立つ」

そこで朗読は終わった。わたしが聞いたことの大半は、わたしが経験したことのないものだった。それでも「わかる」ことができるのだ。そのことが驚きだった。気がつけば、決定的なことはもう終わっていた。わたしはきっと。そう思った。何かを書いて生きてゆくんだ。そう思ったのだ。

すぐに、『吉本隆明詩集』を買った。それから、出たばかりの新刊で『模写と鏡』という評論集を。遡るように、『擬制の終焉』、『抒情の論理』と『芸術的抵抗と挫折』を買い、TくんやNくんの家にある、吉本隆明が主宰している雑誌「試行」のバックナンバーを借りて読んだ。それで、手に入る吉本隆明の本はすべて手に入れることになった。わたしにとって、初めての、「すべての本を読む著者」となったのである。

それからのことは書く必要もないのかもしれない。わたしは吉本さんの本をずっと半世紀にわたって読むことになった。どのくらい影響を受けたのかといわれても答えようがないほどに。

大学に入り、さまざまな理由で除籍になり、二十代の十年を肉体労働をしながら過ごした。本も読まなくなったし、書くこともなくなった。時々、吉本さんのことを思い出し、でも、すぐに忘れるようにした。三十歳になり、また「書く」ことが戻ってきた。いくつかの習作を書き、そして、デビュー作となる『さようなら、ギャングたち』を書き始めた。すぐにこれがデビュー作となると確信した。だが、不安だった。まったく新しい書き方、新しいことば、新しい考え方を必要とする作品だったからだ。もしかしたら、誰にも理解してもらえないのではないだろうか。そのとき、吉本さんの顔が浮かんだ。ことばにすると、頭がおかしいとしか思えないのだが、わたしは、ほんとうに、こんなふうに思っていたのだ。

世界中の誰も理解してくれなくても、吉本さんだけは理解してくれるはずだ、と。それだけを心の支えにして、吉本さんという架空の読者に向かって、わたしは書いた。だから、発表後、『さようなら、ギャングたち』が、吉本さんに高く評価され、それが人びとに読まれるきっかけになったことも、わたしにとっては不思議ではなかったのである。

デビューして後、わたしは、何度か吉本さんにお会いしたが、朗読のことも、デビュー作を吉本さんに向けて書いたことも、話すことはなかった。それだけは後悔している。

わたしは、「異数の世界へおりてゆく」という一篇の詩の世界の登場人物だったのだと思う。あの瞬間、わたしは吉本さんの詩の世界に入りこみ、以来ずっと、その世界の住人として生きてきたのである。

解題

梶木剛（一九三七～二〇一〇）

初出・「梶木剛　追悼」（梶木剛遺稿集『文学的視線の構図』深夜叢書社、二〇一一年五月刊）＊

著書・『斎藤茂吉』『夏目漱石論』など

吉本隆明主宰の雑誌『試行』の常連執筆者。梶木剛の結婚に際して吉本夫妻は仲人になっている。

小川国夫（一九二七～二〇〇八）

初出・「小川国夫さんを悼む」（『群像』二〇〇八年六月号）＊

著書・『アポロンの島』『悲しみの港』など

対談集『宗教論争』（小沢書店）のほかに、「漱石が創った女たち」という対談がある。

清岡卓行（一九二二～二〇〇六）

初出・「清岡卓行を悼む」（『群像』二〇〇六年八月号）＊

「詩人清岡卓行について」（『現代詩手帖』二〇〇八年一一月号）＊

著書・『清岡卓行詩集』『アカシヤの大連』など

『現代批評』同人。「言語表現としての芸術」「小林秀雄の現在」の二つの対談、座談会「映画・文学・批評」「現代詩一〇〇年の総展望」「戦後詩の全体像」「詩論とは何か」がある。

大塚睦（一九一六～二〇〇二）

初出・「清冽な色彩と繊細な線に守られた前衛画家」（『大塚睦画集』いのは画廊、二〇〇四年八月刊）＊

著書・『大塚睦画集』

吉本隆明は大塚睦をはじめ山下菊二や鶴岡政男など画家との交流があった。

川上春雄（一九二三～二〇〇一）

初出・「川上春雄さんを悼む」（『ちくま』二〇〇一年一二月号）＊

「川上春雄さんのこと」（『詩の雑誌ミッドナイト・プレス』一四号、二〇〇一年一二月）＊

著書・詩集『若い青年』自撰詩集『水と空』など

試行出版部を立ち上げ、吉本隆明『初期ノート』を編集発行。『吉本隆明全著作集』（勁草書房）、『吉本隆明全集撰』（大和書房）などを編集し、解題を執筆した。吉本隆明の川上春雄宛書簡は『吉本隆明全集』（晶文社）第三七巻に全て収録されている。

本多秋五（一九〇八～二〇〇一）

初出・「本多秋五さんの死」（『群像』二〇〇一年三月号）＊

著書・『「白樺」派の文学』『物語戦後文学史』など

座談会「戦争責任を語る」「批評の誕生」「平野謙―その仕事と人間」「埴谷雄高―その仕事と人間」「日本思想史と転向」がある。

島成郎（一九三一～二〇〇〇）

初出・「「将たる器」の人」（『沖縄タイムス』二〇〇〇年一〇月二二日）＊

著書・『ブント私史』『精神医療のひとつの試み』

六〇年安保闘争を主導した共産主義者同盟の書記長。「トロツキストと云われても」という鼎談がある。

大原富枝（一九一二～二〇〇〇）

初出・「偲大原富枝」（『群像』二〇〇〇年四月号）

「碑文」（「高知県長岡郡本山町寺家にある大原富枝の墓の顕彰碑」二〇〇〇年七月一日）＊

著書・『祝出征』『婉という女』など

吉本隆明の求めに応じて、東京・品川で開催された「いま、吉本隆明25時」でゲストとして講演している。

江藤淳（一九三二～一九九九）

初出・「江藤淳氏を悼む」（『山梨日日新聞』一九九九年七月二三日）＊

「江藤淳記」（『文學界』一九九九年九月号）

著書・『夏目漱石』『成熟と喪失』など

『吉本隆明　江藤淳　全対話』（中公文庫）のほかに、「〝知識人の責任〟とはなにか」という座談会がある。

奥野健男（一九二六～一九九七）

初出・「あの頃二人は」（『群像』一九九八年二月号）＊

著書・『太宰治論』『文学における原風景』など

『現代批評』同人。「映画・文学・批評」「技術者と哲学」の二つの座談会。ほかに「文学交歓」（未刊）という対談を行っている。

埴谷雄高（一九〇九～一九九七）
初出・「埴谷雄高さんの死に際会して」（『群像』一九九七年四月号）
著書・『死霊』『幻視のなかの政治』など
対談集『意識　革命　宇宙』（河出書房新社）、吉本隆明・秋山駿を聞き手とするインタビュー集『思索的渇望の世界』（中央公論社）のほかに、座談会「批評の誕生」「平野謙―その仕事と人間」「戦争と革命」がある。

宮田勘吉（一九二三～一九九六）
初出・「別れのことば」（『増補　追悼私記』洋泉社、一九九七年七月刊。未掲載で収録。執筆は一九九六年八月九日）
米沢高等工業学校、東京工業大学を通しての同窓生。

山口瞳（一九二六～一九九五）
初出・「『現代評論』の頃」（『サントリー・クォータリー』五一号、一九九六年四月）
著書・『江分利満氏の優雅な生活』『男性自身』など
『現代評論』同人の一人。

小林平和（一九三七～一九九五）
初出・「小林平和さんのこと」（『キリスト新聞』一九九五年八月五日）
キリスト教牧師。

谷川雁（一九二三～一九九五）
初出・「詩人的だった方法」（『熊本日日新聞』一九九五年二月六日）
著書・『谷川雁詩集』『原点が存在する』など
『試行』創刊同人。「さしあたってこれだけは」「情況」と「行動」・その他」の二つの鼎談と座談会「ゼロからの出発」「日本人の経験をめぐって」がある。

吉行淳之介（一九二四～一九九四）
初出・「追悼にならない追悼」（『新潮』一九九四年一〇月号）＊
著書・『砂の上の植物群』『暗室』など
「第三の新人」を代表する作家。吉本隆明とは同年生まれである。

中上健次（一九四六～一九九二）
初出・「中上健次氏を悼む」（『山梨日日新聞』一九九二年八月一四日）

著書・『十九歳の地図』『枯木灘』など
対談「文学と現在」、鼎談集『解体される場所』（集英社）。「いま、吉本隆明25時」という二四時間連続の講演と討論のイベントを吉本隆明・三上治と主催、その中で「そんな批評でいいのか」という対話を行っている。ほかに「現代における身体のイメージ」という公開の対談もある。

井上光晴（一九二六〜一九九二）
初出・「井上光晴の声」（『新潮』一九九二年八月号）
著書・『虚構のクレーン』『地の群れ』など
『現代批評』同人。「映画・文学・批評」という座談会がある。

今西錦司（一九〇二〜一九九二）
初出・「今西錦司とのただ一度だけの出会い」（『産経新聞』一九九二年六月一七日）
著書・『生物の世界』『生物社会の論理』など
吉本隆明を聞き手とするレクチャー・ブック『ダーウィンを超えて』（中公文庫）がある。

小山俊一（一九一九〜一九九一）
初出・「情況への発言――さまざまな死――」（『試行』七一号、一九九二年五月）
著書・『EX―POST通信』『プソイド通信』など
『試行』に「カウラの死臭」「中野重治ノート」寄稿。

小川徹（一九二三〜一九九一）
初出・「小川徹の死」（『映画芸術』第三六二号、一九九一年七月）
著書・『堕落論の発展』『小川徹の映画裏目よみジュウタン大爆撃』など
「戦争体験とアジア神聖帝国」「最近の映画について」「最近の映画をめぐって」の三つの対談と鼎談「芸術と現代」「オカルトの底部にあるもの」がある。

菅谷規矩雄（一九三六〜一九八九）
初出・「弔辞」（『現代詩手帖』一九九〇年三月号）
著書・『詩的リズム』『菅谷規矩雄詩集』など
「表現研究は文学研究たりうるか」「言葉・映像・都市」の二つの対談と、青森県弘前市で開催された太宰治をめぐるシンポジウムで同席、その記録「いま、なぜ太宰治なのか」がある。

三浦つとむ（一九一一～一九八九）
初出・「別れの言葉」（横須賀壽子編『胸中にあり火の柱』明石書店、二〇〇二年八月刊）＊「情況への発言１――さまざまな応答――」（『試行』六九号、一九九〇年三月）
著書・『レーニンから疑え』『日本語はどういう言語か』など
『試行』の常連執筆者。座談会「戦争と革命」「苦悩する左翼」がある。

美空ひばり（一九三七～一九八九）
初出・「天才だけが演ずる悲劇」（『ＴＢＳ調査情報』一九八九年八月号）
代表歌曲・「悲しき口笛」「リンゴ追分」など
戦後日本を代表する歌手。

手塚治虫（一九二八～一九八九）
初出・「テレビ的事件」（『ＴＢＳ調査情報』一九八九年三月号）
著書・『鉄腕アトム』『ブラック・ジャック』など
戦後最大の漫画家。

昭和天皇（一九〇一～一九八九）
初出・「天皇の死とテレビ」（『ＴＢＳ調査情報』一九八九年二月号）
著書・歌集『おほうなはら』など
吉本隆明にとって、天皇と天皇制の問題は生涯を貫く課題であった。

磯田光一（一九三一～一九八七）
初出・「情況への発言――ひとの死、思想の死――」（『試行』六七号、一九八七年一二月）
著書・『永井荷風』『思想としての東京』など
『比較転向論序説』を『試行』に連載。「日本的戦後のジレンマ」「文学における生と死」の二つの対談と鼎談「戦後文学白書」がある。

鮎川信夫（一九二〇～一九八六）
初出・「別れの挨拶　弔辞」（現代詩読本『さよなら鮎川信夫』思潮社、一九八六年一二月刊）
著書・『鮎川信夫詩集』『現代詩作法』など
『荒地』同人。共著『鮎川信夫論　吉本隆明論』（思潮社）。『対談　文学の戦後』（講談社文芸文庫）、『詩の読解』（思潮社）、『思想と幻想』（思潮社）、『全否定の原理と倫理』（思潮社）の四冊の対談集のほかに、『討議近代詩史』（思潮社）をはじめ「詩は誰が理解するか」「何を目指すか」「日本人の経験をめぐって」「現代詩一〇〇年の総展望」「戦後詩の全体像」「詩論とは何か」「北原白秋の復権」「昭和詩五〇年をどうとらえるか」「超越性に向かう詩人の方法」など詩をめぐる鼎談と座談会がある。

島尾敏雄（一九一七～一九八六）

初出・「島尾敏雄氏を悼む」（『山梨日日新聞』一九八六年一一月一四日）

著書・『出発は遂に訪れず』『死の棘』など『現代批評』同人。吉本隆明には『島尾敏雄』（筑摩書房）という著書があり、対談「島尾文学の鍵」「傍系について」「鬼伝承」「平和の中の主戦場」の四つの対談のほかに、若杉慧をめぐる座談会がある。

黒田喜夫（一九二六～一九八四）

初出・「情況への発言――中休みのうちに――」（『試行』六二号、一九八四年五月）

「情況への発言――中休みをのばせ――」（『試行』六三号、一九八四年一一月）

著書・『黒田喜夫詩集』『詩と反詩』など

座談会「詩と政治の問題」がある。

ミシェル・フーコー（一九二六～一九八四）

初出・「ミシェル・フーコーの死」（『京都新聞』一九八四年六月二九日）

著書・『臨床医学の誕生』『言葉と物』など

対談「世界認識の方法」のほかに、吉本隆明の「ミシェル・フーコーへの手紙」（『吉本隆明全集』第一七巻収録）がある。

橋川文三（一九二二～一九八三）

初出・「告別のことば」（『ちくま』一九八四年二月号）

著書・『日本浪曼派批判序説』『歴史と体験』など『現代批評』同人。対談「太宰治とその時代」、鼎談「すぎゆく時代の群像」がある。

小林秀雄（一九〇二～一九八三）

初出・「小林秀雄について」（『海』一九八三年五月号）

著書・『様々なる意匠』『無常といふ事』など

吉本隆明は『近代日本思想大系　小林秀雄集』（筑摩書房）を編集し、「解説」を執筆している。

小野清長（生年不詳～一九八一）

初出・「後記」（『試行』五七号、一九八一年一〇月）＊

文献堂書店店主。

J・P・サルトル（一九〇五〜一九八〇）

初出・「死のサルトル」（『現代思想』一九八〇年七月号）

著書・『嘔吐』『存在と無』など

吉本隆明は『心的現象論』（『試行』連載）や「触れられた死」（『死の位相学』潮出版社・序文）などで言及している。

対馬忠行（一九〇一〜一九七九）

初出・「情況への発言――ひとつの死に関連して――」（『試行』五三号、一九七九年一二月）

著書・『スターリン主義批判』『天皇と明治維新』など

遠山啓（一九〇九〜一九七九）

鼎談「反スターリニズムの周辺」がある。

初出・「遠山啓さんのこと」（『海』一九七九年一一月号）

著書・『数学入門』『文化としての数学』など

長井・江崎特許事務所への就職を斡旋。『言語にとって美とはなにか』（勁草書房）に推薦文を寄せている。

平野謙（一九〇七〜一九七八）

初出・「断章――平野謙について――」（『文藝』一九七八年六月号）

著書・『島崎藤村』『芸術と実生活』など

鼎談「戦後文学白書」をはじめ座談会「戦争責任を語る」「批評の誕生」「〝知識人の責任〟とはなにか」「埴谷雄高―その仕事と人間」「日本思想史と転向」「左翼文学」がある。

竹内好（一九一〇〜一九七七）

初出・「竹内好の死」（『文藝』一九七七年五月号）

著書・『魯迅』『国民文学論』など

対談「思想と状況」、討議「'62年の思想―吉本隆明著『擬制の終焉』をめぐって」がある。

村上一郎（一九二〇〜一九七五）

初出・「哀辞」（『磁場　臨時増刊　村上一郎追悼号』一九七五年五月）

「情況への発言――きれぎれの挿話――」（『試行』四三号、一九七五年六月）

著書・『明治維新の精神過程』『東国の人びと』など

『試行』創刊同人。鼎談「「情況」と「行動」・その他」がある。

三島由紀夫（一九二五～一九七〇）

初出・「情況への発言――暫定的メモ――」（『試行』三三号、一九七一年二月）

「檄のあとさき」（『新潮』一九九〇年一二月号）＊

著書・『花ざかりの森』『仮面の告白』など

吉本隆明『模写と鏡』（春秋社）に推薦文を寄せている。

岩淵五郎（一九二七～一九六六）

初出・「一編集者の死と私」（『週刊読書人』一九六六年三月一四日号）

「情況への発言――ひとつの死――」（『試行』一七号、一九六六年五月）

吉本隆明『模写と鏡』『高村光太郎〈決定版〉』（ともに春秋社）の編集を担当。『試行』の校正も手伝っていた。

岸上大作（一九三九～一九六〇）

初出・「無題」（岸上大作『歌集　意志表示』白玉書房、一九六一年六月刊、帯文）＊

「岸上大作小論」（岸上大作『意志表示』角川文庫、一九七二年五月刊、解説）

著書・『岸上大作全集』など

岸上大作の遺書「ぼくのためのノート」の中に吉本隆明に関する記述がある。また吉本隆明の岸上大作宛書簡も残っている。

吉本政枝（一九二三～一九四八）

初出・「姉の死など」（『龍』一九四八年三月号）

宿沢あぐり編「吉本政枝　拾遺歌集」（『続・最後の場所』四号、五号掲載）がある。

＊底本未収録。

（作成・松岡祥男）

本書は、『追悼私記』（二〇〇〇年八月、ちくま文庫）を底本として使用しました。底本未収録各篇の多くは初出を底本としていますが、「小川国夫　小川国夫さんを悼む」と「清岡卓行　清岡卓行を悼む」は『「芸術言語論」への覚書』（二〇〇八年一一月、李白社刊）、「三島由紀夫　「檄」のあとさき」は『余裕のない日本を考える』（一九九五年一〇月、コスモの本刊）、「岸上大作　『意志表示』」は『際限のない詩魂　わが出会いの詩人たち』（二〇〇五年一月、詩の森文庫）に拠り、適宜初出も参照しました。また、本文中引用以外は新かなづかいに統一し、明らかな誤植と思われる箇所を正し、ふりがなを多少調整しましたが、原則として底本に従いました。

追悼《ついとう》私記《しき》 完全版《かんぜんばん》

吉本隆明《よしもとたかあき》

二〇一九年四月一〇日第一刷発行

発行者――渡瀬昌彦
発行所――株式会社 講談社
東京都文京区音羽2・12・21 〒112-8001
電話 編集 (03) 5395・3513
販売 (03) 5395・5817
業務 (03) 5395・3615

デザイン――菊地信義
印刷――豊国印刷株式会社
製本――株式会社国宝社
本文データ制作――講談社デジタル製作

定価はカバーに表示してあります。

講談社文芸文庫

ISBN978-4-06-515363-5

古井由吉	白暗淵	阿部公彦——解／著者——年
古井由吉	蜩の声	蜂飼 耳——解／著者——年
北條民雄	北條民雄 小説随筆書簡集	若松英輔——解／計盛達也——年
堀田善衞	歯車｜至福千年 堀田善衞作品集	川西政明——解／新見正彰——年
堀 辰雄	風立ちぬ｜ルウベンスの偽画	大橋千明——年
堀口大學	月下の一群（翻訳）	窪田般彌——解／柳沢通博——年
正宗白鳥	何処へ｜入江のほとり	千石英世——解／中島河太郎—年
正宗白鳥	世界漫遊随筆抄	大嶋 仁——解／中島河太郎—年
正宗白鳥	白鳥随筆 坪内祐三選	坪内祐三——解／中島河太郎—年
正宗白鳥	白鳥評論 坪内祐三選	坪内祐三——解
町田 康	残響 中原中也の詩によせる言葉	日和聡子——解／吉田凞生・著者—年
松浦寿輝	青天有月 エセー	三浦雅士——解／著者——年
松浦寿輝	幽｜花腐し	三浦雅士——解／著者——年
松下竜一	豆腐屋の四季 ある青春の記録	小嵐九八郎—解／新木安利他—年
松下竜一	ルイズ 父に貰いし名は	鎌田 慧——解／新木安利他—年
松下竜一	底ぬけビンボー暮らし	松田哲夫——解／新木安利他—年
松田解子	乳を売る｜朝の霧 松田解子作品集	高橋秀晴——解／江崎 淳——年
丸谷才一	忠臣藏とは何か	野口武彦——解
丸谷才一	横しぐれ	池内 紀——解
丸谷才一	たった一人の反乱	三浦雅士——解／編集部——年
丸谷才一	日本文学史早わかり	大岡 信——解／編集部——年
丸谷才一編	丸谷才一編・花柳小説傑作選	杉本秀太郎—解
丸谷才一	恋と日本文学と本居宣長｜女の救はれ	張 競——解／編集部——年
丸谷才一	七十句｜八十八句	編集部——年
丸山健二	夏の流れ 丸山健二初期作品集	茂木健一郎—解／佐藤清文——年
三浦哲郎	拳銃と十五の短篇	川西政明——解／勝又 浩——案
三浦哲郎	野	秋山 駿——解／栗坪良樹——案
三浦哲郎	おらんだ帽子	秋山 駿——解／進藤純孝——案
三木 清	読書と人生	鷲田清一——解／柿谷浩一——年
三木 清	三木清教養論集 大澤聡編	大澤 聡——解／柿谷浩一——年
三木 清	三木清大学論集 大澤聡編	大澤 聡——解／柿谷浩一——年
三木 清	三木清文芸批評集 大澤聡編	大澤 聡——解／柿谷浩一——年
三木 卓	震える舌	石黒達昌——解／若杉美智子—年
三木 卓	K	永田和宏——解／若杉美智子—年

▶解=解説 案=作家案内 人=人と作品 年=年譜を示す。 2019年4月現在

水上勉——	才市|蓑笠の人	川村 湊——解／祖田浩一——案
水原秋櫻子-	高濱虚子 並に周囲の作者達	秋尾 敏——解／編集部——年
道簱泰三編-	昭和期デカダン短篇集	道簱泰三—解
宮本徳蔵—	力士漂泊 相撲のアルケオロジー	坪内祐三—解／著者———年
三好達治—	測量船	北川 透——人／安藤靖彦—年
三好達治—	萩原朔太郎	杉本秀太郎-解／安藤靖彦—年
三好達治—	諷詠十二月	高橋順子—解／安藤靖彦—年
室生犀星—	蜜のあわれ|われはうたえどもやぶれかぶれ	久保忠夫—解／本多 浩——案
室生犀星—	加賀金沢|故郷を辞す	星野晃——人／星野晃——年
室生犀星—	あにいもうと|詩人の別れ	中沢けい—解／三木サニア-案
室生犀星—	深夜の人|結婚者の手記	髙瀬真理子-解／星野晃——年
室生犀星—	かげろうの日記遺文	佐々木幹郎-解／星野晃——解
室生犀星—	我が愛する詩人の伝記	鹿島 茂——解／星野晃——年
森敦———	われ逝くもののごとく	川村二郎—解／富岡幸一郎-案
森敦———	意味の変容|マンダラ紀行	森 富子——解／森 富子——年
森孝一編—	文士と骨董 やきもの随筆	森 孝一——解
森茉莉——	父の帽子	小島千加子-人／小島千加子-年
森茉莉——	贅沢貧乏	小島千加子-人／小島千加子-年
森茉莉——	薔薇くい姫|枯葉の寝床	小島千加子-解／小島千加子-年
安岡章太郎-	走れトマホーク	佐伯彰——解／鳥居邦朗—案
安岡章太郎-	ガラスの靴|悪い仲間	加藤典洋—解／勝又 浩——案
安岡章太郎-	幕が下りてから	秋山 駿——解／紅野敏郎—案
安岡章太郎-	流離譚 上・下	勝又 浩——解／鳥居邦朗—年
安岡章太郎-	果てもない道中記 上・下	千本健一郎-解／鳥居邦朗—年
安岡章太郎-	犬をえらばば	小高 賢——解／鳥居邦朗—年
安岡章太郎-	[ワイド版]月は東に	日野啓三—解／栗坪良樹—案
安岡章太郎-	僕の昭和史	加藤典洋—解／鳥居邦朗—年
安原喜弘—	中原中也の手紙	秋山 駿——解／安原喜秀—年
矢田津世子-	[ワイド版]神楽坂|茶粥の記 矢田津世子作品集	川村 湊——解／高橋秀晴—年
柳宗悦——	木喰上人	岡本勝人—解／水尾比呂志他-年
山川方夫—	[ワイド版]愛のごとく	坂上 弘——解／坂上 弘——年
山川方夫—	春の華客|旅恋い 山川方夫名作選	川本三郎—解／坂上 弘—案・年
山城むつみ-	文学のプログラム	著者———年
山城むつみ-	ドストエフスキー	著者———年

吉本隆明	写生の物語	田中和生——解／高橋忠義——年
吉本隆明	追悼私記 完全版	高橋源一郎-解
吉屋信子	自伝的女流文壇史	与那覇恵子-解／武藤康史——年
吉行淳之介	暗室	川村二郎——解／青山 毅——案
吉行淳之介	星と月は天の穴	川村二郎——解／荻久保泰幸-案
吉行淳之介	やわらかい話 吉行淳之介対談集 丸谷才一編	久米 勲——年
吉行淳之介	やわらかい話2 吉行淳之介対談集 丸谷才一編	久米 勲——年
吉行淳之介	街角の煙草屋までの旅 吉行淳之介エッセイ選	久米 勲——解／久米 勲——年
吉行淳之介編	酔っぱらい読本	徳島高義——解
吉行淳之介編	続・酔っぱらい読本	坪内祐三——解
吉行淳之介編	最後の酔っぱらい読本	中沢けい——解
吉行淳之介	[ワイド版]私の文学放浪	長部日出雄-解／久米 勲——年
吉行淳之介	わが文学生活	徳島高義——解／久米 勲——年
李恢成	サハリンへの旅	小笠原 克——解／紅野謙介——案
和田芳恵	ひとつの文壇史	久米 勲——解／保昌正夫——年

講談社文芸文庫

多和田葉子
雲をつかむ話／ボルドーの義兄
解説＝岩川ありさ　年譜＝谷口幸代
読売文学賞・芸術選奨文科大臣賞受賞の「雲をつかむ話」。ドイツ語で発表した後、日本語に転じた「ボルドーの義兄」。世界的な読者を持つ日本人作家の魅惑の二篇。
たＡＣ５
978-4-06-515395-6

吉本隆明
追悼私記　完全版
解説＝高橋源一郎
肉親、恩師、旧友、論敵、時代を彩った著名人――多様な死者に手向けられた言葉の数々は掌篇の人間論である。死との際会がもたらした痛切な実感が滲む五十一篇。
よＢ９
978-4-06-515363-5